기독교문서선교회 (Christian Literature Center: 약칭 CLC)는 1941년 영국 콜체스터에서 켄 아담스에 의해 시작되었으며 국제 본부는 미국 필라델피아에 있습니다.
국제 CLC는 59개 나라에서 180개의 본부를 두고, 약 650여 명의 선교사들이 이동도서차량 40대를 이용하여 문서 보급에 힘쓰고 있으며 이메일 주문을 통해 130여 국으로 책을 공급하고 있습니다. 한국 CLC는 청교도적 복음주의 신학과 신앙 서적을 출판하는 문서선교기관으로서, 한 영혼이라도 구원되길 소망하면서 주님이 오시는 그날까지 최선을 다할 것입니다.

추천사 1

강 준 민 박사
L.A. 새생명비전교회 담임목사

『교회가 교회 되게』(A Church to Become The Church)는 저자의 선교학 박사 학위 논문을 누구나 읽기 쉽게 풀어 쓴 책이다. 나는 저자와 오랫동안 동역해 왔다. 그런 면에서 저자가 쓴 이 책의 증인이라고 해도 과언이 아니다.

저자는 선교지의 영혼을 사랑하는 선한 목자다. 선교에 미친 성스러운 광인이다. 또한, 탁월한 지도자다. 저자는 평신도 선교사로 선교를 시작했다. 또한, 선교 현장에서 아내를 만나 아름다운 선교팀을 이루었다. 저자는 몽골에서 오랫동안 선교를 하는 중에 풍성한 열매를 맺었다. 그 열매에 대한 기록이 이 책의 스토리다.

저자는 평신도 선교사에서 선교 동원자로, 선교 동원자에서 선교 지도자로, 선교 지도자에서 선교 신학자로 성장했다. 저자는 평생 학습자의 삶을 살아왔다. 그런 까닭에 지속적 성장을 거듭했다. 지금은 선교 현장에서 선교하며 차세대 선교사들을 키우는 선교학 교수로 사역하고 있다. 또한, 선교 스토리를 전하는 저술가로 활동한다.

이 책은 성경적 기초 위에 쓴 책이다. 세계 선교 역사와 한국 교회와 몽골 교회 선교 역사에 근거해서 쓴 책이다. 건강한 선교 신학의 기반 위에 쓴 책이다. 특별히 이 책에는 네비우스 선교사가 강조한 '자전, 자립, 자치'라는 선교 정책을 기반으로 한 저자의 몽골 선교 이야기가 담겨 있다.

이 책은 평신도 사역을 강조하고 후원 교회와 선교 단체의 연합 사역을 강조한다. 특별히 이 책은 '신뢰'를 강조한다. 예수님께서 제자들을 신뢰하신 것처럼, 선교사들은 토착 교회를 세울 때 토착 교회 지도자들을 신뢰해야 한다. 토착 교회 지도자들이 성령님의 도우심 아래 토착 교회를 스스로 세워 아름다운 사역을 이룰 것을 신뢰해야 한다.

선교의 주체이신 성령님에 대한 신뢰와 토착 교회 지도자들과 그들이 세운 교회에 대한 신뢰가 이 책의 보이지 않는 뿌리다. 그 뿌리를 통해 선교적 교회가 세워질 수 있다. 이 책을 선교사와 선교 지도자, 목회자, 그리고 평신도 지도자들에게 추천하고 싶다.

선교적 교회는 새로운 운동이 아니다. 초대 교회부터 시작된 운동이다.

이 책을 통해 선교적 교회 운동이 더욱 활성화되길 바란다.

추천사 2

김 에 녹 박사
풀러신학대학원 커뮤니케이션 및 선교학 조교수

지난 200여 년간 서구 선교가 실수를 거듭하며 터득한 원리 중 하나가 교회의 토착화(indigenous movement) 원리이다. 나는 지난 30여 년 동안 선교에 관계하면서 한국의 선교도 중국, 싱가폴, 남미와 같은 신흥 선교 국가의 선교도 모두 서구 선교가 이미 했던 실수를 굳이 한 번 더 치르는 모습을 안타깝게 보아 왔다.

토착화 원리는 이미 19세기 초 헨리 벤(Henry Venn) 또는 존 L. 네비우스(John L. Nevius)등과 같이 현지인들에 의한 현지인의 교회를 세우려는 열망으로 가득 찼던 믿음의 조상들이 그 기초를 놓은 이론이다.

이 토착화 노력은 현대 선교 운동과 이론에 광범위한 기초를 놓았는데 1970-77년까지 신학교육기금(Theological Education Fund)의 이사였던 쇼키 코(Shokie Coe)가 "상황화라는 개념은 토착화라는 기초가 있었기에 가능 하다"라는 발언을 했던 것을 보아도 잘 알 수가 있다.[1]

한국 선교가 이제 현지 교회를 어린아이로 취급하지 않고 무대의 주인공으로 세우기 위해서 우리도 이러한 토착화 노력을 더 이상 뒤로 미뤄서는 안될 것이다.

---

1   신학교육기금(Theological Education Fund), *Ministry in Context*(Bromiley, Kent: TEF, 1972), 19-20.

저자에게 나는 여러 가지 별명을 붙여 드리고 싶다. 그는 '하나님 앞에서 진지한 사람', '좋은 일이라면 몸을 던지는 사람', '내일 어디에 있을지 모를 만큼 몸이 빠른 사람'으로 토착화 선교에 이론뿐만 아니라 본을 보여온 분이다. 선교학 박사 과정의 멘토로 약 20여 년을 옆에서 지켜본 사람으로 저자의 노력과 겸손함 그리고 함께 가려는 태도에 존경과 감사를 표한다.

이 책을 타문화 선교는 물론 한국인을 대상으로 하는 국내의 교회 개척, 선교 단체 활동, 한인 이민 교회를 사역하는 역군들에게 꼭 권한다.

추천사 3

김 창 환 박사
풀러신학대학원 코리안센터 학장

저자 박해영 박사는 풀러신학대학원에서 선교학 박사 과정을 마치고 학자로, 현재 후학들은 지도하는 객원교수로서 다양한 활동을 하는 선교사이다. 저자는 그동안의 몽골 사역을 중심으로 토착 교회의 성경적 기초와 선교학자들의 이론을 바탕으로 선교학에서의 중요한 주제인 토착화에 대한 이론과 실제를 정리했다.

저자는 토착 교회에 대해 예수 그리스도의 사역, 성령 운동에 의해 주도된 다양한 타 문화권 교회들의 설립, 동반 협력을 통한 평신도 선교, 그리고 YWAM(Youth With A Mission)의 선교 원칙 등을 이론과 함께 실제적인 현장 조사를 통해 핵심적인 사항을 잘 지적하여 독자들에게 설득력 있게 제시한다. 네비우스 선교사가 제시한 삼자 원칙에 의해 한국의 교회가 자립적인 교회로 크게 성장한 바와 같이, 이 책에서 저자가 제시하는 토착 교회의 이론과 실제를 통해 다양한 선교 현장에서의 역동적인 변화가 지속적으로 일어나게 될 것을 믿어 의심치 않는다.

이 책을 선교지에서 교회 개척에 임하는 선교사들뿐만 아니라, 선교를 후원하는 교회와 선교 단체 그리고 선교학을 연구하는 모든 사람에게 적극적으로 권하는 바이다.

추천사 4

박 기 호 박사
풀러신학대학원 아시아선교학 원로교수

　이론에는 밝으나 실천 경험이 없는 사람들이 많고, 실천 경험은 많으나 정립된 이론을 가지고 있지 못한 사람이 많다. 그러나 저자는 이론가일 뿐 아니라 실천가이다.
　이 책은 탁상공론이 아니다. 저자가 1993-2015년까지 20여 년간 몽골에서 두 번째 큰 도시인 '다르항'시 중심으로 현지인 지도자들과 함께 12개 이상의 현지인 교회를 개척하고 육성시키며 경험한 내용들을 담은 것이다.
　저자가 소속한 몽골 YWAM에서 개척한 교회들은 선교적 교회로 발전하여 50명 이상의 현지인 선교사를 해외에 파송했고, 그들은 여러 나라에서 사역하고 있다.
　그가 개척한 교회들이 처음부터 토착 교회로 세워진 것은 아니다. 시행착오를 거치면서 터득한 지식을 기반으로 세운 교회들을 의도적으로 토착 교회로 발전시키면서 건강한 토착 교회로 되어가고 있다. 선교사들은 누구나 이러한 교회들을 꿈꾸고 있을 것이다.
　『교회가 교회 되게』는 저자가 토착 교회 개척의 중요성을 인식하면서 성령님의 인도하심을 따라 전략을 수립하고 실천하므로 이루어진 것이다. 이 책에서 저자는 다음과 같은 질문을 가지고 답을 찾아 제시한다.

교회 개척자는 어떤 교회를 개척할 것인가?
누구를 위한 교회를 개척할 것인가?
왜 교회를 개척할 것인가?
어떻게 교회를 개척할 것인가?
개척된 교회들은 어떤 교회로 발전되어야 할 것인가?

한국 교회가 파송한 선교사들 가운데 가장 많은 수의 선교사가 타 문화권 교회 개척 사역에 종사하고 있다. 그러나 선교사들에 의해 개척된 교회들은 대부분 약하고 의존적이며 재생산을 하지 못하는 교회로 남고 있다.

대부분의 선교사가 타 문화권 교회 개척에 관한 교육을 받은 경험이 없이 선교지에 나가 타 문화권 교회 개척 사역에 종사한다.

이 책은 건강하고 역동적이며 재생산하는 선교 교회를 세우기를 희망하는 사람들이 읽어야 할 책이다.

추천사 5

시미온 시아우(Simeon Siau) 대표
YWAM 동아시아 책임자(Chairman of YWAM East Asia & Pacific)

저자의 토착 교회 연구에 대한 책을 읽고 배우는 것은 우리에게 큰 축복이다. 『교회가 교회 되게』는 그의 세 번째 책이다. 이 책은 그가 영적으로 입양해서 훈련한 사랑하는 몽골인들을 중심으로 토착 교회 설립 사역과 교회 성장 운동, 교회가 스스로 확장 가능한 재생산 모델을 연구한 것이다. 또한, 연구한 것을 실제로 실행에 옮겨서 낸 괄목할 만한 결과를 보여주는 책이다.

저자는 30여 년전 한국에서 YWAM 사역을 시작했다. 그 이후로 그는 몽골, 미국을 비롯한 복음을 전하기 힘들고 제한된 두 국가(C국, T국)를 포함한 여러 국가에서 놀라운 사역 현장 경험을 했다.

이 책은 그의 광범위한 선교 경험과 학문적 이론을 통합해서 몽골 현지 지도자들과 선교사와 목회자들에게 도움이 되는 토착 교회 성장 모델 원리를 제시한다.

나는 20년 전 몽골 울란바토르에서 젊은 가족과 함께 봉사하던 박해영 박사를 처음 만났다. 얼마 지나지 않아 그는 몽골 2대 도시 '다르항'(Darkhan)시로 사역을 이동해 다르항과 주변 도시에서 교회를 설립하고 토착화하는 데 몇 년을 보냈다.

나는 박해영 박사가 주님으로부터 사도적 기름 부음을 받았다고 생각한다. 그는 지역 사회의 필요를 파악하고 신속하게 전략 방안을 세우고 그러한 요구를 충족하기 위해 사역과 조직을 구성할 수 있는 능력을 가진 사람이다. 나는 그가 젊은 몽골 지도자들을 훈련시키기 위해 YWAM센터를 세우는 것과 같은 다양한 방법으로 사역의 배가를 위해 플렛폼을 만드는 것을 보았다.

그리고 그는 젊은 지도자를 교회 개척자로 파송하며 후방에서 지원하고, 다르항시에서 가장 가난한 사람(Homeless)들에게 몽골 전통가옥을 지어준 하나님의 긍휼을 가진 사람이다.

나는 성령님께서 인디저너스 처치 전략과 또 다른 전략들을 사용하여 많은 민족을 제자화하여 하나님 나라를 세우실 것이라고 믿는다.

하나님께 모든 영광을 올립니다.

추천사 6

윤 순 재 박사
주안대학원대학교 총장

한국 선교사들의 열정과 헌신이 전 세계 선교계에 신선한 충격을 주었다는 것은 널리 알려진 사실이다. 지난 130년 동안 한국 교회의 폭발적 성장 자체가 하나님 선교의 좋은 사례가 되었고, 한국 교회 성장 과정에 대해 관심이 높았다.

단지 교회 성장뿐만 아니라 1980년대부터 시작된 한국 교회의 세계 선교에 대한 열정은 불과 30년 만에 타 문화권 선교사 파송 2위라는 경이적 결과를 가져왔다. 한국인 특유의 악착같은 기질, 열악한 환경에 적응하기, 교회 개척에 대한 뜨거운 헌신 등을 통해 한인 선교사들이 일하는 지역마다 가시적으로 풍성한 성과들을 보여 주었다.

그러나 시간이 흐를수록 처음 얻은 가시적 성과들이 점차 현지 기독교의 발전이나 교회의 성장으로 이어지지 못하는 한계를 드러내기 시작했다. 왜냐하면, 한국 교회를 이식하고 예배당 건축에는 열의를 다했지만, 한국 선교사들이 지닌 최대의 약점인 현지 지도자를 준비하는 일과 현지 문화와 삶의 자리에 녹아든 토착 교회를 세우는 일에는 준비가 부족했기 때문이다. 이미 여러 차례 선교학계에서 이 문제를 심도 있게 토의했지만 구체적 해결 방안이나 토착 교회 실천 사례를 제시하기 어려웠다.

박해영, 김미원 선교사 부부는 그들의 젊은 날 대부분 집중했던 몽골에서, 창의적 접근 지역이면서도 최전방 개척 선교 현장에서 현지화된 토착 교회 12개를 직접 세우는 일에 탁월한 열매를 맺었다.

단지 저돌적으로 곳곳에 교회를 개척한 것이 아니라 처음부터 자립, 자전, 자치와 빠른 이양, 현지화라고 하는 목표를 가지고 건물보다는 사람을 세우는 일에 주력하고(제자 훈련), 현지 상황에 맞는 교회 개척 방법을 모색했다.

또한, 자신의 개척 경험을 선교학 이론에 맞춰 검증하고, 현지 교회 지도자들에게 설문과 인터뷰 방식을 통해 피드백을 받아 재검증하는 방식을 채택했다. 그래서 박해영, 김미원 선교사의 30년 교회 개척의 노하우는 이론적 배경이 탄탄하고, 현지 동역자들에게도 검증되었는데, YWAM 특유의 열정과 헌신이 녹아들어 있다.

따라서 『교회가 교회 되게』는 선교 현장에서 교회 개척 사역을 하고 있는 사역자뿐만 아니라 한인 선교사들의 현장 사역을 연구하는 선교학자들에게 구체적 사례와 방법론으로 큰 도움이 될 것이다.

이 책은 한인 선교사들이 현지에서 교회 개척 사역을 할 때 가장 큰 약점인 토착 교회 설립 문제에서 실천적 매뉴얼과 이론적 근거를 함께 얻을 수 있는 교과서와 같은 책이다.

해외 선교사를 지망하는 예비 선교사가 이 책을 읽고 교회 개척 사역에 참여한다면, 교회 개척 분야에서 한인 선교사들이 겪었던 시행착오를 줄이는 데 크게 도움을 받을 것이다. 선교사들이 일하는 현장마다 '인디저너스 처치 세우기 운동'이 일어나기를 기대한다.

추천사 7

홍성건 박사
NCMN(Nation Changer Movement Network) 대표

예수님은 복음서에서 하나님 나라의 특성을 '누룩과 겨자씨의 비유'를 통해 말씀하셨다. 하나님 나라는 변화되며 성장하며 확장하는 것이 그 특성이다. 사도행전은 이러한 특성을 잘 보여 준다. 복음이 예루살렘, 온 유대, 사마리아, 땅 끝으로 확장되었다. 제자의 수가 많아지고, 말씀이 흥왕하며 도시와 지역이 변화되었다. 이 과정에서 가장 중요한 역할은 사람이다.

어떠한 사람인가?

디모데후서에서 사도 바울은 그의 제자 디모데에게 양육 원칙을 가르쳤다.

> 네가 많은 증인 앞에서 내게 들은 바를 충성된 사람들에게 부탁하라 그들이 또 다른 사람들을 가르칠 수 있으리라 (딤후 2:2).

디모데는 바울에게 들은 바를 다음 세대로 바통을 넘기는 일을 명령받았다.

어떤 사람에게 부탁해야 하는가?
어떤 사람을 양육해야 하는가?
'충성된 사람'이다.

그러나 자세히 보면 또 하나의 요소를 갖추어야 한다. 그것은 '배가할 줄 아는 사람'이다. 즉 자기에게 넘겨진 바통을 잘 간직하는 것만이 아니라 또 다른 사람에게 넘길 줄 알아야 한다. '충성되고 배가할 줄 아는 사람'에게 바통을 넘겨야 한다.

저자는 선교지에서 이러한 원칙으로 사역했다. 1993년 나는 그를 이제 막 복음의 문을 연 복음의 불모지 몽골로 파송했다. 그는 '충성되고 배가할 줄 아는 사람'을 불러 훈련시켜 몽골 각 지역으로 보냈다. 더 나아가 몽골을 넘어서 해외로 파송했다. 나는 그 감격스러운 순간을 잊지 못한다.

이 책은 그러한 하나님 나라의 확장의 기록이다. 단순히 도서관이나 교실에서 배우고 익힌 글과 이론이 아니라 성령님께서 가르치시고 역사하신 현장에 나타나신 생생한 이야기다.

저자는 충성되고 배가할 줄 아는 사람이었다. 인디저너스 처치는 그러한 사람들을 통해 세워지고 성장하며 확장된다. 나는 여러 차례 그의 사역지를 방문해 하나님 나라가 확장되는 것을 목도했다.

이 책에 나오는 내용, 장소, 사건, 사람들, 훈련과 결과들을 직접 눈으로 그 과정을 확인했다.

저자는 평생을 선교지에서 그의 삶을 보냈다. 그는 그곳에서 헌신되고 열정적으로 사역하는 사랑스러운 또 다른 선교사를 만나 결혼했다. 이들은 평생 동역자다. 강한 팀이다. 그리고 선교지에서 또 다른 헌신되고 열정적이고 사랑스러운 두 딸이 태어나고 성장했다.

이 책이 하나님 나라의 확장에 헌신한 동역자들에게 도움이 될 것을 확신한다.

교회가 교회 되게

인디저너스 처치

A Church to Become The Church : Indigenous Church
Written by Harry H. Park
All rights reserved.
Korean Edition Copyright ⓒ 2021 by Christian Literature Center, Seoul, Korea

교회가 교회 되게
인디저너스 처치

2021년 7월 7일 초판 발행

지 은 이 | 박해영

편   집 | 김효동
디 자 인 | 박성숙
펴 낸 곳 | (사)기독교문서선교회
등   록 | 제16-25호(1980.1.18.)
주   소 | 서울특별시 서초구 방배로 68
전   화 | 02-586-8761~3(본사) 031-942-8761(영업부)
팩   스 | 02-523-0131(본사) 031-942-8763(영업부)
이 메 일 | clckor@gmail.com
홈페이지 | www.clcbook.com
송금계좌 | 기업은행 073-000308-04-020 (사)기독교문서선교회
일련번호 | 2021-71

ISBN 978-89-341-2311-8

이 책의 저작권은 저자와 (사)기독교문서선교회가 소유합니다.
신저작권법에 의하여 한국 내에서 보호받는 저작물이므로 무단 전재와 무단 복제를 금합니다.

신학 박사 논문 시리즈 59

교회가 교회 되게
인디저너스 처치

박해영 지음

A Church to Become The Church

CLC

차 례

추천사
강준민 박사 | L.A. 새생명비전교회 담임목사 … 1
김에녹 박사 | 풀러신학대학원 커뮤니케이션 및 선교학 조교수 … 3
김창환 박사 | 풀러신학대학원 코리안센터 학장 … 5
박기호 박사 | 풀러신학대학원 아시아선교학 원로교수 … 6
시미온 시아우(Simeon Siau) 대표 | YWAM 동아시아 책임자 … 8
윤순재 박사 | 주안대학원대학교 총장 … 10
홍성건 박사 | NCMN(Nation Changer Movement Network) 대표 … 12

프롤로그 … 20

용어 정의(Definition) … 24

제1장 찾아가는 선교(To Reach Out Mission field: Incarnation) … 29
제2장 교회가 교회 되게(A Church to Become The Church) … 41
제3장 인디저너스 처치(Indigenous Church) … 63
제4장 보냄을 받은 자(The One Who Was Sent) … 87
제5장 동반 협력을 통한 인디저너스 처치(Indigenous Church Through Cooperation) … 103
제6장 동질 집단의 원리(Homogeneous Unit Principle) … 111
제7장 교회 가치 업그레이드하기(Upgrading Church's Value) … 133
제8장 인디저너스 처치 현장 연구(Field Research for Indigenous Church) … 156
제9장 파일럿 프로젝트(Pilot Project, Simulation) … 177
제10장 체인지 다이나믹스(Change Dynamics: Leadership Program) … 205

에필로그 213

부록 217

인용 문헌(References cited) 241

그림 표 차트 목차

[그림 1] 현대 교회와 신약 교회의 견해 비교	90
[그림 2] SPHERES와 영역에 드러나야 할 하나님의 성품과 역사	137
[그림 3] 다르항시 YWAM 중심의 교회 설립현황	150
[그림 4] 교회의 자발적인 배가	151
[표 1] 몽골에서 사역 중인 한국의 교단 샘플	153
[표 2] 몽골에서 사역 중인 한국의 선교회 샘플	153
[차트 A] 토착 교회의 3자 원칙 이해함 정도	159
[차트 B] 정기적인 주정헌금, 십일조	161
[차트 C] 모 교회가 지 교회를 설립한 수	162
[차트 D] 토착 교회 성장의 방해하는 요소	164
[차트 E] 평신도 선교 운동, 토착 교회의 설립과 부흥 역할	168
[차트 F] 지도자 양성 프로그램 = 토착 교회로 전환	170
[표 3] 함께 느끼고 함께 만들어가는 U 프로세스-프리젠싱	183
[그림 5] STAKEHOLDERS 과거의 관점 이해	190
[그림 6] STAKEHOLDERS CHANGE 관점 이해	193

프롤로그

필자는 1989년 스페인에서 평신도 선교사로 사역했고, 1990년 한국으로 돌아와 YWAM(Youth With A Mission: YWAM) 사역자로서 복음전도팀, 중고등부, 선교부에서 사역한 후, 1993년부터 2011년까지 몽골 제2대 도시, 다르항시 중심으로 현지인 지도자들과 함께 12개 이상의 현지인 교회를 설립했다.

2005년 필자가 몽골 YWAM 대표로 섬길 때, 몽골 전국 5개 지역에 YWAM 선교 베이스가 개척되었고 각 센터에서 농업 프로젝트, 교육 선교, NGO(Non-Government Organization), BAM(Business As Mission), 제자 훈련, 지도자 훈련, 성경학교 등이 진행되었다.

그리고 몽골 YWAM은 80여 개 이상의 교회를 세웠다. 몽골에 복음이 들어간 지 30년이 안 되어 몽골 현지인 선교사 50명 이상이 해외로 파송되어 각 나라에서 사역을 감당하고 있다. 몽골 선교는 21세기 선교 흐름에 괄목할 만한 성장을 이루었다.

다르항시 YWAM 교육센터에서는 유치원 "왕의 아이들"(King's Kids)을 세워 현재까지 500여 명의 아이들을 졸업시켰고, 그중 60퍼센트 이상의 아이들과 가정이 그리스도인이 되었다. 그들은 각 교회의 리더십으로 섬기고 있다.

2003년에 세운 다르항시 YWAM 선교 센터를 통해 현재까지 800여 명 이상을 지도자로 훈련했다. 그들 중 많은 목회자가 배출되어 도시나 시골에서 교회를 설립해 지역 교회를 섬기고 있으며, 선교 현장으로 나가서 사역을 감당하고 있다.

그리고 대부분은 사회로 돌아가 지역 사회에 참여하며 사회 공헌을 체계적으로 발전시키는 일에 헌신하고 있다.

또한, 필자는 2012년부터 2015년까지 미국에서 몽골 비거주 선교사와 새생명비전교회의 부목사로 사역하며 캘리포니아 주에 거주하는 한인들을 선교 훈련해 몽골을 중심으로 8개 나라 30여 개 종족을 위한 중보 기도 사역과 선교 동원 사역을 하게 했다.

2016-2019년 현재까지 중국 내몽골 자치구와 독립국인 몽골리아(외몽골)의 몽골족 가정 교회 지도자 훈련 및 교회 설립 사역을 하고 있다.

몽골은 지정학적으로 아주 중요하며 동인종 국가에 복음을 전하는 데 쉽다. 몽골은 1990년에 공산주의 종주국이었던 구소련(러시아)이 무너지면서 자유민주주의의 문이 열려 자본주의 체제를 경험하기 시작했다.

구소련의 부속 국가 정도로 알려진 숨겨진 나라였던 몽골이 세계에 알려지면서, 한국은 1990년 3월에 몽골과 대사급 외교 관계를 이루었고, 그에 따라 경제, 종교, 구제, 문화 등 다양한 분야에서 몽골과 관계를 맺기 시작했다. 특히, 민주주의의 물결을 따라 전 세계의 선교사들은 기다렸다는 듯 몽골로 향했지만, 복음 전파가 쉽지 않았다. 그러나 때로는 조심스럽게 시작한 소그룹 성경 공부 모임이 교회가 되기도 했다.

비밀리에 복음을 전했던 이유는 1990년대 초 산재해 있던 KGB(비밀경찰) 요원들의 감시 때문이었다. 그러나 그 어려운 환경과 상황 속에도 하나님의 복음은 몽골의 먼 시골까지 전파되며 교회가 설립되었고 그 교회들은 현재 토착화되어 가고 있다.

생명력 있는 토착 교회는 몽골의 여러 지역에 설립되면서 성령님의 현존과 능력에 대한 증거들이 곳곳에서 일어나고 있다. 2020년 현재 몽골 선교의 문이 열린 지 30년이 되었다. 몽골 내에 선교의 다양한 전략을 통해 복음이 편만하게 전파되고 있다. 즉, 교육 선교, 교회 설립, 제자 훈련, 비영리법인(농업, 구제, 고아원 등), 병원 사역, 신학교 사역, BAM(Business As Mission) 등이 활발하게 진행되면서 몽골 선교는 급속히 성장하고 있다.

그러나 긍정적인 면만 있는 것은 아니었다. 다른 측면으로 보면 몽골 교회는 재정적 어려움, 교회의 정체성과 목회자의 부르심의 위기, 지도자 양성의 결여, 선교 사역의 부진에 직면하고 있다.

또한, 시골에 많은 교회가 설립되었지만 얼마되지 않아 문을 닫거나 지도자가 떠나는 일들이 일어나기 시작했다. 필자와 몽골 목회자들, 평신도 지도자들은 이런 상황을 보면서 심각하게 고민하고 하나님께 나아가 기도하며 몽골 제2대 도시, 다르항시 YWAM 지도자들과 교회 설립 전략 회의를 가졌다. 그리고 문제의 해결책은 설립된 교회들이 '토착화'하는 것이라는 결론에 이르렀다.

다르항시 YWAM에서 설립한 교회 중에는 자치, 자전, 자립하여 토착 교회(Indigenous Church)로 성장하고 있는 교회가 있는가 하면 그렇지 않은 교회도 많다. 이에 몽골 다르항시 YWAM을 중심으로 효과적이고 혁신적인 토착 교회를 설립해 교회를 세우는 한국 교회와 해외 선교사 및 동인종 국가에 인디저너스 처치 설립 모델을 제시할 것이다. 이를 위해 신뢰성과 타당성 있는 현장 조사와 성경적, 선교학적, 평신도 운동으로 본 몽골 토착 교회의 가능성을 파악하고, 선교 현지에서 현지인 지도자들이 교회를 설립하는 데 실천 가능케 하는 교회 설립(Church Planting) 소프트웨어를 개발하기를 원한다. 특히 '인디저너스 처치' 본질의 새로운 패러다임을 구축하려면 성경에서 명확한 기초를 발견해야 한다.

이 책, 『교회가 교회 되게』는 몽골 다르항시 YWAM 중심으로 설립된 교회 상황을 파악하고 토착 교회 성장 원리들을 연구해서 효과적이고 재생산하는 교회를 설립하는 데 초점을 두고 있다.

그러므로 이 책을 통해 혁신적 토착 교회를 설립하겠다는 과제를 안고 있는 몽골 다르항시 YWAM 교회 설립 사역자들과 해외선교사들은 토착 교회를 통해 하나님 나라가 어떻게 이루어지고 재생산되는지를 보게 될 것이다. 또한, 토착 교회의 본질을 인식하고, 교회 설립에 동참하시는 성령님의 역사를 경험할 수 있을 것이다.

많은 선교사를 해외로 파송하는 한국 교회와 각 단체도 본 연구를 통해 선교 전략 방안을 배우고 선교시스템을 재정비할 수 있을 것이다. 이 책은 몇 가지 질문들을 우리에게 한다.

어떤 교회를 설립할 것인가?
누구를 위해 교회를 설립할 것인가?
왜 설립할 것인가?
다른 측면에서 본다면 어떤 단체와 교회를 설립할 것인가?
누구를 위한 단체와 교회가 될 것인가?

이 책을 통해 그 답을 찾기를 바라며, 토착 교회 설립 전략을 수립하여 풍성하고 건강한 교회를 세우기를 소망한다.

용어 정의(Definition)

토착 교회(Indigenous Church)

선교사나 외부의 도움 없이 현지 교회가 자전(Self Propagating), 자치(Self-Governing), 자립(Self-Supporting)할 수 있는, 이른바 네비우스가 주창한 '3자 원칙'을 강조하여 사역하는 교회를 말한다.

교회 성장(Church Growth)

교회 성장이란 용어는 맥가브란이 그의 저서 『교회 성장 이해』(Understanding Church Growth)에서 사용했다. 교회 성장은 모든 민족을 제자화하는 것이고, 단지 수적 확장만을 말하지 않으며, 잃어버린 영혼들을 찾기 원하시는 하나님의 마음을 알아 성경의 원리에 기반을 두고 순종하며 따라가는 것이다. 교회가 성경적, 상황적, 자연적으로 성장하는 단계를 말한다.

평신도 선교 운동(Lay Missionary Movement)

폴 피어슨의 『기독교 선교 운동사』(The Dynamics of Christian Mission: History through a Missiological Perspective, CLC 刊)에서는 평신도 선교 운동의 정의를 잘 표현했는데, 그것은 성서적인 관점에서 목회자와 평신도의 신분적 구분은 잘못된 선교 구조라는 것을 인식하는 것이다. 평신도 선교 운동은 목회자를 돕는 평신도를 모집하고 일꾼을 만들어 내는 것 이상의 일로, 목회자 중심의 제도적 교회에서 평신도를 현장 사역자로 세워서 수동적인 그리스도인에서 능동적인 교회 주체자로 만드는 전략이자 운동이다.

소달리티 (Sodality)

소달리티 구조인 선교 단체는 교회와는 다르게 특정한 목적과 목표와 전략을 갖는다. 지정된 선교 목표를 달성하기 위해 세워진 조직으로서, 선교의 대상이나 타깃으로 하는 종족 그룹이나 특정 지역에 같은 목적으로 선교 사역을 위해 모인 사람들로 조직된 집단이다. 교회가 보편적인 역할과 특성이 있다면 소달리티 선교 구조는 특별하고 분명한 선교 특성이 있는 선교 공동체라고 『미션 퍼스펙티브』(Mission perspectives)에서 랄프 윈터는 정의한다.

모달리티 (Modality)

모달리티는 지역 교회 공동체로 행정적, 형식적, 공식적인 구조를 가진 단체다. 이순정은 『선교대국 한국, 협력사역이 길이다』(Cooperationis the way the mission)에서 이렇게 말한다.

> 교회는 어린아이들로부터 장년에 이르기까지 지역, 계층, 나이, 학벌, 인종과 관계없이 예수를 자신의 주(主)로 시인하며 그리스도를 하나님의 아들이라고 인정하고 고백하는 사람들이 모인 공동체이다.

동반 협력 (Partnership Ministry)

동반 협력은 소달리티의 선교 전략들과 모달리티의 교회 설립 전략들을 공유하며 함께 협력하여 새로운 선교 모델을 개발하고 세워 나가는 것이다.

동질 집단의 원리 (Homogeneous Unit Principle)

동질 집단이란 모든 구성원이 어떤 구조나 상황 가운데 들어가서 사회의 한 부분이 되는 것을 말한다. 맥가브란은 동질 집단을 형성할 수 있는 특성으로서 독특한 자화상(unique self-image), 민족 의식(people consciousness),

결혼 관습(marriage customs), 권력 구조(elite or power structure), 토지 권리(land rights), 성 관습(sex mores), 거주지(where people live), 언어(language) 등을 제시한다.

상황화(Contextualization)

상황화는 하나님의 메시지를 그 지역의 민족과 수용자들의 문화에 맞게 제시한다는 것에 초점을 맞추고 있다. 하나님의 말씀을 특정한 상황에 전달자 입장에서 오류가 없이 정확하게 이해하기 쉽도록 전하는 데 목적이 있다.

YWAM(Youth With A Mission)

한국에서는 '예수전도단'이라고 부른다. 국제 초교파 선교 단체인 YWAM의 설립자는 로렌 커닝햄 목사이다. 1960년에 국제 YWAM이 창설되었다. 그 이후로 "너희는 온 천하에 다니며 만민에게 복음을 전파하라"(막 16:15)는 예수 그리스도의 지상 명령을 수행하기 위해 세계 각처의 서로 다른 문화와 교파에서 수천 명의 사람이 참여하게 되었다. 오늘날 국제 YWAM은 전 세계 180개 국에 1,000여 개의 지부를 두고 18,000여 명의 전임사역자들이 함께 사역하는 단체로 발전하였으며, 다양한 배경을 가진 사람들이 오직 그리스도의 지상명령 성취를 위해 자신의 삶을 드리는, 세계 선교를 위한 공동체로 자리매김하고 있다.

RCA(Revival Church Alliance)

'부흥 교회 연합회'는 필자가 몽골 2대 도시 다르항시를 중심으로 설립한 교회들 연합단체이다. RCA는 현재 현지인 목회자에게 이양되어 있다.

YWAM NASA Window Mission Alliance

2005년에 필자가 교회 설립 사역과 다르항시 YWAM 사역을 하면서 몽골을 중심으로 8개의 나라, 30여 종족을 복음화시키고 인디저너스 처치를 설립하자는 취지에서 조직한 단체로서, 2005년 5월에 미국 캘리포니아 패서디나(Pasadena)에 정식으로 종교 법인으로 등록해 현재까지 동북아시아 및 북방 사역을 감당하고 있다.

DTS (Discipleship Training School)

'예수제자 훈련학교'라고 부르며 12주간의 강의, 12주간의 복음 전도 실습, 총 24주간으로 구성된 훈련 프로그램이다. 이 기간에 훈련생들은 반드시 공동생활을 해야 하며 직장과 학교를 휴직, 휴학하고 훈련소에 들어와야 한다.

Mobile DTS

직장인들이나 대학생들을 위한 제자 훈련학교이며, 단기로는 7주 강의와 1주의 전도 여행, 장기로는 8개월 강의와 2-4주간의 전도 여행 실습으로 운영된다. 직장인 제자 훈련 학교의 강의는 공동생활을 하지 않으며 금요일 저녁부터 토요일 전일이나, 토요일 저녁부터 일요일 전일 강의에 참석하는 훈련 커리큘럼이다. 각 교회와 지역에 따라 날짜를 변경할 수 있다. 이 Mobile DTS 제자 훈련학교의 특징은 직장에서 휴직이나, 학교에서 휴학하지 않고도 훈련을 받을 수 있다는 것이다. 또한, 각 지역 교회의 필요에 따라 학교 운영자들이 찾아가서 학교를 연다는 장점이 있다.

소프트 스팟 (Soft Spot)

한 단체나 조직에 변화를 주고 싶은 곳, 취약점이다. 한 단체가 목표지향적으로 여러 프로젝트가 잘 진행되지만 제일 취약한 부분 때문에 완성도를 높일 수 없다면 새로운 패러다임으로 인식 전환이 필요하다.

스테이크 홀더 (Stakeholder)

단어의 어원은 '말뚝을 가진 사람'이라는 말로 토지나 영토를 가지고 있는 대지주를 말한다. 그러나 이 단어는 오늘날 '이해 관계자', '영향을 받는 사람' 혹은 '혜택을 받는 사람'으로 사용되고 있다.

파일럿 프로젝트 (Pilot Project)

사전에 연구된 정보나 자료 그리고 결과를 실제로 효과가 있는지 연구 및 실험해 보는 것이다. 컴퓨터 프로그램을 개발하기 위해 실제 상황에서 실현하기 전에 소규모로 실험 엔진을 돌려보는 것을 말한다. 마치 대형유조선을 만들기 전에 작은 모형 배를 만들어 바다에 띄워 항해를 해보는 것과 같은 원리이다. 파일럿 실험(Pilot experiment), 파일럿 테스트(Pilot test) 등으로 부르기도 한다.

체인지 다이나믹스 (Change Dynamics)

한 기관이나 조직의 취약점을 발견하여 연구 및 실험(Pilot Project)을 거쳐 특정 샘플 프로그램이 개발되면 그 프로그램이 탁월하고 재생산될 수 있도록 하는 전문적 방안이다.

제1장

찾아가는 선교
(To Reach Out Mission field: Incarnation)

성경에서 '토착 교회'(Indigenous Church) 설립에 관해 이론과 전략을 연구하고 발견하는 것은 교회 성장의 원리 중 아주 탁월하고 실제적 방안이라 할 수 있다. 성경에 '토착 교회'라는 단어가 없다고 해서 성경 안에 토착 교회 설립의 원리가 없는 것은 아니다. 이런 점에서 성경에 나타난 토착 교회 설립에 관한 이론과 전략을 연구하는 것은 중요한 과제이다.

토착 교회 설립에 관한 성경적 관점의 연구를 신약성경으로 제한하기로 했다. 왜냐하면, 신약성경에는 직접 교회의 모습이 나타나기 때문이다. 그리고 신약성경에는 교회 설립자들이 등장하기 때문에 신약성경에서의 토착 교회의 원리를 집중적으로 연구할 것이다. 구체적으로 신약성경에 기록된 교회의 머리 되시는 예수 그리스도의 사역과 가르침, 그리고 하나님 나라 선포, 초대 교회 시대에 토착화된 예루살렘교회 중심의 복음 전파와 사도 바울을 통해 설립되고 성장한 소아시아 교회들의 성경적 기초가 무엇인지 살펴볼 것이다.

신약 시대에서 교회 설립(Church Planting)의 의미를 나타내는 내용은 여러 곳에서 발견되는데 그중 하나는 고린도전서 3장 6절이다.

> 나는 심었고 아볼로는 물을 주었으되 오직 하나님은 자라나게 하셨나니(고전 3:6).

사도 바울은 교회 설립을 전략적인 측면에서 3단계로 나누어 설명한다. 심는 자와 물 주는 자, 그리고 자라게 하는 자로 구분하는 것이다. 이 부분을 통해 자립성, 독립성, 연합성을 가지고 예수 그리스도를 의지해서 교회를 설립하면 교회가 토착화될 수 있는 큰 능력을 갖출 수 있다는 것을 알 수 있다(Brock, 1994, 89).

마치 선교사가 혼자서 교회의 모든 일을 하지 않고 현지인에게 위임해서 자립(Self-support), 자전(Self-propagation), 자치(Self-government)하는 것과 같은 모습이다. 바울은 고린도전서 7장 20절에서 다음과 같이 강조한다.

> 각 사람은 부르심을 받은 그 부르심 그대로 지내라(고전 7:20).

토착 교회의 '3자 원칙'을 통해 독립적으로 운영되며 각자에게 부어 주신 은사대로 교회를 섬기고 리더십을 발휘하는 교회가 재생산(reproducing)하는 교회로 성장하게 될 것이다(Brock, 1981, 55-61).

일반적으로 교회 설립은 복음전하는 것만을 의미하지는 않는다. 특히 신약성경에서 교회 설립은 몇 가지 과정을 거친다. 그것은 복음 선포, 제자 훈련, 구제 사역, 재정적 독립, 지도자를 세우는 것 등이다. 교회 설립은 하나님의 때가 되어 선교사나 지도자가 그 교회를 떠나 현지인 사역자에게 이양한 후 생명력 있게 성장하며 건강하게 재생산하도록 자전, 자립, 자치하는 전 과정을 의미한다(박기호, 2014, 43).

토착 교회 설립에 있어서 신약성경 관점의 '토착'(indigenous)의 의미를 바로 이해하고, 3자 원칙의 패러다임과 성령의 역사를 인정하고 설립된 교회가 건강한 지도자들을 세우고 재생산하는 것(reproduction, multiplication)은 성경이 지향하는 토착 교회 설립 전략이다. 그러므로 '토착 교회'는 성경적이다. 제1장에서는 먼저 토착 교회에 대한 복음서의 관점을 살펴본 후에 사도행전, 서신서 순서로 다양한 관점을 살펴볼 것이다.

처음으로 교회에 대해 언급하신 분은 예수님이다. 예수님은 특별히 바요나 시몬을 '베드로'(반석)라고 개명하면서 이렇게 말씀하셨다

내가 이 반석 위에 교회를 세우는데 음부의 권세가 이기지 못할 것이다(마 16:18).

예수님은 교회를 세우실 때 특별한 의미를 부여하셨는데, 그것은 예수님을 '그리스도'와 '살아계신 하나님의 아들'이라고 선포하고 고백하는 그 모임, 그 장소가 바로 교회가 되리라는 것이다(박기호, 2014, 44).

초대 교회는 예수님을 '그리스도와 살아계신 하나님의 아들'이라고 고백하면서 복음을 전하고 교회를 설립하기 시작했다. 그런 교회마다 부흥의 역사를 경험하게 되었고, 선교적 사명을 가지고 열방으로 나가 하나님의 나라를 확장하며, 축복의 통로가 되었다. 예수님은 제자들에게 토착 선교를 할 수 있도록 네비우스의 3자 원칙, 곧 자전(自轉, Self-propagation), 자립(自立, Self-support), 자치(自治, Self-government)와 선교회와 교회와의 관계, 그리고 랄프 윈터 박사의 4P(Pioneer, Parents, Partner, Participants)를 몸소 가르치시고 사용하셨다고 볼 수 있다(윈터, 2005, 219).

예수님은 마치 랄프 윈터가 4P를 언급한 것처럼 제자들에게 찾아가셨고, 그들을 부르시고, 가르치셨으며 후에 동역자로 여기고 함께 하나님의 나라를 선포하게 하셨다. 하나님의 나라 선포는 예수님의 커뮤니케이션 방법의 하나다(헤셀그레이브, 1999, 92).

구약에서는 구원받기 위해서 이방인들이 이스라엘로 찾아갔지만, 신약에서는 구원받은 사람들이 이방인들에게 찾아가는 수신자 지향적 커뮤니케이션 방법을 사용했다(크래프트, 2006, 289). 수신자 지향적이라는 것은 수동적이 아니라 능동적으로 받아들이는 수용자(receptor)를 의미한다(크래프트, 1999, 67). 이것이 바로 3자 원칙의 '자전'(Self-propagation)의 의미이다. 그리고 자전이란 현지인이 자기 민족에게 복음을 전하도록 하는 것이다.

랄프 윈터가 언급한 것처럼 참여자(participants)단계, 현지인 지도자가 성숙한 지도력으로 다른 곳에 복음을 전하고 교회를 설립하는 것이라고 할 수 있겠다(윈터와 호돈, 2005, 218-19).

예수님은 자전 원리를 이렇게 사용하셨다. 예수님은 승천하실 때, 제자들에게 모든 권위를 이양하셨고, 예수님의 제자들은 열방을 복음화하기 위해서 스스로가 독자적으로 전 세계로 뻗어 나갔다. 복음서의 관점은 신뢰를 형성하는 것이 리더십의 특징임을 보여 준다(링겐펠터, 2011, 27). 예수님은 제자들을 확고하게 신뢰했기에 그들을 열방으로 파송했다. 이런 전략과 원리들은 자발적으로 교회를 배가시킨다.

성경 말씀과 성령님의 역사하심을 의지해서 모 교회(Mother Church)가 다른 지역에 지 교회(Daughter Church)를 재생산하는 것은 토착 교회로 나아가는 길이라 하겠다. 예수님께서 제자들에게 주신 대위임령은 예수님께서 예수님의 공생애 기간에 친히 제자들에게 보여 주셨고, 제자들은 그분이 하시는 일을 가까이에서 배웠기에 그들은 하나님의 선교를 감행할 수 있었다.

예수님의 마지막 유언은 '재생산'이었다. 제자로 삼는다는 것은 가르침과 훈련을 의미한다. 복음의 위력을 통해 온 세계가 영향을 받아 변화된다는 의미이다(베이미, 1994, 34-35). 그것은 마태복음 28장 18-20절까지의 선교 '대위임령'이다.

> 예수께서 나아와 말씀하여 이르시되 하늘과 땅의 모든 권세를 내게 주셨으니 그러므로 너희는 가서 모든 민족을 제자로 삼아 아버지와 아들과 성령의 이름으로 세례를 베풀고 내가 너희에게 분부한 모든 것을 가르쳐 지키게 하라 볼지어다 내가 세상 끝날까지 너희와 항상 함께 있으리라 하시니라(마 28:18-20).

제자들은 이 말씀을 가지고 복음을 전파했으며, 교회를 세우고, 하나님의 나라가 도래하게 하는 일에 온 생애를 바쳤다. 다음은 예수님의 토착 교회 설립의 원리를 구체적으로 살펴보도록 하겠다.

1. 섬김으로 세상을 변화시키기

하나님의 선교, 하나님의 교회는 예수님의 낮아지심을 통해 이루어졌다. 예수님께서 제자들의 발을 씻기셨다. 이 사건은 예수님의 마지막 성찬을 위해 모인 다락방에서 최후의 교훈을 주시기 전에 있었다(요 13:1-11). 자신을 낮추고 죽기까지 섬기신 예수님 자신이 하나님의 종이라는 특별한 역할을 사랑으로 보여 주신 것이다. 예수님의 종 된 모습을 본 제자들은 종의 마음을 갖고 이 세상을 섬기게 되었다(글라스, 2006, 333-34).

예수 그리스도의 종 된 섬김은 모든 교회의 지도자들이 배워야 할 교회 설립, 교회 성장 전략의 하나다. 예수님은 인류를 위해 자기의 고귀한 생명을 내어주고 죽기까지 섬기러 이 땅에 오셨다.

> 인자가 온 것은 섬김을 받으려 함이 아니라 도리어 섬기려 하고 자기 목숨을 많은 사람의 대속물로 주려함이라(마 20:28).

토착 교회 설립 전략에 반드시 필요한 것은 예수님의 섬김이다. 예수님의 종 된 모습으로 하나님의 나라를 확장해야 한다. '섬긴다는 것'은 일반적 섬김을 넘어 희생과 생명을 다하는 섬김을 말한다. 현지 사역자들은 교회 성도들이나 마을 사람들을 섬김으로 하나님의 사랑을 흘려보내야 한다. 섬김과 사랑은 마을 사람들의 마음을 움직일 수 있다. 그들이 복음을 받아들여 교회에 나오면 교회 지도자들과 함께 교회를 토착화하는 데 힘써야 할 것이다. 이것이 바로 토착화하는 예수님의 선교 전략이라고 할 수 있다.

'섬긴다'라는 것은 '능력이 없다', '약하다'라는 의미가 아니다. '섬긴다'라는 것은 '올바른 태도'다. 태도는 성품과 연결되어 있다. 예를 들면, 거룩, 순결, 긍휼, 정직, 희생적 헌신, 공의, 겸손, 온유, 권리 포기 그리고 깨어진 마음 등이다. 이것은 바로 종으로서 섬기는 자의 태도이다.

그리고 다른 하나는 '올바른 행동'이라고 말한다. 그 행동은 결과를 볼 수 있는 신뢰성이다. 즉 순종, 충성, 성령의 능력, 중보 기도, 열심, 열정, 전도, 구제, 교육, 고난 그리고 고통 등이다. 이런 덕목을 가진 자가 섬기며 다스릴 수 있는 목자이고 청지기이며, 지도자다(홍성건, 2011, 248).

구약성경 이사야서에 예수님께서 인간을 구원하기 위해 고난받고 핍박받는 종으로 이 세상을 섬기러 오실 것에 대해 예언되어 있다. 예수님은 인류를 구원하시기 위해서 하늘의 문화와 옷을 버리시고 이 땅에 오셨다(쇼우와 밴 엥겐, 2007, 49-50). 예수님께서는 올바른 태도와 올바른 행동의 기준이 되신다. 그러므로 예수님의 섬김을 통해 교회는 세워지고 성장하게 된다.

예수님께서 하늘에서 세상으로 찾아오셔서 인류를 구원하셨다. 예수님은 상처받고 고통 가운데 있는 사람들을 찾으신다. 마가는 마가복음 5장에서 예수님을 따르는 많은 무리를 두고 군대 귀신이 들린 한 사람을 찾으러 가시는 예수님의 모습을 기록했다. 찾아가는 선교, 찾아가서 섬기는 사랑을 보이신 예수님은 귀신들린 사람을 회복시키신다.

그 후 회복된 사람이 예수님을 따라가려고 할 때, 예수님은 허락하지 않으시고 집으로 가서 주께서 어떤 일을 행하였는지, 어떻게 불쌍히 여기셨는지 그 사람의 가족에게 알리라고 명하셨다(막 5:19-20).

그런데 그는 가족뿐 아니라 데가볼리(10개의 도시)에 가서 복음을 전파했다. 그는 스스로 다른 지역에 가서 복음을 전하기로 결정했다. 그는 '3자 원칙'인 자전(self-propagation)을 실천한 사람이다. 후일에 마가복음 7장에 예수님은 데가볼리를 방문하신다. 마치 세례 요한이 예수님의 길을 예비한 것처럼 거라사인들에게 귀신들린 사람이 회복되어 복음을 전했고 교회 공동체가 생기기 시작했다.

섬김은 나눔이다. 복음은 나누어야 배가된다. 기쁜 소식은 나눌 때 그 기쁨이 더욱 충만할 것이다. '나눈다는 것'은 찾아가는 행위이다. 예수님은 긍휼의 마음으로 잃어버린 영혼을 찾아가셨다. 제3장에서 네비우스에 대해 나누겠지만 네비우스는 순례 사역을 감행했다. 선교 센터에서 구원받을 사람들을 기다리는 것이 아니라 복음이 필요한 곳을 찾아다니면서 말씀을 선포하고 복음을 전하며 교회를 설립했다. 이것이 바로 예수님의 찾아가는 선교다. 그분은 하늘로부터 유대 땅에 상황화되셨다. 예수님처럼 찾아가는 선교는 토착 교회 설립에 시너지 효과를 줄 수 있다.

2. 예수님의 상황화(Contextualization)

예수님을 통한 하나님의 선교 전략 중 잊지 말아야 할 것은 성육신(incarnation)이다. 성육신의 사역은 토착 교회 설립과 부흥에 대단한 영향을 끼친다. 예수님은 영원한 하나님이셨지만 1세기 때 유대인의 육신을 입고 탄생하셨다.

교회의 머리가 되시며 본체이신 예수님은 하늘에서 세상으로 찾아오셔서 인류를 구원하셨다. 그리스도는 자신의 능력과 특권을 주님의 자녀들에게 쏟아부으시고, 고귀한 신분을 버리시고 인간성에 의존하는 존재가 되심으로써 인류를 자유롭게 하셨다(밴 겔더, 2015, 218).

유대 문화와 상황 속으로 들어오셔서 자신의 문화로 삼으셨다. 예수님은 아람어를 본인의 모국어로 삼으시고 자기 백성의 문화 안에서 말씀하시고 행동하셨다(글라서, 2006, 326).

이렇듯이 예수님은 상황화(Contextualization) 선교의 모범을 보이신 분이시다. 옛날 선교사들은 그 민족들의 옛 관습들이나 문화(북, 노래, 연극, 춤, 몸치장, 특정한 옷과 음식, 결혼 관습과 장례식 등)를 이교도적 행위라고 여겼으며 전통 종교와 관련되어 있다고 그들을 정죄했다. 무조건 자기 문화와 다르기 때문에 배척한다면 예수님께서 하셨던 인카네이션을 성취하지 못하고 토착화하는데 실패한 선교사로 자기 스스로가 정죄에 빠질지도 모른다(히버트, 1996, 261-62).

상황화는 하나님 나라 메시지를 특정한 문화와 그 민족들의 삶의 상황에 적절하고 정확하게 의미를 전달하는 형태이다. 예수님은 제자들에게 성육신적 상황화 사역의 모델을 선교의 모델로 보여 주셨기 때문에 사도들은 아시아와 유럽 전역으로 흩어져서 복음을 전파하며 예수님처럼 타문화를 수용하는 토착적 사역을 할 수 있었다(크래프트, 2007, 185).

그들이 예수님에게 배운 섬김의 도와 성육신적 삶을 이방 세계에 접목하자 교회는 세워지고 평창되기 시작했다. 만약 영적 지도자나 선교사가 복음이 들어가지 않은 지역에서 복음을 전할 때 자기 문화만을 고집한다면 맥가브란이 우려하는 것처럼 복음을 알지 못하는 민족들은 인종과 문화의 장벽을 넘어야 복음을 받을 수 있을 것이다.

토착 교회 설립 사역자들은 하나님 자신과 그분의 뜻을 명백하게 이해하고 표현해야 하고, 하나님께서 인간들에게 들려주고 싶으신 하늘의 메시지를 100퍼센트 전달하며, 복음의 분명한 본질을 한 지역, 문화 안에서 상황화된 메시지로 부활시켜야 한다(베반스, 2002, 45). 예수님의 구속사적이며 성육신적인 상황화는 하나님의 나라가 도래하는 데 준거가 되며 토착화된 교회가 세워지는 데 기반이 되는 것이다.

예수님께서 현지 문화에 적응하고 그 문화 방식에 따라 사시면서 하나님의 나라를 소개하셨던 것처럼 사역자들도 그 나라와 민족의 상황을 잘 파악하고 그 상황에 맞는 선교 전략을 세울 때 복음 전파에 놀라운 효과를 가져올 뿐만 아니라 창의적 접근 지역에 교회를 효과적으로 설립하는 데에 도움을 줄 수 있다.

대부분의 서양 선교사나 한국 선교사들의 실수는 선교 현장에 성육신적 상황화 사역을 하기보다는 선교사에게 배운 신학과 선교학, 선교사 본인들의 문화를 전수하는 양상을 볼 수 있다. 하나님은 민족과 족속마다 독특한 문화를 만드시고 그 문화를 통해 예배받으시기를 원하신다.

아프리카 마사이족 그리스도인들은 예수님을 만나기 전에 그들의 신에게 점프(jump)하며 예배드렸다. 점프는 신에 대한 최고의 예물이다. 최고의 예물을 최고의 신에게 드리는 것이 예배이다. 마사이족 그리스도인들은 예수님을 만난 이후 최고의 예물, 젬프를 하나님께 드리고 있다. 선교사들이 간과해서 안 될 것은 현지인 그들 스스로 예배하게 하고 그들로 교회를 설립하도록 하는 것이다.

초창기 몽골에서 서양 선교사들은 현지인에게 영어를 가르쳐서 복음을 전하는 방법으로 선교했다. 한국 선교사들은 현지어를 배워서 현지인에게 복음을 전하겠다는 전략을 세웠다. 그 당시 한국 선교계에서 '어느 선교사가 진짜 선교사인가? 어떤 방법이 성경에서 말하는 방법인가?' 고민한 적이 있다. 지금 생각해 보면 누가 잘못인가 아닌가를 판단하기보다는 현지 언어를 배우는 것이 성경적 상황화인가 아닌가를 연구하는 것이 더 중요한 것이라 여겨진다.

3. 예수님의 제자도

예수님은 이 세상에 찾아오셔서 하나님의 나라를 세우는 가장 좋은 방법을 택하셨는데, 그것은 제자들과 함께 생활하며 제자 훈련을 하고 하나님의 나라를 확장하는 일이었다. 그렇지 않았다면 예수님은 정치계를 움직여 하나님의 나라를 세워 나갔을 것이다. 그런데 예수님은 평범한 사람들을 열두 제자로 선택하셔서 땅끝까지 복음을 전하라고 명하셨다.

예수님은 3여 년 동안 제자들과 공동체 생활을 하시면서 서로 친밀한 관계를 맺으셨고 제자들을 사랑하시고, 필요를 채워주셨으며, 하늘과 땅의 모든 권세를 제자들에게 위임하셨고(마 28:18), 아버지와 아들과 성령의 이름으로 세례를 베풀게 하셨다(왓슨, 2016, 38). 권위를 위임한다는 것은 그들을 신뢰한다는 것이다. 예수님의 리더십은 강력하고 능력이 있는 리더십이었다.

존 맥스웰도 이렇게 말한다.

어떤 일을 성취하기 위한 능력은 그들에게 권한을 위임해 줄 수 있는 리더의 능력에 따라 결정된다(맥스웰, 2000, 178).

이런 예수님의 제자 공동체, 공동체의 참모습을 재발견하는 교회는 세상을 향해서 삶의 도전, 강력한 설득력이 있는 말씀 선포, 신뢰심과 영적 능력 발휘를 통해 하나님께서 살아계심을 확인시켜 줄 것이다.

신약의 토착 교회 설립 전략 중에 '제자도'는 중요한 위치를 차지하고 있다. 사복음서에 '제자들'이란 단어가 233번이나 사용되면서 그 중요성을 한층 더 높여 준다. 성경에서 말하는 '제자들'은 예수님의 열두 제자만은 아니다. '열두 제자들'이라는 표현은 세 번 밖에 나오지 않는다(마 10:1; 11:1; 20:17). 사복음서에 예수님의 제자들은 다른 사람도 많았다(마 8:19-22; 눅 6:13, 17, 20; 19:31; 요 4:1; 6:66; 8:31; 9:28; 행 6:1-7 등).

참 제자도의 정의는 다음과 같다(박기호, 2007, 14).

첫째, 예수 그리스도를 온 마음과 뜻을 다해 사랑한다.
둘째, 겸손히 자기를 부인한다.
셋째, 자원하는 마음으로 자기 십자가를 진다.
넷째, 자신의 인생을 예수님께 다 드린다.
다섯째, 남을 나보다 더 낫게 여기며 사랑한다.
여섯째, 하나님 중심, 성경 중심, 교회 중심의 삶을 산다.
일곱째, 예수 그리스도를 따른다.

모든 것을 버리고 예수님을 따른다는 것은 무엇을 의미하는가?

그것은 제자로서 일평생 가져야 할 삶의 행동이나 태도를 말하며, 계속해서 차원 높은 영적 수준으로 성장하는 과정이다. 삶의 모든 영역에서 그리스도인으로 가져야 할 성품과 해야 할 거룩한 하나님의 미션을 성취해 나가는 것을 의미한다(윌키스, 2005, 42).

이와 같이 너희 중의 누구든지 자기의 모든 소유를 버리지 아니하면 능히 내 제자가 되지 못하리라(눅 14:33).

"제자들"이라는 단어가 성경에 많이 사용되었다는 것은 그 단어가 정말 중요하다는 뜻이다. '제자'는 예수님께서 디자인하셨다. 이 세상에서 세상을 구속하는 전략 중에 가장 좋은 방법이라 여겨서 열두 명의 제자를 불러서 훈련하셨고, 세상으로 보내셨고, 세상을 그들에게 맡기셨다.

"제자 훈련은 교회 사역의 기초"라는 옥한흠 목사의 말은 실제로 선교지에서 일어나고 있다(옥한흠, 2005, 122). 교회를 설립하기 위해 지도자들이 준비해야 할 것이 바로 지도자 양성 프로그램인 '제자 훈련'이다.

'네비우스의 3자 원칙' 중 '자전'(propagation)하는 교회를 위해 제자 훈련, 지도자 양성 프로그램을 설립 초기부터 진행해서 지도자를 가능한 한 빨리 세워 사역을 이양하는 것은 중요하다.

신약성경 복음서와 사도행전의 초대 교회 시대로 넘어가는 시기는 예수님께서 부활하시고 승천하신 기간이다. 예수님께서 제자들과 마지막으로 함께 하시며 당부하신 이야기를 통해 누가는 사도행전 1장 6-11절을 통해 성령님께서 어떻게 임하시고 역사하실 것인지에 대해 잘 기록하고 있다. 그 후에 초대 교회 성령 공동체의 출현은 교회를 더 강하게 만든다(윌킨스, 2015, 38).

예수님의 제자들은 예수님의 행적들을 보면서 기억했고 다른 사람들을 훈련시켰다. 예수님께서 승천하신 이후에 그들은 마을마다 동네마다 찾아가서 복음을 전파했다. 제자의 삶은 찾아가는 선교이고, 복음이다. 예수님의 삶과 행동으로 보여 주신 제자도의 열매를 제자들이 거두었다. 어떤 부분에서는 실제로 배우지 않고 눈으로 보기만 했는데도 그 몸짓은 세대를 거쳐 훈련되고 생활화되어 결과를 만들어 냈다(맥케이, 2004, 97).

누가복음 8장 1-3절에 예수님과 제자들은 각 성에 두루 찾아다니시면서 하나님의 나라를 선포하셨고 복음을 전하셨다. 병 고침을 받은 막달라인 마리아와 헤롯의 청지기 구사의 아내 요안나와 수산나와 다른 여러 여자가 함께하여 자기들의 소유로 예수님과 제자들을 섬겼다. 이 사건을 볼 때 외부의 재정 도움을 받지 않고 자발적으로 복음 전도에 헌신하는 사역이 이루어졌음을 알 수 있다.

  전 세계의 YWAM은 예수님의 제자도 원칙에 따라 6개월간 공동체 생활을 하면서 제자 훈련 학교를 진행한다. 3개월간 강의와 3개월 전도 여행을 하면서 찾아가는 선교를 실행하고 있다. 또한, 재정 원칙은 믿음 선교(faith mission)로 월급을 받지 않고 후원을 일으켜 자립 선교를 원칙으로 하고 있다.

  제2장에서도 사도행전에 나타난 실질적이고 역동적인 토착 교회 설립의 원리를 다룬다. 사도행전에서도 설립된 교회들이 토착화되는 모습을 볼 수 있다.

제2장

교회가 교회 되게
(A Church to Become The Church)

오순절의 성령 강림 이후에 성령 충만한 베드로의 설교로 3천 명이 회개하고 세례를 받고 그리스도인이 되었다. 그 후에 처음으로 예루살렘교회가 세워졌다. 예루살렘교회는 시작부터 '토착 교회'(Indigenous Church)였다. 성경에서 말하는 교회가 되기 위해서는 토착 공동체가 되어야 한다.

성령님께서 초대 교회에 공동체를 이루셨다. 초대 교회에 성령 충만함으로 행해졌던 일들은 사도의 가르침을 받고, 스스로 자발적으로 자신의 재산과 소유를 팔아 가난한 사람들에게 나누고 함께 먹고, 매일 같이 모여서 하나님을 찬양하는 일이었다.

더 나아가서 그들은 하나님의 사랑을 전하는 복음 전도자로 삶을 살았다(행 2:43-47). 그러므로 본인들의 재산과 소유를 팔아 필요한 자들에게 나누어 주는 구제 사역을 한 예루살렘교회는 재정적 자립이 가능했던 토착 교회였다고 볼 수 있다. 그러면 토착 원리에 대해 사도행전은 어떻게 제시하는지 구체적으로 살펴 보겠다.

1. 초대 교회의 성령 운동

사도행전을 '성령 행전'이라고도 한다. 초대 교회들은 성령님에 의해 설립된 교회였다. 오순절 날 성령님이 오셨다. 성령의 역사로, 선택받은 백성들만이 소유했던 구원의 역사가 일반인과 이방인, 가난하고 소외된

자들, 죄인들에게 확산되기 시작했다. 성령 강림의 역사는 주님의 몸 된 교회를 건강하게 세우는 데 큰 영향을 끼쳤다.

이 교회는 예수를 믿는 그리스도인의 공동체로 성령의 능력을 받아 전 세계에 복음을 전파하는 일에서 놀라운 역사를 일으켰다(글라서, 2006, 420). 그러므로 오순절 성령님의 임재는 공동체가 교회를 세우고, 죽어 가는 영혼들을 구원하는 임무를 완성, 성취하도록 했다.

하나님의 사람들은 성령님의 놀라운 이적과 기적의 역사에 대해 열린 마음과 자세로 기다려야 할 것이다. 교회를 설립하는 데 성령님의 역사가 없다면 그 역사는 진짜가 아니다. 위험이 도사리고 있는 광야의 길이 될 것이다(피어슨, 2009, 238).

또한, 성령님이 그 모임에 함께하지 않으시면 그 모임은 사교 모임이 될 것이다. 그러므로 성령님께서 교회를 세우시고 성장케 하신다. 성령님은 하나님 나라가 이 땅에 도래하는 데 주도적 역할을 하셨다. 성경적으로 토착 교회를 설립하며 교회 성장을 경험하기를 원하는 교회들은 참 능력, 즉 성령님의 능력을 의지하며 나아가야 한다. 역동적이고 생명을 주는 교회들은 성령님을 의지해야 한다(맥킨토시, 2004, 101).

> 오직 성령이 너희에게 임하시면 너희가 권능을 받고 예루살렘과 온 유대와 사마리아와 땅끝까지 이르러 내 증인이 되리라 하시니라(행 1:8).

성령님이 임하셔야 그리스도인이 복음 전도자가 된다는 말씀이다. 다르게 말하면 복음 전도자, 증인은 성령에 의해 세워지고 보냄을 받는다고 할 수 있다. 교회가 교회 되게 하기 위해 성령님은 초대 교회를 위해 다음과 같은 몇 가지 일을 하셨다.

1) 공동체로서의 교회 설립

오순절 이후 베드로의 설교로 3천 명이 회심해 예수님을 믿었다(행 2:41). 그들은 "우리가 어찌할꼬"(행 2:37)라고 하면서 두려워하고 놀라운 반응을 보였다. 사도들의 이적과 기적에도 놀라워했지만, 사도들의 입에서 나오는 하나님의 말씀에 거룩한 성령님의 임재를 경험했다. 성령을 체험한 사람들은 공동체 생활을 하며 서로 사랑의 교제를 나누었다. "교제"라는 단어는 '공통으로 같은 것', '함께 나눔'을 의미하는 단어 코이노니아(koinonia)와 같은 어근을 갖고 있다(김문현, 2009, 81-82).

믿는 사람들은 필요에 따라 함께 물건을 통용했다(행 2:44). 교회는 성도들이 예수 그리스도를 구주로 시인하고 하나님을 예배하고 삶을 나누는 공동체이다. 제2차 바티칸 공의회에서 교회를 '성도들', '하나님의 백성', '교제 공동체'로 보는 관점으로 발전했다.

성령 공동체에서 물건을 통용하고 가난한 사람들에게 나누어 주는 원칙은 '3자 원칙' 중 '자립'(self-support)이다. 자립과 자치는 아주 밀접한 관계가 있다. 교회의 재정을 운영한다는 것은 교회 지도자가 그것을 결정하고 집행하는 것이다. 교회가 재정적으로 독립하고 자체적으로 운영할 수 있다는 것은 토착화에 있어 매우 중요하다.

여기서 간과하지 말아야 할 것은 자신의 소유권을 포기하고 공동체 일원이 되어 함께 공유했다는 것이다. 함께 기도하고 함께 떡을 떼는 공동체, 초대 교회의 토착화 원리가 세워지기 시작했다. 아마도 제3장에 나오는 네비우스의 새 방법(The New Methods) 중 다른 교회들과 협조하고 연합하는 원리는 사도행전 2장의 공동체에 기초한 원리일 것이다(김남식, 1990, 163). 스캇 선퀴스트는 공동체에 대해 아주 명확하게 정의를 내렸다.

공동체로서의 교회는 극도의 충성심과 겸손한 복종 안에서 형성된다. 예수께서 그분을 따르라고 사람들을 부르셨을 때, 그분은 사람들이 모든 것을 버리고(심지어는 가족들까지도) 그분의 리더십과 돌봄에 중심을 둔 새로운 가족에 편입되는 것을 기대하셨다. 그것은 모든 구성원이 예수님께 헌신하고 그러므로 모든 이의 필요가 채워지는 순례자의 공동체였다. 그것은 이동하는 공동체였기 때문에 재산을 소유한다는 것은 불가능했다. 개인의 재산은 이동 가능성과 더불어 친밀한 관계를 방해했다. 그러므로 우리는 예수님께서 처음으로 함께 부르셨던 무리에서 공동체로서의 교회에 대해 무엇인가를 배울 수 있다(스캇, 2015, 547).

초대 교회 공동체는 예수님께서 부르셔서 한곳에 모인 성령 공동체다. 이 공동체는 함께 모여서 말씀을 연구하고 기도하는 공동체다. 성령님에게 이끌림을 받아 복음을 전하고 교회를 설립하는 사회에 영향력 있는 공동체가 바로 토착화된 성령 공동체인 것이다.

90년대 초 나는 홍천에서 예수전도단 '제자 훈련학교'(DTS: Discipleship Training School)를 마치고 서울 예수전도단 본부에서 선교부와 청소년 사역을 했다. 현재도 그렇지만 그 당시도 예수전도단은 아주 놀라운 성령 운동이 일어나는 공동체였다. 함께 모이면 하나님의 음성을 듣고, 나라와 민족을 위해 중보 기도하며 전능하신 하나님께 예배드리는 모습은 지금도 잊을 수 없다. 사도행전에 나오는 성령 공동체처럼 서로의 필요를 흘려보내며(flowing), 함께 먹고 함께 나누었다.

1,000여 명의 간사들과 예수전도단 후원회 '아굴라', '브리스길라' 중보 기도 팀들은 역대하 7:14이 성취되도록 각 도시에서 기도의 불을 지폈다. 대도시마다 '직장인을 위한 제자 훈련학교'(BEDTS : Business Eagle DTS)가 활발하게 진행되었으며, 졸업한 사람들이 매주 월요일마다 모여 하나님의 얼굴을 구하는 중보 기도 운동이 일어났고, 나라를 변화시키는 일에 각자 은사에 따라 각 영역에 들어가서 하나님의 문화를 전달하는 일이 일어났다.

'킹즈 키즈'(Kings' Kids)와 중·고등부 사역을 통해 초·중·고등학교 학생들이 변화되고 학교에 선한 영향력이 흘러가기 시작했다. 예수전도단

대학부는 전국 대학교 안에 '캠퍼스 사역'(Campus Ministry)을 개척하고 복음을 전해 지도자를 세웠고 많은 대학부 간사가 선교사로 사역하고 있다. 성령님이 역사하셔서 한국 YWAM에 거룩한 공동체가 세워졌고, 이 공동체를 통해 열방에 선교사들이 파송되기 시작해서 현재 한국 YWAM에서 파송한 선교사가 600여 명이나 된다.

2) 복음 전파와 선교 하는 초대 교회

오순절 성령의 역사, 성령 운동은 동네와 마을을 찾아가 복음을 전하는 선교 운동이다. 성령님께서 강림하신 후 바로 복음 전파 선교 운동이 일어났다. 마가의 다락방에 모인 제자들은 그리스도의 급박한 재림을 믿었다. 그래서 주께서 재림하시기 전에 구원의 복음을 가능한 많은 사람에게 전파해야만 한다는 강한 믿음을 갖고 있었다(피어슨, 2009, 627).

이렇듯이 성령의 역사는 성도가 전도와 선교를 하게 한다. 복음을 전하고 현장에서 교회를 세우는 데 큰 역할을 한다. 교회 설립자가 토착 교회 설립을 위한 자전(self-propagation)에 대해 언급하면서 설립된 교회가 독자적으로 복음을 다른 지역에 전할 때 비로소 성경적 토착 교회라고 볼 수 있다.

베드로는 오순절 사건을 요엘이 예언했던 '주의 날을 위한 무대를 준비한 것'으로 규정하였다(욜 2:28-32; 행 2:17-18). 베드로는 이날 새로운 구원의 날이 밝아 왔다는 사실을 알리기 위해 하나님 나라의 열쇠를 사용했다. 이에 대한 반응으로 많은 유대인과 여러 이방인이 회개와 믿음으로 하나님께 돌아오기 시작했다. 메시아를 믿는 유대인들과 "먼 데 사람 곧 주 우리 하나님이 얼마든지 부르시는 자들"(행 2:39)로 구성된 새로운 이스라엘이 형성되기 시작했다. 성령님께서 하시는 일은 선교다. 죽어가는 영혼을 예수님께로 이끄는 일이다.

지상의 교회들은 예수님의 대위임령인 복음을 전하는 일에 성령님과 함께 해야 할 것이다. 예수님의 가르침이 주는 교훈과 오순절 사건은 하나님 백성의 중심 주제인 '선교'에 우선권을 두고 있다. 일반적 교회 형태, 즉 선교사나 외부의 물질에 의한 선교가 아니라 성령님을 의지하고 하나님 나라를 선포하는 힘 있는 토착 교회에 초점을 두라는 것이다. 선교적 대위임령의 여러 진술을 조사해 보면 교회 건물을 세우는 것보다 성령에 의한 선교적 교회가 되어야 한다는 주장을 제일 우선순위에 둠을 알 수 있다(글러서, 2006, 425).

그러므로 토착 교회는 성령님이 주시는 능력으로 선교 지향적 교회가 되어야 한다. 토착 교회가 존재하는 목적은 하나님 나라를 선포하여 죽어 가는 영혼들이 구속을 받아 하나님을 찬양하는 것이다. 성령 충만한 현지 사역자들은 토착 교회를 세울 수 있으며, 교회 성장을 앞당길 수 있다.

베드로와 다른 제자들은 오순절 성령 체험 전에는 예수님을 배반하고 저주하면서 도망갔던 사람들이었다. 그러나 오순절에 만난 성령님을 통해 베드로의 첫 설교에 수천 명이 복음을 받아들였다. 그 이후 초대 교회가 세워졌으며, 성령에 의해 지도자가 세워졌고 교회를 통해 하나님 나라가 선포되기 시작했다.

몽골 북쪽 '오르홍'(orkhon)군에 다르항 YWAM 지 교회인 오르홍 '세르긍만달'(SerGuengMandal)교회가 있다. 2,000년 여름 한국 킹즈 키즈팀이 오르홍강 건너편에 '토아'(Tokha)족에게 복음을 전하러 갔다가 돌아오는 길에 간사 두 명이 강물에 휩쓸려 내려가 순교했다.

그 일이 일어난 후에 성령님은 오르홍 세르긍만달교회를 축복하기 시작하셨다. 오르홍교회 목회자와 성도들은 교회 표어를 "오르홍강에서 바이칼(Baikal)호까지"라고 정하고 오르홍강 물줄기를 따라 바이칼호에 이르기까지 주변 마을에 복음을 전하는 일에 생명을 다했다.

왜 "오르홍강에서 바이칼호까지"인가?

순교자 두 명 중 한 명의 시신은 오르홍 강에서 찾았고, 또 한 명의 시신은 바이칼호까지 흘러 내려가 그곳에서 찾았기 때문이다. 현재 오르홍강에서 바이칼호까지 거리는 수백 킬로미터이다. 강 주변 마을들이 복음을 받아들인 후에 가정 교회들이 설립되었고, 그 교회가 또 다른 곳으로 복음을 전하고 있다.

3) 교회 지도자 세우기

사도행전 2장 41-42절에 기록된 초대 교회의 첫 모임은 성령의 놀라운 역사로 함께 기도하며 시작된다.

> 그 말을 받은 사람들은 세례를 받으매 이날에 신도의 수가 삼 천이나 더하더라. 그들이 사도의 가르침을 받아 서로 교제하고 떡을 떼며 오로지 기도하기를 힘쓰니라(행 2:41-42).

이렇듯 성령님이 이끄시는 기도는 교회 설립의 기반이 된다. 사도들이 교회 공동체를 설립해서 지도자를 세울 때도 성령의 인도하심과 기도를 강조했다.

> 형제들아 너희 가운데서 성령과 지혜가 충만하여 칭찬받는 사람 일곱을 택하라 우리가 이 일을 그들에게 맡기고, 우리는 오로지 기도하는 일과 말씀 사역에 힘쓰리라 하니(행 6:3-4).

타 문화권 선교 측면에서 보면 사도들이 세운 예루살렘교회보다 중요한 것은 성령에 의해 흩어진 유대인들이 설립한 안디옥교회일 것이다. 이것이 바로 신약성경의 타 문화권 토착 교회 모델이다(박기호, 2005, 47).

> 예루살렘교회가 이 사람들의 소문을 듣고 바나바를 안디옥까지 보내니 바나바가 사울을 찾으러 다소에 가서 만나매 안디옥에 데리고 와서 둘이 교회에 일 년간 모여 있어 큰 무리를 가르쳤고 제자들이 안디옥에서 비로소 그리스도

인이라 일컬음을 받게 되었더라(행 11:25-26).

바울이 성령에 이끌려 기도할 곳을 찾다가 만난 '루디아'를 통해 교회가 설립된다. 그 교회는 빌립보교회다.

> 안식일에 우리가 기도할 곳이 있을까 하여 문밖 강가에 나가 거기 앉아서 모인 여자들에게 말하는데 두아디라 시에 있는 자색 옷감 장사로서 하나님을 섬기는 루디아라 하는 한 여자가 말을 듣고 있을 때 주께서 그 마음을 열어 바울의 말을 따르게 하신지라 그와 그 집이 다 세례를 받고 우리에게 청하여 이르되 만일 나를 주 믿는 자로 알거든 내 집에 들어와 유하라 강권하여 머물게 하니라(행 16:13-15).

이렇듯이 성령에 이끌려 기도하는 가운데 교회가 설립된다. 설립된 교회는 성령님을 통해 자립하게 된다(Betz, 1987, 607).

사도를 세울 때도 기도하며 세웠다(행 1:12-26). 사도들이 선교사를 세워 파송할 때도 금식하며 기도하는 가운데 성령님께서 말씀하셔서 바울과 바나바를 따로 세웠다(행 13:1-3). 바울과 바나바는 기도로 세워졌고 이방 민족에게 파송을 받게 된다. 그 후 교회를 설립한다. 그 교회는 이방인들이 직접 운영하고 자립하는 교회로 성장하게 된다. 전략적 기도와 평신도 지도자 세우기, 말씀 교육 훈련은 토착 교회 설립에 매우 중요한 전략 중의 하나다.

4) 타문화 교회 설립

"성령"(The Holy Spirit)이라는 단어는 사도행전에 59회나 나온다. 사도행전은 성령님께서 선교를 진두지휘하시는 모습을 보여 준다. 오순절 성령 강림은 교회 설립의 기초가 되었고 사도들이 이방 민족을 향하게 했다. 이렇게 성령으로 세워진 예루살렘 회의는 예루살렘교회가 성장함에 따라 타

문화권에 교회를 세우거나 든든하게 할 목적으로 바울과 바나바를 세워 선교사로 파송한다.

5) 안디옥교회 설립과 선교

> 성령이 이르시되 내가 불러 시키는 일을 위해 바나바와 사울을 따로 세우라 하시니
> (행 13:2).

성령님께서 주의 사자를 통해 빌립을 가사로 보내시고, 사도들을 아시아와 비두니아로 가지 못하게 하셨다. 바울에게는 예루살렘으로 들어가지 말라 하셨다. 성령이 복음을 전하게 하시고 교회를 세우게 하셨다(스캇, 2015, 454-60).

그러므로 지도자를 세우는 것과 교회를 설립하는 것은 성령의 역사하심이 있어야 가능하다. 네비우스가 말하는 '3자 원칙' 중 '자전'은 사역자를 세워서 복음 전파하도록 하는 원리로 성령님의 강력한 도우심이 있어야 한다. 지도자를 세우는 것은 성령님께서 하시는 일이다. 네비우스는 '교회와 함께 하시고 지도자를 세우시는 성령님'의 역사를 확실히 믿었다. 성령님께서 교회 설립과 사역을 위해 필요한 사역자들을 세우시고 그들을 눈동자와 같이 보호하신다는 확신과 믿음을 가지고 있었다(전호진, 1993, 123).

안디옥교회는 예수님의 제자들 즉 사도들이나 바울과 바나바가 설립한 교회가 아니다. 초대 안디옥교회가 생겨난 유래는 다음과 같다. 성령님의 특별한 계획하심으로 예루살렘교회가 핍박을 받고 스데반 집사가 순교를 당하면서 성도들이 전 유럽으로 흩어졌다. 그 디아스포라 유대인들이 안디옥에 복음을 전하고 교회를 설립하게 된 것이다(행 19:19-20).

이 소문을 들은 예루살렘교회는 교회 리더십 중 바나바를 안디옥교회 지도자로 파송했다. 바나바가 사역하면서 안디옥교회가 부흥하기 시작하

니 조력자의 필요성을 느끼게 되었다. 그래서 바나바는 개종한 바울과 함께 안디옥에서 1년간 목회를 하게 되고, 교회는 놀랍게 성장했다. 안디옥교회의 리더십은 성령님의 지시를 받고 바나바와 바울을 선교사로 보내기로 결정했다(행 12, 13장).

사도행전에 나타나는 성령님의 역사로 타문화권에 교회가 설립되었다. 이렇게 설립된 교회들은 세상 안에서 복음과 선교, 구제와 사회 공헌의 영역을 넓히고 지속해서 성장하는 유기체와 같다.

사도들은 이방인의 모든 교회가 하나님을 높이고 찬양하기를 바라며, 모든 열방에 하나님의 교회가 세워지는 것에 소망을 두었다.

> 그들은 내 목숨을 위해 자기들의 목까지도 내놓았나니 나뿐 아니라 이방인의 모든 교회도 그들에게 감사하느니라(롬 16:4).

하나님의 사랑, 하나님의 복음이 특별한 사람들에게만 전달되는 것이 아니라 모든 족속에게 복음이 전파되고 보편적 신앙을 받는 것이 하나님의 의지다(글쎄서, 2006, 485). 안디옥교회는 사도 시대의 모범이 되는 토착교회다. 이 교회는 복음에 대한 열정을 갖고 있었고, 교회에서 자발적으로 선교단을 구성했다.

'알렌 톰슨'은 안디옥교회는 자체적으로 리더십 패턴, 선교사 모집, 재정, 훈련과 규율이 있었다고 주장한다. 이런 의미에서 안디옥교회는 성경에 대한 철저한 교육을 받았고 선교사로 파송까지 한 신약 시대의 대표적인 '토착 교회'라 할 수 있겠다.

사도들의 선교 사역 초점은 특히 복음 전파, 성령 사역, 교회 설립, 말씀 연구 그리고 기도 사역이었다. 토착 교회로서 안디옥교회는 세계 선교 역사에 남길 만한 공헌을 하게 되었는데, 그것은 열방을 선교하는 일이었다. 안디옥교회는 선교하는 교회, 하나님께서 기뻐하시는 교회였다. 안디옥교회는 사도행전 1장 8절을 성취한 교회였다. 교회가 교회 되기 위해 땅끝까지 하나님의 증인 된 삶을 살아야 한다.

> 오직 성령이 너희에게 임하시면 너희가 권능을 받고 예루살렘과 온 유대와 사마리아와 땅끝까지 이르러 내 증인이 되리라 하시니라(행 1:8).

가까이는 내 지역부터 멀리는 이방 민족까지 복음을 전하고 교회를 설립하는 것이 하나님의 꿈이다.

6) 데살로니가교회의 부흥

데살로니가교회는 성령의 권능으로 복음을 받았다. 많은 환난 가운데서 핍박에 굴하지 않았고, 성령의 기쁨으로 말씀을 받아 우상을 버리고 살아계신 하나님께 돌아왔다(살전 1:6). 그리고 데살로니가교회는 그리스도와 사도들을 본받았고 마게도냐와 아가야 사람들에게 본이 되었으며(살전 1:8), 하나님의 말씀을 받아 놀라운 역사를 경험했다. 그리스도의 복음이 각 처에 퍼져 나갔던 선교적 교회였다(살전 2:13).

사도 바울이 데살로니가의 유대 회당에서 복음을 전한지 3주밖에 되지 않았지만 교회가 세워졌다. 이 시대의 복음 전파의 대상자들은 제국 각지에 흩어진 유대인들과 이방인들, 경건한 헬라인들과 귀부인들이었다(행 17:4). 일부 반대하는 유대인들 때문에 잠시 머물고 다른 곳으로 이동할 수밖에 없었지만, 복음을 들은 사람들이 교회를 하나님의 말씀과 성령의 능력으로 세워 나갔다.

문화, 인종, 사회, 경제, 종교적으로 다양한 도시 위에 세워진 데살로니가교회는 토착화된 교회다. 데살로니가교회는 성령이 충만했는데 고통과 고난을 이겨 내면서 하나님과 함께 동행하는 삶을 살았고 오직 하나님의 뜻대로 살기로 결정한 교회였다. 지금도 오순절의 성령님은 역사하신다. 우리는 성령님이 아니고서는 복음을 선포할 수도 없고 교회도 설립할 수 없다. 이 시대에 선지자적인 말씀을 선포한 A. W. 토저(A. W. Tozer)는 그의 저서 『성령님』(Holy Spirit)에서 다음과 같이 말했다.

> 오순절은 왔다가 가버린 것이 아니다. 오순절은 우리에게 찾아와 이제까지 우리 중에 계속 머물러 있다. 오순절 성령 강림은 역사책에 기록된 사건으로 끝나는 것이 아니라 언제나 우리와 함께해야 할 충만한 능력의 원천이다(토저, 2006, 68).

그렇다. 오순절 성령의 강림으로 권능을 받아 사도들과 그리스도인들이 지역과 이방 민족에게 복음을 전하고 교회를 설립하고 성장하며 배가 되었다면 현재도 주님의 몸 된 교회가 성령의 능력으로 건강한 교회를 세워 나가야 할 것이며, 가까운 이웃과 먼 열방에 복음을 전파하는 공동체로 거듭나야 할 것이다.

오순절 성령 강림의 역사는 사도행전과 데살로니가에서 끝나지 않는다. 사도 바울이 쓴 서신서에서도 활발하게 교회가 설립되고 성장하게 되는 것을 볼 수 있다.

파일럿 프로젝트에서도 언급하겠지만 B 목사는 몽골 수도 울란바타르 변두리에 H교회를 설립했다. 교회를 설립한 지 얼마 있지 않아 23명의 성도로 늘었고 성령님의 놀라운 역사와 다르항시 YWAM과의 동반 협력을 통해 120명의 성도로 성장했다. 몇 개월 후에 지도자들이 4개 지역에 교회를 설립해서 토착 교회로 급성장하고 있다. 이 결과를 볼 때 H교회의 부흥도 데살로니가교회에 역사하셨던 성령님의 역사임이 틀림없다.

2. 서신서에 나타난 토착 교회의 관점

서신서를 살펴보면 토착 교회 설립 이론들을 좀 더 명확하게 정리할 수 있고 성경적 토착 교회의 설립 이론의 기초를 세우는 데에 큰 도움을 받을 수 있다. 바울의 서신서에도 '토착 교회'라는 단어가 특별히 언급되지는 않았지만, 서신서에 나타나는 초대 교회들은 이미 시작부터 토착화된 교회들이었다. 사도 바울이 설립한 교회들은 기본적으로 자립을 전제로 한다.

신약에서 자치와 자전은 자연스럽게 교회에 접목되었다(Beyrhaus, 1964, 24). 다음 내용은 토착 교회에 관한 성경적 관점을 파악, 분석해서 참된 성경적 토착 교회가 무엇인가를 알아내는 데 목적이 있다. 바울의 서신서 중 토착 교회의 3자 원칙인 자전, 자립, 자치의 관점이 잘 나타나 있는 에베소서, 빌립보서 그리고 디모데전·후서 4권을 살펴보겠다.

1) 에베소서

에베소교회는 초대 교회로서 중요한 의미가 있다. 그 당시 에베소 도시는 무역의 중심지였기 때문에 복음이 지방으로 뻗어 나가는 데 큰 역할을 감당했다. 에베소는 지금의 터키에 있는 도시다.

요한계시록에서 소아시아 일곱 개 교회 중 첫 번째로 언급되었던 교회가 에베소교회이다. 에베소는 소아시아의 머리로, 소아시아의 가장 큰 항구도시였으며 동서양 문화를 관통하는 관문도시였다. "허영의 시장"이라고 불릴 만큼 사치와 향락을 위한 물건들이 거래되었던 도시이다. 에베소는 로마가 자치권을 인정하여, 자유도시로 헬라 문화와 로마의 화려한 문화가 덮어 버린 타락의 도시였다. 이 에베소에는 다이애나(아데미) 신전이 있었다.

사도행전 19장에 보면 에베소 사람들은 사도 바울의 집회가 예정된 극장을 점거하고 두 시간 동안 "크도다 에베소 사람의 아데미여"라고 외쳤다. 그 외 다른 신전들이 즐비하게 있는데 제우스 신전, 도미티안 신전, 티베리우스 황제 신전 등이 있었다. 우상을 만드는 장사꾼들과 부적을 파는 곳들도 많았으며 그 주변에 수천 명의 여사제와 노예가 있었다. 이런 죄악된 도시, 에베소에 하나님의 교회가 설립되었다는 것은 하나님의 은혜이며 축복이었다.

사도 바울의 복음 전파와 성경의 가르침으로 에베소 사람들이 회심하고 개종하기 시작하면서 그 증거로 에베소 사람들의 삶 속에 깊이 들어와 문화 세계관으로 자리 잡았던 마술책과 주술책을 불태운 사건이 사도행전 19장에 나온다. 주님을 믿고 주님을 따르겠다고 결단한 유대인과 이방인들이 가지고 있던 마술책을 모아 불태웠는데 전체 가격만 해도 은 오만(5만 드라크마)요즘 시가로 5백만 달러 정도, 한화로 50억 원 정도다. 마술과 주술책이 진리가 아니었고, 성경을 통해 증거 된 예수 그리스도의 복음이 진리임을 확신했고, 살아계신 하나님을 창조주로 믿었기 때문에 당시 5백만 달러(50억 원)의 가치가 있던 책을 모두 모아 불살라 버릴 수 있었다.

회심하고 개종한 에베소의 유대인들과 이방인들은 삶의 가치와 진리를 마술책에 두지 않고 예수님께 두기로 결정했다. 에베소교회는 바울이 2차 전도 여행 중 잠깐 들렀고, 3차 전도 여행 때 에베소의 두란노 서원에서 2년 동안 말씀을 가르치고 복음 전파에 헌신적으로 사역한 일곱 교회 중에 유일한 교회였다. 이런 에베소 도시를 사도 바울은 선교기지로 사용했다.

바울의 도시 선교 결정은 현재에도 선교 전략적으로 중요하다. 존스톤(Patrick Johnston)은 2,100년 시골에 사는 사람들의 비율은 10퍼센트 정도가 될 것이라고 한다. 사도 바울은 에베소교회가 영적으로 무장한 교회가 되기를 소망했고, 에베소교회는 그렇게 되어 주변에 있는 소아시아 교회까지 영향을 끼치는 교회가 되었다(존스톤, 2004, 348).

사도 바울이 에베소교회가 토착화된 교회라고 언급한 적은 없다. 그러나 에베소교회에 편지를 쓸 때, 사도 바울은 예수님과 성도들을 각각 교회의 머리와 지체된 그리스도의 몸으로 비유하면서 연합 공동체에 대해 강조했다(엡 1:4-5).

에베소서 4장 1-20절에 나타난 교회의 연합 공동체 사역은 자립 기반을 암시하는 원리이다. 공동체를 든든하게 세우려면 연합 정신과 함께 물질 지원이 있어야 한다(목회와 신학, 2009, 183-84). 사도 바울은 하나님의 교회가 지역 공동체로서 지역 사회에 참여하고, 사회 정의를 구현하는 것은 교회의 역할이라고 강조한다. 그래서 에베소교회는 가난하고 소외된 사람들을 구제하는 하나님의 마음을 품고 있었다(엡 4:28).

에베소교회는 처음에 사도 바울의 가르침을 따라 진행했지만, 후에 에베소교회는 자체적으로 선한 일을 하기로 결정했고 행동으로 옮겼다. 더 나아가서 주님을 위해 고난과 고통을 견디며 열심히 일하고 사회 참여에도 동참하며 지역 개발에도 힘썼다. 그리스도의 영광을 위해 살기로 한 에베소교회는 토착 교회로 발돋움했다(계 2:3).

사도 바울은 성령님께서 에베소교회에 세우신 지도자들에게 부르심에 합당하게 사역을 감당하라고 권고했다.

> 그가 어떤 사람은 사도로, 어떤 사람은 선지자로, 어떤 사람은 복음 전하는 자로, 어떤 사람은 목사와 교사로 삼으셨으니 이는 성도를 온전하게 하여 봉사의 일을 하게 하며 그리스도의 몸을 세우려 하심이라 우리가 다 하나님의 아들을 믿는 것과 아는 일에 하나가 되어 온전한 사람을 이루어 그리스도의 장성한 분량이 충만한 데까지 이르리니 이는 우리가 이제부터 어린아이가 되지 아니하여 사람의 속임수와 간사한 유혹에 빠져 온갖 교훈의 풍조에 밀려 요동하지 않게 하려 함이라 오직 사랑 안에서 참된 것을 하여 범사에 그에게까지 자랄지라 그는 머리니 곧 그리스도라(엡 4:11-15).

에베소서 4장 11-15절의 말씀은 설립된 교회의 지도자로서 마땅히 해야 할 의무와 사명을 말해 준다. 사도 바울의 권면은 에베소교회의 토착화를 실질적으로 준비하게 했다. 외부의 간섭이나 통제 없이 성령님의 인도하심으로 그리스도의 몸을 세우고 성도들을 온전케 하는 것이 교회 지도자의 역할이었다. 바울의 토착 교회 설립 방안으로 에베소교회의 모델을 제시한 것은 성경적이며 적합하다. 다음은 자립의 원리가 교회 설립 단계부터 실행되는 빌립보교회를 살펴보겠다.

2) 빌립보서

빌립보교회는 성령님의 강권적 역사로 설립되었다. 성령님께서 바울을 빌립보 도시로 부르셨다.

> 밤에 환상이 바울에게 보이니 마게도냐 사람 하나가 서서 그에게 청하여 이르되 마게도냐로 건너와서 우리를 도우라 하거늘 바울이 그 환상을 보았을 때 우리가 곧 마게도냐로 떠나기를 힘쓰니 이는 하나님이 저 사람들에게 복음을 전하라고 우리를 부르신 줄로 인정함이러라(행 16:9-10).

마게도냐의 첫 번째 도시가 '빌립보'이다.

사도 바울은 성령님의 인도하심으로 1차 전도 여행을 성공적으로 잘 마치고 돌아왔다. 여러 곳에 교회를 설립하고 성령님의 역사로 놀라운 이적과 기적을 일으키며 천국복음을 전파했다. 1차 선교를 마치고 얼마 있지 않아 그는 1차 때 사역한 지역과 교회를 돌아보고 싶은 마음이 생겼다.

> 바울과 바나바는 안디옥에서 유하며 수다한 다른 사람들과 함께 주의 말씀을 가르치며 전파하니라 며칠 후에 바울이 바나바더러 말하되 우리가 주의 말씀을 전

한 각 성으로 다시 가서 형제들이 어떠한가 방문하자 하고(행 15:35-36).

특히 2차 전도 여행은 성령님의 음성을 듣고 계획을 세워서 진행했다기보다는 단순히 개척한 교회들을 찾아보고 그곳 형제들을 격려하며 다시 건강하게 믿음으로 바로 설 수 있도록 힘을 주고자 하는 마음에서 시작된 것 같다. 그러다 보니 다툼도 일어나고 관계가 좋지 않은 상태에서 복음을 전하러 떠났다. 나중에 서로 화목하고 하나님 나라가 확장되는 것을 보게 되었다. 한 지역 한 지역씩 방문하기 시작했다.

먼저는 수리아와 길리기아에 가서 교회들을 견고하게 세워 나갔다. 그 다음 찾아간 더베, 루스드라, 이고니온, 안디옥에 있는 성도들은 바울의 방문에 큰 격려가 되었다.

그동안 사도 바울과 실라가 여러 지역의 교회를 방문하여 말씀을 전하고 격려하며 교회를 굳건하게 할 때는 성령님이 잠잠히 역사하시며 그들을 지원하셨다. 이제 사도 바울이 새로운 땅, 아시아로 가서 복음을 확장하려고 생각했다. 여기서 아시아란 지명은 오늘날의 아시아 대륙을 말하는 것이 아니다.

바울 당시 아시아는 한 지방의 명칭이었다. 오늘날 터키의 서쪽 지방, 지중해 연안 지역을 말한다. 그런데 성령님께서는 무슨 까닭에서인지 아시아로 가는 것을 막으신다(행 16:6-8).

이에 바울은 아시아를 포기하고 브루기아와 갈라디아를 거쳐 무시아에서 비두니아로 가려고 애를 썼으나 역시 예수의 영이 허락하지 않으셨다.

성령님은 사도 바울에게 환상을 보여 주시고 새로운 길을 제시하셨다. 바울의 아시아로 가려는 계획을 바꾸시고 새로운 선교의 패러다임을 보여 주셨다(행 16:9).

밤에 환상이 바울에게 보이니 마게도냐 사람 하나가 서서 그에게 청하여 이르되 마게도냐로 건너와서 우리를 도우라 하거늘(행 16:9).

바울은 이 환상을 본 후에야 비로소 정확한 길을 찾아 떠나기로 했다.

빌립보교회는 루디아의 집에서 탄생했다(행 16:12-15). 바울의 전도팀은 안식일을 맞이해서 기도하기 위해 회당을 찾았을 것이다. 그러나 빌립보에는 회당이 없었다. 유대인들은 하나님께 기도드릴 때 습관적으로 회당을 찾는다. 빌립보에는 회당을 세울 만한 이유가 없었는데, 그 이유는 그곳에는 경건한 유대인들이 충분히 많이 없었기 때문이다.

회당을 세우기 위해서는 10명의 유대인 남자들이 필요했는데 바울은 남자 대신 기도와 봉사, 예배에 전념하는 하나님을 경외하는 여인들을 강가에서 발견하게 된다. 바울의 이야기를 듣고 있는 여인 루디아는 두아디라에서 온 자줏빛으로 된 염료를 파는 장사하는 사람이었다. 하나님께서 루디아의 마음이 열리게 하셨을 때, 그녀의 마음은 복음을 맞이할 준비가 되었다. 그리고 루디아는 복음을 받아들이고, 루디아와 그녀의 온 집이 세례를 받았다. 이것이 빌립보교회가 탄생하게 된 계기다. 그녀의 집은 모든 나그네, 로마 간수, 빌립보의 사람들을 비추는 등대의 빛과 소망으로 시작된 하나님의 교회가 된 것이다.

빌립보에서 귀하고 좋은 일만 있었던 것은 아니다. 복음 때문에 바울과 실라는 깊은 감옥에서 차꼬에 채워진 채 고통을 받는다. 하지만, 그들은 이곳에서 하나님의 역사를 체험하게 된다. 그리고 감옥에 갇힌 바울과 실라는 하나님께 예배드리며 하나님에 대한 신뢰와 헌신을 보여 주게 된다(행 16:25-40).

하나님을 향한 기도와 찬미의 노래가 울리는 가운데 성령님께서 큰 지진을 일으켜서 옥터가 움직여서 옥문이 열리고 죄수들의 차꼬가 풀리는 역사가 일어났다. 간수는 잠에서 깨어 옥문이 열린 것을 보고 죄수들이 탈옥한 것으로 생각하고 검을 빼 자살을 시도했다(행 16:27).

바울과 실라 그리고 죄수들은 탈옥하지 않았다. 바울과 실라는 이렇게 선포했다.

주 예수를 믿으라 그리하면 너와 네 집이 구원을 얻으리라(행 16:31).

그 간수가 예수를 믿게 되었고, 온 가족이 주께로 돌아오게 되었다. 바울의 선교 방법은 한 사람('루디아', '간수', '그리스보', 행 18:8)에게 복음을 전하면, 이후 그 가족 전체가 주께로 돌아오고 세례를 받게 하는 것이었다(김문현, 2009, 262-64).

이것은 가족, 혈연, 종족 단위로 개종하는 선교 전략, 도날드 맥가브란의 '하나님의 가교들'(The Bridges of God)과 같은 맥락이라고 볼 수 있다. 초대 교회는 그 다리들을 효과적으로 사용했다. 그 가교들은 보통 사람들, 즉 친척들과 가족들 친구들을 위한 것이었다. 바나바는 구브로 출신 레위인이었다. 그의 첫 번째 전도 여행지는 그의 고향 구브로였다(맥가브란, 2003, 568-69).

이렇듯이 하나님의 가교도 바울과 루디아의 만남, 점치는 여종과의 만남, 그리고 간수와의 만남으로 이루어졌고, 모두 바울이 계획한 바가 아니었다. 하나님의 선교 계획 속에서 만남이 이루어졌고, 하나님의 교회를 세우기 위해 하나님의 능력이 나타났다. 이 섬세한 일대일 만남의 전도와 선교는 인종 집단보다는 인간 집단에 주목하는 랄프 윈터의 선교 전략 중의 한 가지이다.

이것이 바로 빌립보교회가 토착 교회로 설립되었다는 증거다. 토착 교회의 기반은 성령님께서 하시는 대로 순종하는 것이다. 그 기적적인 만남을 통해 바울은 빌립보교회를 세웠고, 빌립보교회 성도들은 바울의 선교 길에 유일한 동역자들이 되어 선교 후원금을 지원했을 뿐 아니라 선교 사역에 동참했다(빌 4:15-16)(크로스만, 2009, 269).

그 결과 빌립보교회는 비전과 목표를 성취하기 위해서 외부의 도움을 받거나 조종받지 않고, 교회의 머리 되신 예수님의 권위에 순종하면서 교회 자체에서 결정하고 추진했다. 빌립보교회는 복음에 참여(빌 1:5-6)하고 바울과 동역자로서 사역을 자발적으로 했기 때문에(빌 4:15), 이 교회를 통해 토착 교회의 건강한 모습을 발견할 수 있다.

빌립보서 4장 16절에 보면 자발적으로 선교 헌금을 함으로써 교회의 자립이 가능했다는 것을 볼 수 있다.

마찬가지로 '중국 내륙 선교회'의 선교사들도 외국의 간섭에 의한 특권이 중국인들 사이에 반감을 자아낼 것이라는 사실에 착안하여 외국의 도움에 의한 특권을 포기했다(곤잘레스, 1997, 290-91). 빌립보서에서 자립을 가능하게 했던 교회의 모습을 보았다면, 디모데전·후서에서는 바울이 지도자를 세워 나가는 과정에서 '자치 원리'로 교회의 지도자들을 견고하게 했던 것을 볼 수 있다.

3) 디모데전·후서

디모데전·후서에 바울이 어떻게 교회를 설립하고 지도자를 세워 나갔는지 볼 수 있다. 바울과 디모데의 관계는 멘토와 멘티의 관계이다. 영적인 아버지와 아들과의 관계가 더 설득력이 있다. 디모데전서 3장에서 바울은 디모데에게 교회의 집사나 감독을 임명해서 일을 맡길 때 교회 안팎으로 인정받아야 하고 책망할 것이 없으며 한 아내의 남편이 되어야 하고 나그네를 대접을 잘하고, 하나님의 교회를 충성되이 돌아보는 자라야 한다고 권면했다(딤전 3장).

그러나 그 사역자는 반드시 검증된 자라야 한다. 신앙생활을 한 지 얼마 안 되는 검증되지 않은 신자에게 서둘러 일을 맡기고 책임 있는 공적 직책을 맡기면 안 된다. 누가복음에서 예수님께서는 시험의 중요성을 강조하셨다(박기호, 2008, 46).

> 못된 열매 맺는 좋은 나무가 없고 또 좋은 열매 맺는 못된 나무가 없느니라 나무는 각각 그 열매로 아나니 가시나무에서 무화과를 또는 찔레에서 포도를 따지 못하느니라(눅 6:43-44).

디모데전·후서를 관찰하면 사도 바울이 교회를 설립한 후에 '체인지 다이나믹스'(Change Dynamics)에 해당하는 '지도자 양성 프로그램'을 접목한다. 바울은 디모데 를 위임 목사로 세워 지도자 이양을 했다. 바울은 지속적이고 영적인 멘토로서 멘티인 디모데에게 교회가 성장하도록 지도해서 교회가 인디저너스 처치로 거듭나게 되었다.

바울이 디모데서에서 교회의 지도자를 중요하게 다룬 것처럼 톰 S. 레이너(Thom S. Rainer)는 그의 저서에서 목회자나 지도자의 중요성을 언급하면서 지도자 훈련을 통해 중국의 셀 그룹(cell group)과 가정 교회가 얼마나 활성화되었는지에 대한 증거들을 제시했다.

외국인 선교사의 도움 없이 중국 그리스도인들은 1억 명 이상에 이르는 숫자로 늘어났다. 중국 교회는 지도자 양성과 이양, 그리고 셀 모임으로 100배 이상으로 배가 된 것이다. 80-90년대에 중국은 소수의 훈련된 지도자들과 소수의 성경만을 가지고 있었는데도 배가 된 것은 성령님의 강한 역사 때문에 가능했다(레이너, 1995, 348).

결신자들을 모아 말씀을 가르치고 신앙을 굳게 세워 주는 사역을 통해 지도자를 양성하고 세우는 일은 바울의 서신서에 나타나 있는 토착 교회의 전략이다.

디모데서에 나타난 토착 교회 전략은 다음과 같다.

첫째, 교회 지도자로서 나라와 민족을 위해 기도하는 '중보 기도 사역'의 활성화이다(딤전 2장).

둘째, 지도자 자격의 중요성을 강조했다. 지도자의 자격 조건은 책망할 것이 없어야 하고, 한 아내의 남편이어야 하며, 절제하고, 신중하고, 단정하고, 나그네 대접을 잘하고, 가르치기를 잘하고, 술을 즐기지 않고, 구타하지 않고, 다른 사람에게 관용을 베풀고, 돈을 사랑하지 않고, 집을 잘 다스리고 공손함으로 복종하는 지도자가 되어야 한다(딤전 3장).

셋째, 교회 목회자가 목양하는 방법을 가르치고 있다(딤전 5장).

넷째, 교회 지도자로서 말씀과 경건한 삶을 추구해야 한다(딤전 6장).
다섯째, 희생과 섬김을 요구한다(딤후 1장).
여섯째, 복음을 전파해야 한다(딤후 4장).

위의 전략대로 교회 지도자를 세워 그 지도자가 외부의 힘을 받지 않고도 교회 스스로가 교회 운영을 할 수 있도록 하는 것을 디모데전·후서는 강조하고 있다.

베드로전서에서 베드로는 하나님의 말씀은 사람을 거듭나게 할 뿐 아니라 영적으로 성숙하게 하는 도구라고 했다. 그리고 디모데후서 3장에서 바울은 성령의 감동으로 기록된 하나님의 말씀은 사람들을 교훈하고 책망하고, 교정해 주고, 훈련하여 온전케 해 주며, 완전하게 세워준다고 언급했다(딤후 3:15-17).

사도행전 20장을 보면 바울은 밤낮으로 사람들을 가르쳤고 지도자를 훈련한 것을 알 수 있다. 그는 예배 처소를 마련하는 문제나 교회의 운영 문제 등 모든 일을 현지 교회 지도자들에게 맡기고 신자들을 그리스도 안에서 온전한 자로 세우기 위해 말씀을 가르치는 일에 힘썼다(행 14:21-22; 15:41; 골 1:28-29).

바울의 이 놀라운 위임 능력 때문에 건강하고 재생산적 토착 교회가 설립될 수 있었다. 성경적 기반으로 인디저너스 처치(토착 교회)의 전략을 개발하고 확장한 학자들의 이론들을 제3장에서 다룰 것이다. 그들의 선교 정책으로 한국과 미국과 유럽 등지에서 교회 성장의 부흥을 가져 왔다.

제3장

인디저너스 처치
(Indigenous Church)

본 장은 토착 교회에 관련된 선교학에서 정리된 이론과 주요 개념들을 살펴보고자 한다. 그 이론들을 주창한 학자들의 방법은 조금씩 다르지만, 목표는 한 가지다. 그것은 바로 건강한 하나님의 교회를 설립하는 것이다.

교회 지도자, 선교사, 선교학자들이 어떤 전략으로 교회를 설립하느냐에 따라 '재생산하는 교회'가 될 것인가 아니면 '의존하는 교회'가 되어 도태할 것인가를 관찰하고 연구할 수 있다. 토착 교회 설립의 중요성을 연구하면서 건강한 토착 교회 설립을 위한 헨리 벤, 루푸스 앤더슨, 멜빈 핫지스, 조지 페트슨의 이론들을 알아보자.

1. 헨리 벤(Henry Venn: 1796-1873)

네비우스 선교 정책의 '3자 원칙'(자전, 자립, 자치)을 네비우스보다 먼저 발견하고 발전시킨 최초의 학자들이 있었는데(Kasdorf, 1974, 77), 그들은 헨리 벤과 루푸스 앤더슨이다. 영국 성공회 소속인 헨리 벤은 아시아와 나이지리아 중심으로 서부 아프리카에 선교사들을 파송하고, 아프리카인을 사제들로 세웠으며, 영국 교회 선교회에서 32년간 사역을 하는 동안 총무로 행정, 훈련 사역을 맡아 큰 영향을 끼친 인물이다.

그리고 앤더슨과 함께 '3자 원칙' 중 '자력 전파' 부분을 개발, 발전시켜 미국 교회의 부흥을 가져왔다. 그들은 19세기의 선교 흐름을 바꿀 만한 선교 정책 수립자들이었다(김남식, 1990, 146). 특히 CMS(Christian Mission Society)가 1861년에 입안한 토착 교회 정책 중 제17조는 현지 교회가 '자립'(Self-support), '자치'(Self-government)와 '자전'(Self-propagation)의 원칙으로 설립되어야 함을 명시한다.

19세기 유럽 선교회나 교회들은 영혼 구원에 대부분 초점을 맞추었는데, 복음을 받아들인 자들(평신도들)은 '3자 원칙' 중 '자전', 즉 스스로 복음을 전하며 교회를 세우는 일을 하지 않았고, 오히려 본국의 성공회나 선교사들에 의해 현지에 세워진 교회가 사역자를 고용해서 월급을 주는 구조였다. 그래서 많은 교회는 자전, 자립, 자치가 활발하게 되지 못해 영국 선교 기지국이나 교회 연합회에 의존해 성장이 멈춘 가운데 고전을 면치 못했다. 특히 재정적 독립 부분에서 교회가 많은 어려움을 겪었다.

이 때문에 헨리 벤은 성경적 토착 교회, 자생하고 생명력 있는 토착 교회를 세우는 전략을 놓고 고민하게 된다. 헨리 벤은 19세기 중엽부터 성경적 토착 교회를 연구하면서 '3자 원칙'을 교회 설립에 접목하고 지도자로서 영향을 끼치게 되었다(Harris, 1999, 3-5).

그 후에 헨리 벤의 선교 원칙은 다음과 같이 정리되었다(전호진, 1993, 96-97).

첫째, 전도와 사회 활동 사이에 균형을 유지해야 한다.
둘째, 식민주의를 반대하고 원주민 교인들의 권위를 인정해야 한다.
셋째, 선교사가 반드시 교회당 건립을 책임질 필요가 없다.
넷째, 성령과 말씀은 교회 성장의 필요 요건이다.
다섯째, 평신도의 역할과 성령의 역사는 중요하다.

이와 같은 헨리 벤의 토착 교회 설립 원칙을 볼 때, 유럽 교회와 선교 현지의 부흥은 '3자 원칙'의 영향을 많이 받아 교회가 토착화로 발전, 형성되었다는 것을 볼 수 있다. 이 영향을 받은 네비우스는 헨리와 앤더슨의 선교 정책을 중국에 소개했고, 한국에 실제로 접목하게 되어 혁신적 토착 교회의 부흥을 가져오게 되었다. 그와 동시대에 활동한 앤더슨은 자력 전파에 초점을 두었다.

2. 루푸스 앤더슨(Rufus Anderson: 1796-1880)

루푸스 앤더슨은 19세기 초기에 미국에서 제일 처음 설립된 미국 해외 선교회(AmericanBoard of Commissions for Foreign Missions)의 총무였으며, 19세기 중엽부터 미국 내에 3자 원칙을 주도한 지도자였다(Harris, 1999, 3-4). 그 당시 미국 교회들은 해외 선교에 많은 관심이 있었기 때문에, 선교사 후보생들이 선교사로 진출하는 시기였다.

앤더슨이 개발하고 발전시킨 자력 전파이론은 해외 선교회가 선교하는 하와이, 인도 등에 적용되었지만, 한국 교회와는 직접 관련은 없었다. 루푸스 앤더슨은 사도 바울의 교회 설립에 관해 연구하면서 3자 원칙을 발견했다. 앤더슨을 통해 "3자 원칙"(three-self formula)이라는 이름으로 발표되었다. 앤더슨이 관심을 가지고 연구한 것은 신생 선교교회(Young Missionary Church)들이 어떻게 하면 독립 교회, 자립하는 교회, 스스로 재생산하는 교회로 성장하느냐 하는 것이었다(김남식, 1990, 147).

앤더슨은 자력 전파 이론으로 지역 교회를 스스로 운영하고 필요한 재정을 조달하며 교회의 본질인 전도와 선교에 매진하는 초대 교회의 실체를 파악하여 미국 교회에 접목했고, 그런 교회는 성장하게 되었다. 이 앤더슨의 원리를 교회 성장학파의 거장 도날드 맥가브란도 그대로 철저히 계승한다.

미국 해외 선교회의 총무로 사역했던 루푸스 앤더슨과 헨리 벤의 연합은 3자 원칙을 더 극대화해 많은 지역에 적용하게 되었다. 특별히 루푸스 앤더슨의 자력 전파 사상은 벤의 선교 사상과 토착 교회관에 영향을 주어 벤의 사역은 더 확장하는 계기를 마련해 주게 된다. 앤더슨은 선교 정책 개요를 이렇게 말한다(전호진, 1993, 72).

선교는 성경적이고 자력 전파하는 기독교를 전하기 위함이다. 이것이 선교 유일의 목적이다.

이 성명을 발표하면서 그는 선교의 목적을 다음과 같이 요약했다.

첫째, 잃은 영혼의 회심
둘째, 회심자들을 교회로 조직
셋째, 이들 교회에 유능한 원주민 지도자를 임명
넷째, 교회가 독립적이고 자력 전파하는 교회가 되도록 함

여기서 헨리 벤과 앤더슨의 차이점을 발견할 수 있다. 헨리 벤은 자립을 강조했지만, 앤더슨은 자력 전파 즉, 자전을 강조하면서(ABCFM, 1856, 3), 토착 교회 설립의 핵심 전략 중 하나를 신학 성경학을 전공한 높은 수준의 지도자 양성이라고 봤다. 그 증거로 현지인 지도자 없이 토착 교회가 바로 서지 못할 것이라는 주장과 논리에 영향을 받은 앤더슨이 1814년에 현지 지도자 훈련을 위한 미국 해외 선교회의 지침서를 만든 것을 들 수 있다.

지침서의 내용은 수준 높은 성경학교와 신학교는 지역에 하나 정도 있어야 하고, 현지 지도자의 삶의 거룩함과 말씀 선포의 능력을 갖춘다는 것이다. 그리고 현지 사역자와 다른 교육을 받은 조력자들을 준비함으로 경건하고 지적인 동역자들을 세우는 것이 필요하다. 교회 지도자가 이교도 여인과 결혼하는 것을 금하고, 기독교 공동체 속에서 기독교적 이성과 교제 속에서 자란 사람들의 집단에서 생활한 그런 사역자를 선발한다는 내용이다(Anderson, 1869, 48-61).

그러나 앤더슨이 주장하는 자전의 원리는 임상 결과, 그 당시 평가가 좋지 않았고, 열매는 저조했다. 왜냐하면, 현지 지도자이 고등 교육을 받은 설교자로만 있기를 원했기 때문이다. 헨리 벤과 네비우스, 바울과 예수님은 사회의 하류 계층과 중류 계층의 사람들에게 첫 번째 관심을 두었다.

그리고 필요 때문에 상류층과의 관계도 맺었다.

앤더슨은 토착 교회의 원리인 자전, 자립, 자치의 중요성을 강조했지만, 현지인들이 필요로 하는 부분(felt needs)과 현지 상황적 부분을 보는 눈이 그에게는 필요했었다. 나중에 전략을 수정 보완하여 그는 하류, 중류 계층에 맞는 토착 교회 설립 방안을 마련하게 된다.

3. 멜빈 L. 핫지스(Melvin L.Hodges: 1909-1988)

멜빈 L. 핫지스는 제3국 선교지의 지역 교회가 토착 교회가 될 수 없는 몇 가지 문제점들을 발견했다.

첫째, 선교사들이 한 지역에 너무 오래 거주한다는 것이다. 교회가 설립되고 현지인 지도자가 세워지면 빨리 이양하고 떠나 다른 지역에 설립해야 한다는 것이다.
둘째, 특정 지역에 선교사가 너무 많아서 현지인 지도자가 외국인 선교사에게 의존도가 높다는 것이다.
셋째, 선교 전략이 다분히 서양식이라는 것이다. 그래서 그는 현지 상황화를 하지 못하고 서양 문화를 접목하려는 문제를 조사했다.
넷째, 많은 외국 자본이 현지 교회에 들어가고 있어 자립하기가 쉽지 않다는 것이다(Hodges, 2009, 38-40).

이런 문제들을 해결하기 위해 멜빈 핫지스는 일반적 교회를 세워 사역하다가 토착화의 중요성을 깨닫고 토착화 전환을 시도하기 위해서 3가지 중요한 원리를 제시한다.

첫째, 설립된 교회는 외부의 도움이나 압력에 의한 것이 아닌 현지인 지도자 스스로가 교회의 정책을 세워 운영하고, 문제들이 생기면 성도들이 자체적으로 처리하도록 하는 '자치'(self-governing)이다.

둘째, 현지 성도가 교회 목회자의 생활비를 책임지고, 교회 운영비를 자체적으로 해결할 수 있는 '자립'(自立, self-supporting)이다.

셋째, 현지인이 자기 민족에게 스스로 복음을 전하도록 하고 교회 사역 진행 과정과 전반적 영적 성장, 부흥 프로그램의 결정은 현지 성도들에 의해 결정되는 '자전'(自傳, self-propagation)이다(Hodges, 2009, 43-107).

멜빈 핫지스의 3가지 원리는 존 네비우스의 3자 원칙과 같은 의미로 적용되었다. 그러나 현지 토착 교회의 설립을 방해하는 요소들은 선교사들의 특권의식, 우월의식이었다. 선교사들은 현지 교회가 토착화된다면 본국에서의 지원이 끊어지고 더 관심을 받지 못할 것에 대한 두려움을 갖고 있었다. 그러나 구제 사역이나 지나친 교회 지원은 예수 그리스도의 사랑을 보여 주고자 할 때 오히려 토착화를 약화할 수 있다.

토착 교회로 전환하기 위해서는 주변에 있는 선교사들이나 현지인 지도자에게 동의를 얻고 실제적인 계획을 세울 필요가 있다. 그리고 현지인 지도자에게 토착화로 전환하면 어떤 장점들이 있는지 시뮬레이션을 통해 그들에게 알리고 교육해야 할 것이다. 이런 단계적 프로세스는 현지인 지도자 그룹이 완전히 자립적으로 진행해야 할 것이다. 현지인 지도자가 재정적 부분에 있어 책임을 지고 어떻게 사용하고 운영할 것인지를 함께 상의하고 결정해야 한다.

4. 조지 A. 패터슨(George A. Patterson: 1932-)

조지 패터슨은 온두라스의 전통적 신학 기관에서 목사들을 훈련하는 동안 전통적 문제점들을 발견했는데, 그것은 시골에서 온 지도자가 훈련을 받고 목사가 되어 그들의 고향으로 돌아가지만, 그들은 더 많은 월급을 주는 곳으로 가는 것이었다.

신학 기관에서 학교 폐쇄 조치를 통보받자, 그는 시골로 직접 찾아가서 현지인들을 훈련해 지도자를 만들어 그들이 교회를 세우게 했다. 그리고 작은 교회들이 느린 속도로 성장하지만 재생산하는 교회가 되기 시작했다. 현지 평신도 지도자의 훈련은 그 상황에서 적합했다(패터슨, 2005, 427).

그래서 패터슨은 혁신적 토착 사역, 토착 교회를 설립하기 위해서 몇 가지를 제안했다.

첫째, 제자로 삼고 있는 사람들을 알고 사랑하라는 것이다. 하나님께서 주신 하나의 종족 집단에 초점을 맞추어 그 종족을 알고 사랑해야 한다. 종족을 안다는 것은 개인들의 마음에 접근한다는 의미이다. 그 종족의 교회가 그 종족의 교회가 되도록 힘써야 한다.
둘째, 재생산을 위해 제자들이 즉시 자신들이 양육하고 있는 사람들을 세우도록 준비하고 동원하는 것이다.
셋째, 사랑으로 예수님의 계명들에 순종하고 그 순종을 실천하는 것이다.
넷째, 교회들을 재생산시키기 위해 제자들과 교회들 사이에 사랑스럽고 발전적이고 책임감 있는 관계를 형성하는 것이다(패터슨, 2005, 428-436).

재생산할 수 있는 토착 교회를 설립하기 위해서는 주님의 대위임령(마 28:19-20)을 수행해야 한다. 대위임령을 수행한다는 것은 해외 선교지에 가서 교회 하나를 설립하고 평생 그곳에서 사는 것만을 말하지 않는다. 오히려 모 교회가 지 교회를 설립해서 지역의 지도자를 세워 하나님의 나라를 부흥케 하는 것이다(패터슨, 2011, 271). 그래서 패터슨은 토착 교회를 설립하고 교회 지도자를 세우고 나면 그 교회의 지도자 스스로가 지 교회를 설립하고 그곳에서 자전, 자립, 자치를 할 수 있는 건강한 교회, 재생산할 수 있는 교회로 성장하는 것을 강조하고 있다.

지역 교회들끼리 서로 도우면서 재생산하는 일에 헌신하게 하는 것은 토착 교회를 세우는 데 큰 시너지 효과를 줄 수 있다. 전도와 신학적 훈련도 지도자에게 필요하다. 지도자로서 성품 개발은 무엇보다도 중요하다. 친구나 가족에게 복음을 전하는 방법을 가르치고 재생산을 할 수 있도록 중보 기도로 힘써야 할 것이다.

다음은 본 연구의 핵심인 '3자 원칙'으로 교회 설립에 절정을 이룬 존 네비우스에 대해 알아볼 것이다.

5. 존 L. 네비우스(John L. Nevius: 1829-1893)

네비우스에 따르면 19세기 무렵, 중국에서 선교 사역을 하는 해외선교 사들은 중국인을 고용해서 월급을 주면서 사역을 했다. 초창기 한국 교회도 다를 바 없었다. 그래서 중국 산동, 북장로교 선교회의 존 네비우스는 토착 교회 설립을 위한 '3자 원칙'(3S)을 자신의 선교 단체의 위원들에게 발표하고 제안했지만, 그 전략은 받아들여지지 않았다.

그러나 이 3자 원칙 이론은 중국을 지나 조선 땅의 지도자에게 전달되었다. 1890년 6월 조선에서 사역하는 7명의 선교사가 중국에서 사역하는 네비우스 박사 부부를 조선에 초청해 2주간 교회 설립에 관한 세미나를 인도하게 했다(김남식, 2012, 55).

토착 교회 설립 세미나를 통해 한국에 거주하는 선교사들은 큰 도전을 받고 조선의 교회들에 영향을 끼쳤고, 세월이 흐르면서 그 원리들은 일부 개선되었지만, 근본 원리들은 그대로 유지되었으며, 시대적, 지역적 상황에 맞게 접목되어 현지 지도자가 세워지고 교회가 독립적으로 성장하는 결과를 낳았다(곽안련, 2015, 16-17).

네비우스의 '3자 원칙'은 설립된 교회들이 독자적 교회, 즉 자전, 자립, 자치하는 교회로 성장하기 위해 선교사들이 현지인 지도자를 양성하여 그들에게 교회의 권위를 위임해야 함을 강조한다. 그러나 19세기 아시아의 교회들은 점점 외국 교회와 선교사들을 의존하였기에 스스로 독립 교회로서 복음을 전해 지 교회를 세우거나 교회 성장 프로그램을 자발적으로 운영하는 사역들은 퇴보하고 있었다.

네비우스 당시 선교사들뿐만 아니라 현대 해외선교사들 역시 마치 회사의 직원처럼 월급을 주고 현지인들을 교회 지도자로 고용하며 사역하고 있다. 그 이유는 빠른 결과를 내기 원해서이다. 하지만, 빠른 결과는 빨리 무너질 수 있다. 조금 늦게 가더라도 성경적 원칙으로 토착 교회를 세운다면 주님의 몸 된 교회는 든든하게 세워질 것이다. 이런 의미에서 네비우스의 선교 방법을 심도 있게 연구해 볼 필요가 있다.

그가 강력하게 주장하는 '새 방법'이 무엇인지, 왜 '옛 방법'은 토착 교회 설립에 방해가 되는지를 알아보도록 하겠다.

1) 네비우스의 선교 방법

네비우스의 선교 방법은 먼저 선교 대상을 정하는 것이었다. 로마 카톨릭은 선교 대상을 엘리트 계층으로 정하고, 사역자를 돈으로 고용했지만, 네비우스는 중류층과 하류층에 초점을 맞추었다. 네비우스가 복음을 전할 때 최초의 회심자는 중류층과 하류층이었다. 이 부류의 사람들은 사회에 큰 영향을 끼치지 못하는 것처럼 보이지만 교회가 토착화되는 데는 원동력이 될 수 있다.

왜냐하면, 그들은 토착민들의 마음을 움직일 수 있기 때문이다. 그래서 그들에게 설교하는 것보다 원주민 지도자를 훈련하는 것에 초점을 두어, 그들이 직접 교회를 설립하게 하고 독자적으로 자전, 자립, 자치하게 했다(김남식, 1990, 150-51). 롤란드 알렌은 20세기의 첫 20년 동안 네비우스 선교 방법의 통찰에 영향받아 토착 선교 원리들을 위한 성경적 기초를 발전시켰다. 그는 높은 지위의 사람들을 중심으로 진행되는 선교 방법은 사도 바울의 선교 방법들과 전혀 다르다는 것을 지적하였다(맥가브란, 2003, 545).

그래서 네비우스는 초기에 목회자들을 양성하고 세울 때 신학 교육은 했지만 서구식의 고등교육으로 자격을 부여하지 않고 그들의 경건과 열정과 희생에 더 큰 중심을 두었다(Nevius, 1958, 353).

네비우스가 선교 대상을 결정하고 그들을 훈련해 지도자로 세우기까지 많은 시행착오를 겪고, 그가 기대했던 열매들이 효과적으로 나타나지 않은 원인은 중국의 옛 선교 방법들의 접근 방식에 있었다. 이에 그는 '3자 원칙'을 핵심으로 하는 '새 방법'을 세워 접목했다. 옛 방법과 새 방법의 궁극적 목표는 설립된 교회가 자체적으로 운영하고 재정적으로 자립하는 토착 교회가 되는 것이었다. 그러나 위의 옛 방법과 새 방법을 비교할 때 많은 차이를 볼 수 있다.

옛 방법과 새 방법을 비교하면 아래와 같다.

2) 옛 방법들(The Old Methods)

중국에서 사용되던 선교 정책 중 옛 방법은 미국 선교사들의 토착 교회 설립의 기본 목표와 연관되어 있었다. 초창기 중국 선교사들은 예외 없이 아래의 방법을 사용했는데 이 전략의 열매는 현저하게 적었다. 그 옛 방법을 간추려 보면 다음과 같다.

(1) 해외 선교사들은 전도자들을 돈을 주고 고용해서 현지에 파송한다.
(2) 해외 선교사가 재정 전체를 운영한다.
(3) 대부분 교회나 모임 장소는 외국의 자금으로 사거나 임대한다.

(4) 일반적으로 성경 공부나 조직적 가르침이 없다. 지도자를 세우기 위한 지도자 양성 프로그램이 없다.
(5) 교회와 교회가 연합하지 않고 '우리 교회가 온 세계에 전할 메시지를 가지고 있다'라고 생각한다.
(6) 해외 선교사가 교회의 소송 사건에 적극적으로 개입한다.
(7) 성도들의 경제 생활에 무관심하다. 교회의 유일한 의무는 영혼 구원하는 것이라고 역설한다(곽안련, 2015, 45-46).

이제 어떻게 네비우스는 옛 방법을 토착 교회 설립을 위한 효과적 전략의 새 방법으로 발전시켜 그의 사역에 접목했는지 살펴보겠다.

3) 새 방법들(The New Methods)

네비우스의 새로운 선교 방법을 몇 가지로 요약한 원리들은 다음과 같다.

(1) 선교사 각자의 개인 전도와 순회 전도를 장려한다.
(2) 모든 일을 성경 중심으로 해야 한다.
(3) 설립된 교회는 독자적으로 자전, 자립, 자치하는 교회가 되어야 한다.
(4) 체계적으로 성경 공부를 함으로써 각 신자가 앞으로 성경 공부반을 지도하거나 도울 수 있게 한다.
(5) 엄격한 성경 중심 생활을 해야 한다.
(6) 다른 교회와의 협조를 장려하며, 적어도 서로가 지역을 나누어 일할 것을 권장한다.
(7) 소송 문제와 그와 같은 유의 사건에는 선교사들은 관여를 삼가야 한다.

(8) 성도들의 경제 문제에는 언제나 도울 자세를 갖추어야 한다(곽안련, 2015, 44-45).

네비우스가 옛 방법(낡은 제도)과 새 방법(새 제도)을 비교 분석한 내용은 다음과 같다.

> 낡은 제도는 외국 재원을 이용해서 발전의 첫 단계에 자국 교회의 성장을 촉진시키고 고무시키고자 노력한다. 그 후에 점차적으로 그러한 재원의 이용을 그만두고자 한다. 반면에, 새 제도를 채택한 사람들은 처음부터 자립과 자기 의존의 원리를 적용할 때 바람직한 목적이 최고로 달성된다고 생각한다. 이 두 이론의 차이는 그것들이 외적으로 실제적으로 작용함에 따라 더욱 명백하게 드러난다. 낡은 제도는 실제 가능한 한 자유롭게 좀 더 우수하고 지적인 교회 회원을, 보수를 받은 서적 취급인, 성경 판매인, 복음 전도자, 교회의 영수의 자격을 주로 사용하고자 한다. 한편 새 제도는 여러 가지 능력이 있는 각 사람들이 그들 본래의 고향에 남아있고 직업에 종사할 때 결과적으로 더 유용하다는 가정에 따라 행동한다(김남식, 1990, 18-19).

네비우스가 처음 설립하는 교회에 새 방법을 바로 사용할 때는 그렇게 어렵지 않았지만, 옛 방법을 새 방법으로 전환할 때 여러 어려운 관문이 기다리고 있다. 그러나 위의 네비우스의 새 방법은 설립된 교회가 토착화하는 데 기반을 놓는 중요한 선교 정책이 되었다. 무엇보다도 선교 정책과 교회 설립 원리를 성경 안에서 찾아 '3자 원칙'을 세웠다는 것은 선교학적으로 간과할 수 없는 중요한 발전이다.

곽안련은 "네비우스 선교 방식은 성경 강조 정책이다"라고 강조면서 성경 중심적으로 교회가 설립되어야 할 것을 주장했다(Clark, 1937, 273). 그러므로 네비우스의 새 방법(The New Methods)은 성경 말씀에 근거한다고 볼 수 있다. 그러면 네비우스가 새 방법 중에 강조하는 몇 부분을 살펴보자.

4) 성경 강조 정책

성경 강조 정책을 사용한 네비우스의 선교 방법 및 토착 교회 설립 전략은 한국 교회가 자치, 자전, 자립하는 데 괄목할 만한 공헌을 했다. 곽안련 선교사는 한국 교회의 태동은 지극히 성경 중심이었다고 말한다. 성경 중심으로 교회 성도들의 교육과 목양을 했으며, '3자 원칙'이 구체화한 것도 성경 중심이었다.

네비우스가 중국과 한국의 교회 설립 사역에서 성공을 거둘 수 있었던 가장 중요한 배경은 '성경 강조 정책'이었다고 볼 수 있다(곽안련, 1994, 142). 토착 교회가 세워지는 데 가장 중요한 전략 중의 하나는 하나님의 말씀이다. 한국 교회가 믿음으로 성장하고 삶이 변화되며 가난하고 소외된 사람들을 돌아보는 구제 사역, 자체적으로 복음을 전하는 전도와 선교 사역들은 초창기부터 전 교인들이 성경 연구에 집중했기 때문에 가능했다.

성경이 모든 사역의 중심을 차지함으로써, 다시 말해 사경회와 주일학교, 성경학교, 여름성경학교, 성경 클럽, 성경 통신 과정, 가정 예배에서의 성경 공부 등에서 추진력이 생겨난 것이다. 성도들이 성경을 하나님의 권위 있는 책으로 받아들이고 성경을 통해 하나님께서 직접 말씀하신다고 믿게 될 때, 상황이 그를 붙잡는다면 그는 이웃에게 이 복음을 말하고 싶어 할 것이며, 자전은 숨 쉬는 것처럼 자연스러워질 것이다. 성경 강조 정책을 수립하고 교회에 접목함으로 자연스럽게 복음을 전하는 단계로 이어진다. 이것이 네비우스 선교 정책이었다.

5) 성령에 의한 전도와 선교

네비우스는 "너희는 온 천하에 다니며 만민에게 복음을 전파하라"는 말씀을 삶의 지표로 삼고 각 지역을 다니며 말씀을 가르치고 복음을 전했다. 자기 민족만이 아니라 이방 민족에게까지 나아가서 복음을 전하는 것은 네비우스의 삶 자체였다. 사도 바울이 성령에 의해 택정함을 받아 이방인들에게 복음을 전한 것처럼 네비우스의 선교 전략도 순회 설교를 하면서 예수를 알지 못하는 사람들에게 예수님의 사랑을 전하는 것이었다.

네비우스 선교 전략에서 복음 전도는 성경의 핵심이라고 볼 수 있다. 왜냐하면, 복음 전도와 선교를 통해 하나님을 알릴 수 있었기 때문이다. 복음을 들은 사람들은 하나님을 개인의 구주로 영접하고 교회에 나와 성도로서 신앙 생활을 하게 된다. 신앙 생활을 통해 지도자로 성장하고 스스로가 다른 곳에 복음을 전하고자 하는 마음이 자연스럽게 생겨나는 것이다.

전도와 선교에 힘쓰는 전략은 네비우스가 말하는 '3자 원칙' 중 '자전'에 해당한다. 자전하는 방안은 순회 설교, 노방 전도, 사랑방 전도, 여인숙 전도, 문서의 배부, 부흥회, 사경회 등 다양한 방법으로 실천되었고, 믿지 않는 자에게 설교하는 형태로 정착되었다(김남식, 1990, 169). 이 모든 것은 성경을 연구하고 묵상하는 가운데 감행했던 전략으로서, 성령님의 강권적 역사 덕분에 가능했다.

네비우스는 성령님을 의지해 교회 설립을 한 것이다. 전도와 선교하는 자들은 성령의 능력을 받아야 한다. 즉 전도자와 교회 설립자는 성령의 지시를 받아 행해야 한다. 사도행전 10장 19절의 "성령님께서 저더러 말씀하시되"는 베드로가 성령의 지시로 고넬료가 보낸 사람들을 의심하지 않고 따라가서 고넬료의 집에 이르러 그들에게 말씀을 전하고 세례를 베풀었음을 보여 준다. 전도자와 교회 지도자는 성령님께서 세우신다. 네비우스는 성령의 역할을 인정하고 신자들을 주께 맡겼다.

6) 평신도 지도자 세우기

네비우스는 교회 성도들을 지도자로 훈련시켰다. 네비우스가 사역했던 중국에서는 대부분의 선교사들이 교회 설립을 위해 새로 믿는 중국인 성도들을 월급을 주고 고용하여 사역하게 하는 선교 방법을 사용했다. 그러나 교회 설립은 궁극적으로 독립적이고, 자립하는 진취적 토착 교회를 설립하는 것이었다. 그래서 네비우스는 토착 교회 성장을 촉진시키기 위해서 물질로 사역하는 것을 중단하고 하나님의 부르심에 합당하게 사역할 수 있도록 평신도들에게 도전을 주었다(박기호, 2014, 16-17).

네비우스는 교회 설립 전략으로 성도들을 지도자로 세우는 데 중심을 두었다. 현지 지도자에게 그리스도인의 성품을 가르치고 사회에 좋은 영향을 줄 방법을 전수했다. 현지인 지도자 양성은 교회 설립의 토착화 원리 가운데 주춧돌이 될 만큼 매우 중요했다.

네비우스는 중국 복음 전파의 중심적 사역은 결국 중국 현지인들이라고 인식했고, 그는 평신도 지도자가 깊은 영적 경험을 갖게 했고 무엇보다도 '성령 받은 사람'에게 지도력을 맡겼다. 성경 말씀과 기독교의 중심 역사와 진리를 철저히 배우게 했다. 그리고 평신도 지도자는 예수 그리스도의 좋은 군사로 환난과 어려움을 잘 견딜 수 있도록 영성 훈련, 성경 훈련, 관계훈련을 시켰다(김남식, 1990, 153-155).

이와 같은 훈련을 받은 지도자는 성령의 능력과 말씀의 권능으로 교회를 세우고 하나님의 나라를 확장하는 데 중심 역할을 하게 된다. 지금까지 네비우스 선교 전략 중 성경 강조 정책, 성령에 의한 전도와 선교, 평신도 지도자 세우기를 살펴보았다. 이 전략들이 진행되면서 자연스럽게 '3자 원칙'이 이루어졌다.

이제 네비우스가 중국과 한국에 접목한 '3자 원칙'에 대해 구체적으로 살펴보기로 하겠다.

7) 토착 교회 설립을 위한 '3자 원칙'(3selfs)

네비우스의 '3자 원칙' 이론은 토착 교회 설립에 효과적 전략 중 하나다. 헨리 벤과 루푸스 앤더슨이 각각 영국과 미국 선교회의 지도자로서 3자 원칙을 선교지에 접목하도록 가르치고 도왔다면, 네비우스는 제3국의 선교사로서 그것을 직접 적용하고 개발해서 확장하기 시작했다. 그리고 네비우스는 교회가 재생산하는 일에 크게 공헌했다. 그 원리가 실질적으로 한국을 중심으로 여러 지역에 '나비 효과'(butterfly effect)가 되어 열매를 맺기 시작했다.

위에서 3자 원칙에 대해 간략하게 언급했지만, 여기에서는 구체적으로 1854년 중국 선교사로 사역한 네비우스가 주창한 교회의 토착화를 위한 '3S'(자전, 자립, 자치), 즉 현지인이 자기 민족에게 스스로 복음을 전하도록 하는 '자전'(自傳, self-propagation), 현지 성도가 교회 목회자의 생활비와 교회 운영을 책임지도록 하는 '자립'(自立, self-supporting) 그리고 교회를 운영하고 문제를 성도들이 처리하도록 하는 '자치'(自治, self-governing)의 의미를 구체적으로 살펴보자.

8) 자전(Self-propagation)의 원칙

'자전'이란 현지의 그리스도인이 자기 민족에게 독자적으로 복음을 전하는 열정적인 행위다. 다른 말로 한다면 모든 믿는 자는 다른 사람에게 성경이나 기독인의 삶의 방법을 가르치는 자가 되며 동시에 자기보다 나은 다른 사람으로부터 배우는 겸손한 자가 되어야 한다는 것이다.

그리고 교회의 모든 모임과 교육 프로그램, 선교 방식과 방향 등을 개발하고 확장하는 데 힘써야 한다. 그룹의 리더나 교회 리더의 지도하에 성경을 공부하는 것을 자전이라고 한다(곽안련, 2015, 44). 성경 공부를 통해 복음 전파에 헌신하도록 도전을 주며, 그들이 복음을 전파할 수 있도록 고무한다. 나아가 다른 지역에 복음을 전하고 교회를 설립하는 데 적극적으로 지원한다.

그러나 외부의 도움을 받지 않는다고 토착화가 되는 것이 아니다. 외부의 도움을 받으며 서로 상호 협력하지만, 교회의 행정과 관리는 독립적이어야 할 것이다(스몰리, 2005, 440). 외부의 도움을 받음으로 독자적으로 무엇인가 결정을 할 수 없는 교회라면 토착화되었다고 볼 수 없다. 자전은 다음 소개할 자립과 밀접한 관계에 있다. 자립하는 교회는 행정과 운영에 여유가 있기 때문에 자연적으로 자전하려고 힘써 노력할 것이다. 그러나 고용된 유급 사역자들에 의해 자전이 된다면 한계점을 발견하게 될 것이다. 네비우스는 개인 전도, 순회 설교, 집회, 부흥 성회 등을 통해 복음 전파에 매진했으며, 다른 교회 지도자에게 이런 방법을 사용하도록 권장했다.

9) 자립(Self-supporting)의 원리

'자립'이란 설립된 교회의 성도들이 교회 건물을 세울 때 현지인 중심으로 준비하고 세운다는 것을 의미한다. 복음을 전파하여 복음을 받아들인 결신자들이 많아지면 교회 건물을 세운다. 그러면 교회의 리더십(당회, 운영위원회)을 구성해서 교회 사역자에게 사례금을 지급하고, 교회가 운영하는 학교의 직원들은 부분적으로 보조금을 받게 한다. 위의 정책은 설립될 시기에만 사용된다. 각 교회의 현지인 목사에게 외국의 지원금이나 후원금으로 사례를 지급하지 않는 것을 원칙으로 한다(곽안련, 2015, 44).

그러나 자립에 대한 잘못된 적용은 재정 관리에 문제점을 만들 수 있다. 1세기 때 근본적 토착 교회였던 예루살렘교회는 외부의 기금을 받아들였다. 가장 중요한 것은 수입의 출처가 어디인가 하는 것이 아니라 그 재정을 어떻게 독자적으로 운용하는가이다(스몰리, 2005, 439). 네비우스는 처음부터 스스로가 모든 것을 할 수 있도록 훈련했는데, 그 이유는 그들이 다른 어떤 구조나 단체에 의존할 경우 토착 교회 설립에 방해가 된다고 확신했기 때문이다. 방해되는 속성들을 없애고 스스로가 재정 원칙을 정하고 결정한다면 건강한 토착 교회가 될 것이다.

10) 자치(Self-governing)의 원리

'자치'는 설립된 교회가 독립적으로 지도력을 발휘해서 교회 전체가 운영되도록 하는 것이다. 모든 그룹은 선임된 지도자의 지도를 받아야 하고, 순회 교구들은 나중에 목사가 될 유급 조사들의 담당을 받아야 한다. 순회 집회 시에는 교인들을 훈련해 미래에 구역, 지방, 전국의 지도자가 되게 한다. 설립된 교회 내에 문제나 해결해야 할 사안이 생길 경우 성경적으로 징계를 통해 엄격히 치리를 실시한다(곽안련, 2015, 45). 고린도전서 16장에서 스데바나의 다른 회심자들을 지도자로 세워나가는 모습은 독립적 교회로 성장하는데 기초가 될 수 있다(Gilliland, 1998, 172).

그러나 자치에 대한 잘못된 이해는 부정적인 결과를 낳을 수 있다. 서구적인 운영 방식들을 마치 성경에서 지시한 것으로 생각하는 것은 문제다. 많은 교회가 지도자를 투표로 뽑는 것, 소위원들을 구성하는 것 등과 같은 서구의 운영 개념들을 그저 맹목적으로 모방하여 조직되어 있다. 그것은 '인디저너스 처치'라고 부를 수 없다. 진정한 토착화 기독교 운동이 어느 정도 외국인들에 의해 운영될 수도 있다는 공간을 마련해 두는 것이 좋다(스몰리, 2005, 438). 하지만, 성경적 토착 교회를 설립하기 위해서 교회의 재산과 모든 권리, 책임을 현지인 지도자에게 이양해야 한다. 그것을 위해서는 자전, 자립, 자치가 원활하게 될 수 있도록 일정 기간 필요에 따라 멘토링과 멤버 케어가 있어야 한다.

네비우스 선교 전략의 핵심을 정리하면 이렇다.

토착 교회 설립을 위해 3자 원칙 자립, 자전, 자치를 통해 교회가 운영되어야 하며, 이를 더 극대화하기 위해서는 '성경 연구'와 '가르치기'를 철저하게 해야 한다. 선교사들이나 지역 교회 목회자들은 현지인들을 섬기기 위한 조력자로 언어 습득과 그 지역 문화에 적응하고 현지인들에게 복음을 전한다. 궁극적 목표는 자국인 지도자를 세워서 설립된 교회를 이양한다(요한나, 1991, 170). 그 원주민 지도자로 말미암아 설립된 교회가 자전, 자립, 자치가 이루어지는 토착 교회를 세우는 것이 네비우스 선교의 목표라고 볼 수 있다.

지금까지 자전, 자립, 자치의 의미와 내용을 알아보았다. 다음은 '3자 원칙'의 장점과 한계점을 보면서 우리 교회, 단체를 진단하겠다.

11) '3자 원칙'의 장점과 한계점

토착 교회 설립을 위한 3자 원칙의 장점이다.

첫째, 교회 안에서 평신도 사역자가 활성화된다.
둘째, 성경에 대한 많은 관심과 이해가 생긴다.
셋째, 독립 정신이 높아지면서 스스로가 하나님 나라를 위해 일할 수 있다.
넷째, 설립된 교회의 자존 의식이 고취되었다.
다섯째, 토착적 선교의 원리를 정립해서 정착시킬 수 있다.

그 반면에 한계점이 있다.

첫째, 신학자와 학자 양성에는 미흡하다.
둘째, 수준 높은 신학 교육이 진행되지 않는다.
셋째, 교회 간에 연합이 원활하지 않다.
넷째, 민족주의를 자극할 수 있다(김남식, 1990, 172-174).
다섯째, 3자 원칙은 교회론에 문제가 있으며 사회의 조직체 또는 기관처럼 보일 수 있어 자칫 개인주의의 특색이 나타날 수 있다(Van Engen, 1981, 272).

그런 단점이 있음에도 네비우스가 쓴 『선교적 교회의 개척과 발전』 (Planting and Development of Missionary Churches)를 기초로, 곽안련(Charles A.

Clark)이 요약한 것 『한국 교회와 네비우스모델』(The Korean Church and the Nevius Methods)을 한국 교회는 잘 적용해서 교회 성장을 촉진했으며, 그 후에 알렌(Roland Allen)이 정리한 사경회 제도(Bible Class System)와 자급(Self-support), 그리고 언더우드(H. G. Underwood)가 정리한 네비우스 정책은 한국인의 마음 속 깊이 들어가서 독립 정신을 고취했으며, 스스로 나아가는 방법을 터득하게 했다(네비우스, 1990, 162-164).

이 시기에 800여 명의 성도가 참석한 평양의 성경 훈련반이 부흥해 7,500일 기간 동안 복음을 전하는 날로 약속, 재령 지부는 10,000일, 서울 근교에는 170명이 성경 5,000권을 구입하고 1,175일, 3월 이전에 36,600일 넘는 날을 영혼 구원의 날로 약속, 수백 명이 세례를 받고 새롭게 되었다(언더우드, 2015, 307). 이것은 3자 원칙의 열매였다.

기본적으로 신학적 관점에서 교회 성장은 하나님께서 요구하시는 것이다. 예를 들어, 사도행전 4장 12절과 요한복음 14장 6절을 통해 알 수 있는 것은 하나님의 잃어버린 영혼을 찾아야 하고 교회는 성장해야 한다는 사실이다(맥가브란, 2003, 34-35). 그러므로 네비우스의 3자 원칙은 토착 교회 설립의 완벽한 전략은 아니지만 비교적 건강하고 혁신적 전략이라 하겠다. 3자 원칙은 설립된 교회가 토착화하는데 중요한 구심점이 될 뿐 아니라 교회가 성장하는 데 효과적 역할을 할 수 있다.

12) 네비우스의 '3자 원칙'으로 성장한 교회 사례

이제 네비우스의 '3자 원칙'을 접목해서 교회가 성장하고 토착화되는 사례는 한국 교회와 태국 카렌족의 사례를 통해 볼 수 있다.

(1) 한국 교회의 부흥

한국 교회는 1800년 말에 네비우스의 '3자 원칙'을 접목해 세기에 놀라운 부흥의 역사를 초래했다. 1890년 중국에서 사역하던 네비우스는 한국 장로교 부흥집회의 강사로 초청받아 한국 교회에 3자 원칙을 소개했다. 중국의 장로교 선교부에서는 네비우스 정책을 환영하지 않았지만 반면에 한국의 장로교 선교부에서는 토착 교회 설립의 방법으로 네비우스 정책을 수용하였다(피어슨, 2009, 576). 이 원리에 따르면, 교회는 자연적으로 성장하지만, 지나친 돌봄은 몸을 해친다.

크리스티안 A. 슈바르츠(Christian A. Schwarz)는 선교사가 원하는 교회를 만들지 말고 하나님께서 기관에 주신 생명체가 활발하게 성장하도록 환경적 어려움과 장애를 최소화해 주면 타 문화권 교회 성장은 자연적으로 이루어진다고 했다(슈바르츠, 2000, 10). 모든 생식세포가 그 자체 안에 생명과 발전의 법칙을 가진 식물 세계에서와 마찬가지로 영적 생명도 그러하다. 하나님의 교회는 성령님께서 성장케 하신다.

토착 교회가 '3자 원칙'을 잘 수행하기 위해서는 한국 교회에 훈련이 필요했다. 교회 지도부는 현지 지도자가 사역하면서 겪는 시련과 아픔, 고난 등을 잘 견딜 수 있는지 그 사역에 합당한지를 볼 필요가 있었다. 네비우스는 한국 교회 '3자 원칙' 즉 교회가 자치, 자전, 자립할 방안을 세우기 위해 신뢰성과 타당성이 있는 현장 조사를 하고 한국의 문화를 배웠다.

한국 사람들은 그룹 정체성을 가졌고, 농경 문화라서 농한기에 시간을 낼 수 있다는 사실을 알게 되었다. 그래서 네비우스가 성경 강조 정책을 위해 부흥 집회를 매월 열었고, 한국인들은 종교성이 뛰어나 있으므로 영적 기도 모임 운동을 일으켰으며 지역마다 기도의 활성화도 강조했다(피어슨, 2009, 576).

부흥 성회나 교회 성경 공부를 통해 한국에 믿는 자들의 수는 수만 명에 달했다. 이곳저곳에 교회가 세워지고 마침내 목사들이 안수를 받고 독립 노회를 조직하게 되었다. 한국 교회는 100여 년 동안 폭발적 성장을 이룩했다. 그 이유는 한국 교회는 교회 설립 초기부터 선교하는 교회로서의 역사와 전통을 이어왔기 때문이다(박기호, 1999, 40-41).

한국 교회 자체적으로 조직한 백만인 구령 운동, 빌리 그래함 전도 대회, 엑스폴로(EXPLO) 74, 민족 복음화 운동, 세계 복음화 운동, 한국 기독교 100

주년 기념사업 등은 한국 교회가 역동적으로 성장하는 계기를 마련했다(박기호, 1999, 341-42). 이것은 '3자 원칙' 중 자전에 해당한다. 이런 모임을 통해 감사헌금과 선교헌금을 모금해서 선교하는 교회로 발돋움했던 것이다. 이것이 바로 네비우스의 자전, 자립, 자치의 원리로 이루어진 것이다.

한국이 선교 강국이 된 것은 네비우스가 한국의 상황을 잘 파악했고, 동질 집단의 원리를 잘 접목한 결과의 산물이라고 본다. 또한, 한국 교회는 네비우스의 토착 선교의 정신을 정책적으로 수용해서 수많은 교회를 세웠다는 데 좋은 평가와 긍정적 의미를 둘 수 있다. 특히 성경 중심, 성령 중심, 기도 중심, 교회 중심으로 교회는 영적, 수적으로 든든하게 세워졌다.

(2) 태국 카렌족의 토착화

태국 카렌족 교회들도 한국 교회처럼 '3자 원칙'을 통해 '인디저너스 처치'가 활성화되었는데 다른 측면에서 보면 조금 흥미로운 부분을 찾을 수 있다. 더욱더 건강하고 미래지향적 인디저너스 처치가 되기 위해 몇 가지 전략들을 접목했다. 그것은 교회의 비전과 목표를 갖는 것이다. 교회가 비전과 목표를 갖고 운영한다는 것은 태국 카렌족에 적합하고, 성경적으로 재생산하는 토착 교회를 설립하는 것이었다.

그리고 '교회의 구분'이다. 초대 교회에 나타난 교회의 모습과 반영구적 친환경 공동체를 보존하는 카렌 문화, 그리고 미얀마의 카렌 침례교회에서 나타난 역사를 종합하여 구분하는 것이 바람직하다. 교회의 구분은 비전과 목표를 이루는 것과 관련이 있다. 이것은 토착 교회의 지역 교회의 요소인 자립, 자전, 자치가 태국 카렌 사회에 적합하게 이루어진 교회를 조직 교회라고 하는 것이 적절하다. 그렇지 않은 교회는 모 교회나 교회 단체의 보호와 지도를 받는 미조직 교회로 분류하는 것이 적합하다(오영철 2009, 122-123).

현지인 교회가 비전과 목표를 이루기는 쉽지 않다. 현지인 교회가 스스로 비전과 목표를 세우고 교회를 운영하는 것은 네비우스 정책 중 '자치'(Self-Government)를 하고 있다고 볼 수 있다. 그리고 중요한 부분은 선교사는 한시적 역할을 해야 한다는 것이다. 초기 단계에서 결정권자 역할을 할 수도 있지만, 그것은 현지인들이 결정권자가 되는 과정 일부분이 되어야 한다. 결정권자에서 빨리 동반자로 역할이 전환되어야 하고 결국 조력자가 되어 현지 교회가 주도권을 가지도록 해야 한다.

재정적 지원은 현지인들이 자립할 가능성과 연결하여 지원해야 한다. 인사, 행정권도 가능하면 빨리 현지인들이 결정할 수 있도록 인계해야 한다. 교육적 영역은 다른 분야보다 많은 나눔이 필요하지만, 지역 교회가 주도할 수 있는 과정에서 이루어져야 한다.

왜냐하면, 선교사는 선교지의 주인인 현지인들이 주인이 되도록 돕는 자이기 때문이다. 현지인들이 학력이나 경제능력이 부족해도 주인 역할을 할 수 있도록 해야 하기 때문이다.

지역 교회가 자립하기 위한 가장 직접적 요소는 헌금이다. 헌금 중 가장 기본적인 것은 십일조인데 태국 카렌족에게는 현금과 쌀이다. 중요한 특징은 십일조가 낮은 경우는 대부분 잠재적 자립의 가능성을 알 수 있는, 외부 예산 포함 목회자 지원비가 100퍼센트 넘게 나타난다는 것이다(오영철, 2009, 122-135).

반대로 십일조의 비율이 높을수록 자립도가 높아짐을 의미한다. 위의 과정을 통해 태국의 카렌족은 건강한 토착 교회가 되었다. 태국 카렌족의 교회가 토착화되는 과정에서 깊이 생각해야 할 것은 카렌족의 교회는 비전과 목표를 가지고 있었다는 것이다.

다른 외부의 지도력이나 권위로 교회가 운영되는 것이 아니라 하나님으로부터 비전과 목표를 받은 교회들이 그 목표를 성취하기 위해서 자치, 자전, 자립을 감행했다. 이 부분에 있어 한국 교회와 다른 점을 발견할 수 있다. 한국 교회와 태국 카렌족의 초창기 지도자는 대부분 평신도였다. 평신도사역자들이 교회 전반의 일을 맡았고, 심지어 시골의 지 교회의 지도자로서 역할을 담당했다. 제3장 내용은 대부분의 교회는 평신도 지도자를 세워 토착 교회 설립에 큰 역할을 하게 했다.

　평신도 선교 운동은 교회 설립에 있어 핵심적 운동이라고 볼 수 있다. 평신도 선교 운동이 교회 설립에 어떤 영향을 미치는 지에 관해서는 다음 제4장에서 살펴보자.

제4장

보냄을 받은 자
(The One Who Was Sent)

하나님은 세계 복음화의 과업을 성취하기 위해서 하나님의 마음과 합한 사람들을 시대마다 일으키셨다. 선교 사역이 확장되기 위해 다양한 선교사들, 다양한 사역들이 일어났고, 이를 통해 복음을 알지 못하는 많은 민족이 주께로 돌아왔다.

평신도 선교 운동은 성령님께서 일으키셨다. 평신도들을 통해 토착 교회가 세워지는 과정에서는 적절한 전략과 방법이 필요하다. 그래서 본 장에서는 평신도 운동으로 본 몽골 토착 교회의 가능성을 평가해 보려고 한다. 평신도 선교 운동이 얼마나 중요한지, 왜 평신도 선교 운동이 토착 교회 설립 방안으로 효과적 전략인지 학자들의 견해와 몇 가지 전략을 제시할 것이다.

1. 평신도 선교 운동

1세기부터 19세기까지의 선교를 볼 때, 복음을 전하고 교회를 설립하기 위해 초대 시대부터 많은 하나님의 사람이 선교 사역을 해왔음을 알 수 있다. AD 4세기부터 켈트 교회의 선교 운동으로 많은 교회가 설립되었고, 6세기는 영국 선교 운동, 7세기부터 14세기까지는 동방 정교회와 네스토리우스 교파가 복음을 전하며 하나님의 나라를 확장해 갔다. 12-16세기의 예수회나 프란시스회 선교 운동, 그 이후 종교 개혁, 청교도 신학, 개혁주의 전통을 가진 선교 운동은 그 시대의 교회 성장을 가져왔다. 1700년 중엽의 사역자들과 선교사들을 보면 텐트 메이커 선교사가 대부분이었다(Lewis 1962,92). 정원사, 장인, 커피 사업 관련 일 등이 주를 이루었다.

부흥의 역사를 이룬 사람들은 대부분 평신도 사역자였다. 독일 경건주의 선교 운동으로 말미암아 평신도이며 구두 수선공인 윌리엄 캐리(William Carey)는 영국의 선교 운동을 폭발적으로 일으켰으며, 인도의 선교 문이 열리는 데 큰 공헌을 했고, 근대 선교 운동의 초석을 다졌다(김성태 1998,15).

허드슨 테일러도 중국 옷을 입고 중국 문화를 받아들여 예수님처럼 인카네이션 사역을 하려고 노력을 많이 했다. 그의 성경 뒤쪽 여백에 주님께 요청하는 기도문의 24명의 동역자는 평신도 사역자들이었다(테일러 2011,200). 그는 중국에서 복음을 전하며 교회를 설립했다. 1890년 이후 네비우스 선교 정책(Nevius Methods)은 한국 교회에 큰 영향을 끼쳐 한국의 토착 교회가 생성되기 시작했다.

선교 운동의 핵심 리더가 중요한데 하나님께서는 소수의 사람을 일으켜 하나님 나라를 확장한다. 미국에서는 첫 선교사가 '애도니럼 저드슨'(Adoniram Judson, 1788~ 1850)으로 알려져 있다. 그러나 자메이카로 갔던 노예 출신인 흑인 선교사가 첫 번째 미국 선교사다(피어슨, 2008, 3).

수 세기 동안 영적 부흥에 주도적 역할을 했던 핵심 인물들은 평신도 사역자들이었다.

하나님은 왜 특별히 평신도 지도자를 부흥 운동에 사용하셨는가?

그것은 성령님의 특별한 선교 전략이었다. 부흥의 역사는 성령님이 하시는 말씀과 사역에 청종하고 순종하려는 가난한 마음을 가진 사람들을 통해 놀랍게 나타난다. 이렇듯이 하나님의 나라가 세워지도록 효과적 선교 전략들을 세워 복음을 전하고 교회를 설립해야 한다.

2. 평신도 선교의 중요성

하나님의 사역을 감당한 성경의 많은 영웅도 평범한 인물이었다. 아버지 데라를 따라 우상을 만드는 평범한 사람이었던 아브라함은 믿음의 조상이 되었다. 요셉은 평범한 소년이었지만 나중에 국무총리가 되었고, 양치기 소년이었던 다윗은 이스라엘의 두 번째 왕이 되었다. 신약의 베드로는 어부였고, 누가는 의사, 고넬료는 군인, 루디아는 여성으로 자주 장사를 하던 사업가였다.

그러나 이 모든 평범한 사람은 하나님의 나라를 위해 세상을 변화시킨 사람들이며, 교회를 세운 역군들이다. 그들은 현장 사역자였고, 전문인 선교사, 자비량 선교사다. 이렇듯 평신도 선교 운동은 중요하고, 하나님의 선교를 수행하는 데 효과적인 전략 중 하나다.

바울은 토착 선교 방법들을 사용했는데 유대인을 대표하는 사람을 결코 지도자로 임명하지 않았다. 그는 개종하거나 새로운 기독교인들 가운데 무급 장로들을 임명해서 그 모임을 주도하고 인도하게 했다. 교회의 모든 훈련과 치리 문제를 성령 안에서 지역 교회들에게 맡겼다(맥가브란, 2003, 545).

1800년대 중반 신대륙에서 일어난 D.L. 무디의 부흥 운동과 영국 스펄전의 선교 운동은 성령의 역사로 인한 복음적 운동과 세계 선교에 대한 평신도 역할에 새로운 비전을 자극하여 허드슨 테일러의 평신도 중심 중국 내륙 선교에 인적, 재정적으로 공헌했다. 후방의 부흥 운동은 선교지에 활력을 주고 자원을 지원하는 데 엄청난 힘이 되기 때문이다(이순정, 2012, 87). 그래서 헨드릭 크래머는 다음과 같이 말한다.

> 평신도는 객체가 아니라 주체와 능동적 행위자로 봐야 할 것이다(크래머, 2014, 21-22).

세상에서조차 교회는 주로 성직자에게 의미를 많이 두고 평신도는 보조적 존재로 여긴다고 치부하기 일쑤다. 일반 서구 선교사들의 세계관에서 목회자는 교회의 대표적 역할을 해야 하므로 목회자는 우월성을 가진 상위 권위자, 문명화된 특별한 직위지만, 평신도는 목회자를 수종드는 하급자로 분류되고 있다(히버트, 2006, 31). 그러나 예수님의 열두 제자들은 예수 부활의 증인과 세계 복음화를 위한 메신저로 부름을 받았을 뿐, 목회자나 평신도의 자격으로 부름을 받은 적이 없다.

만인 제사장직을 믿고 모든 성도를 동역자로 여기는 폴 스티븐스는 목사 안수를 받고 교회와 선교 단체를 섬기다가 부흥하던 교회의 목사 지도자 자리를 내려놓고 목수로 일하면서 밴쿠버 시내에 집 없는 사람들을 위해 교회를 설립했다. 폴이 고민하고 있었던 것은 성경에서 말하는 만인 제사장직에 대한 내용이었다. 그래서 그는 성직자와 평신도에 대한 견해를 도표로 표현했다(스티븐스, 2015, 37-38).

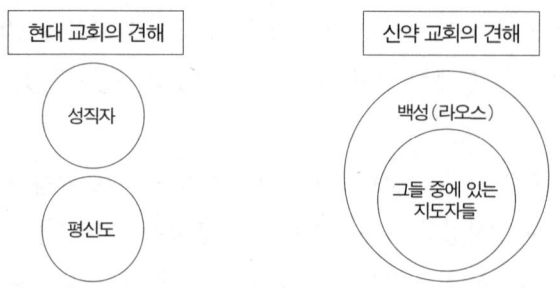

그림 1. 현대 교회와 신약 교회의 견해 비교(스티븐스, 2015, 38)

폴 스티븐슨의 책에 언급된 자료를 보면 미국 감리교단의 성도 12,000명을 대상으로 한 설문 조사 중 "평신도란 무엇인가?"라는 질문에 59.9퍼센트가 "안수받지 않은 그리스도인으로서 성직자의 교회 일을 돕는 자"라고 답했다는 결과가 나왔다. 위의 그림1에 신약 교회의 견해에 보면 "라오스"라고 나오는데 이 라오스라는 의미는 헬라어로 '군중', '한

국가의 백성'을 의미한다. 이 단어는 구약성경의 헬라어 역(70인 역)에서 '암'(am)이란 히브리어를 번역할 때 '하나님의 백성'을 지칭하는 보편 단어로 채용되었다. '평신도'라는 말이 성경에서 간접적으로 표현은 '하나님의 백성'이다. 교회를 설립하고 하나님의 나라를 부흥케 하는 주체가 목회자와 평신도 이분화한다면 성경적 원리에 어긋난다. 성직자와 평신도는 직임이다. 하나님 안에서 한 형제 자매이다.

신약 교회의 견해처럼 백성 중에 몇몇이 지도자로서의 역할을 한다. 풀러신학교의 로버트 클린턴 박사가 그의 책 『평생 리더십 개발론』(Lifelong Leadership Development)에서 언급한 "사역은 존재로부터 나온다"라는 말은 성직자와 평신도를 구분한 것이 아니라 하나님의 자녀로서 모든 그리스도인이 부르심에 합당하게 예수님의 지상 '대위임령'을 수행해야 한다는 의미이다.

3. 평신도, 보냄을 받은 자

> 오직 너희는 택하신 족속이요, 왕 같은 제사장들이요, 거룩한 나라요, 그의 소유된 백성(라오스)이니(벧전 2:9).

이 말씀은 만인 제사장직을 명료하게 나타내는 구절이다. 또, 구약성경 출애굽기 19장 6절에서도 하나님의 백성이 '제사장 나라'가 될 것이라고 선포하고 있다.

성 어거스틴은 모든 그리스도인이 세례를 받음으로 제사장으로 임명된다는 것을 인정했다(스티븐스, 2015, 208-209). 베드로전서 2장의 "너희는"과 출애굽기 19장에 "하나님의 백성"은 현대 교회의 언어로 말한다면 평신도이다. 그 평신도가 왕 같은 제사장의 역할을 한다고 말한다. 그리고 제사장 나라가 된다고 역설한다. 그렇다면 평신도의 제사장직은 이 세상을 변화시킬 수 있는 능력이 있다.

'사도'(Apostle)란 '보냄을 받은 자'라는 뜻이다. 예수님께서 열두 제자를 세상으로 파송하셨다. 그들은 사도다. 예수님으로부터 보냄을 받은 자이기 때문이다. 그런데 누가복음 10장을 보면 70인을 따로 세워 복음을 전하러 보내신다. 그들도 사도인 셈이다. 열두 사도는 그 당시 질서를 위해서 세움 받은 지도자였다. 모든 성도가 왕 같은 제사장으로 예수님의 빛을 선전하기 위해 보냄을 받은 택한 사람들이라면 그들은 사도이며 성직자인 것이다(정진호, 2014, 234-235).

기존 교회에서는 사도를 성직자와 목회자로만 이해하고 있다. 그러나 '사도'의 의미는 '보냄을 받은 자'이다. 그렇다면 평신도로 많은 지역과 열방으로 보냄을 받은 자도 사도인 것이다. 그들도 하나님의 사람이다.

네비우스는 보냄 받은 자, 평신도를 하나님의 동역자로 여기고 '성경 강조 정책'으로 훈련을 잘 시켰고, 훈련된 평신도는 자신의 삶의 현장에서 복음을 전하며 교회를 설립했다. 한국에서도 초창기에는 평신도, 하나님의 백성, 보냄을 받은 자들이 교회 설립의 주도적 역할을 하는 지도자가 되었다. 평신도 운동을 주도한 모라비아파와 존 웨슬리의 선교 운동은 하나님의 교회를 설립하는 데 큰 영향을 주었다.

4. 모라비안(Moravians) 선교 운동

모라비아파에게서 큰 영향을 받은 진젠도르프(Zinzendorf)는 할레대학에서 프란케(Francke)에게 교육을 받았다. 대학을 다니면서 스패너(Spener)와 프란케의 영향을 받아 소그룹 모임을 활성화했다. 모라비아파가 '헤른 후트'(Herrnhut-주님이 지켜보시는 곳) 공동체를 만들었는데 후에 진젠도르프는 그 공동체의 책임자가 되어 1732년에는 카리브(Caribbean)에 최초의 선교사를 파송하고, 아프리카, 인디아, 남아메리카 등에 선교사를 파송하는 등, 개신교 선교를 팽창시켰다(곤잘레스, 1997, 138).

모라비아파 선교사들 안에는 목회자와 평신도의 구분이 없었으며, 교인 60명당 한 명의 선교사를 파송한 것으로 알려져 있다(김성태, 1998, 97-98).

> 진젠도르프의 지도로 말미암아 이 조그마한 교회는 도무지 사라지지 않는 선교적 정열에 사로잡히게 되었다. 모라비안들은 흔히 이 땅에서 가장 후미지고 조건이 나쁘며 방치된 곳을 찾아 선교여행을 떠났다. 이 선교사들은 대부분 대단히 단순한 농부들이었으며 기술공들이었다. 그들의 목표는 복음을 실천하고 복음을 듣지 못한 사람들에게 그것을 전하는 일이다(닐, 2006, 297).

복음을 향한 열정을 가진 모라비안 평신도 선교사들은 목숨도 아끼지 않고 적진으로 뛰어 들어갔다. 오직 하나님의 나라를 세우기 위해 고귀한 삶을 바친 것이다. 그들은 자신들의 직업을 버리거나 바꾸지 않고 자기의 전문 생업에 종사하면서 선교 사역을 감당했다. 자비량 선교를 했기 때문에 직업이 다양했고 다양한 영역에 들어가 하나님의 복음을 선포했다. 전문 의료 선교, 교육 선교, 농업 선교 등을 통해 복음이 들어가지 못하는 지역에도 들어가 복음을 전하는 공헌을 했다.

네비우스도 그리스도인들이 일상 생업에 종사하면서 복음을 전하도록 권고했고, 새 회심자들에게 영성 훈련과 성경 훈련을 철저하게 시켰다. 모라비안 사람들은 영적 훈련 면에서도 열정이 남달랐다. 모라비안 선교 운동은 마치 개신교의 수도원 운동과 유사했다.

다른 점은 모라비안들은 평신도로 결혼하지 않고 매일 기도하고 예배드리고 성경을 연구한 점이다. 영적 훈련과 전도 훈련을 강하게 받았고, 그들은 언제든 하나님께서 부르시면 나갈 준비를 해야 했다(피어슨 2009, 402).

모라비안 형제단이 세워진 지 30년 만에 28개 지역으로 들어가 복음이 전해졌다(보쉬 2013, 394-95).

평신도 선교사의 역할은 열방에 복음을 전파하고 교회를 세워나가는 데 중심 역할을 하는 것이었다. 설립된 교회를 통해 평신도 지도자가 세워진다. 평신도 선교 운동을 통해 모 교회는 지 교회를 설립하고, 다시 지 교회는 다른 교회를 설립하는 운동이 세계 각처에서 일어나고 있다.

모라비아파 사람들의 영향을 받은 존 웨슬리의 선교 운동을 살펴본다.

5. 존 웨슬리(John Wesley) 선교 운동

존 웨슬리의 영적 부흥 운동은 가정에서부터 일어났다. 그는 그의 부모 사무엘 웨슬리와 수산나 웨슬리로부터 엄격한 신앙 훈련을 받았고, 옥스퍼드대학에 가서는 신성 클럽을 만들어 초대 교회의 뜨거운 신앙생활을 사모했다 그는 결국 미국 인디언들을 위해 선교사로 파송받게 되었다. 그 후 선교의 실패로 영국으로 돌아오던 중 웨슬리는 올더스케이트에서 모라비아파 사람들을 만나면서 놀라운 성령의 체험을 하게 된다(김상근, 2004, 184-185).

혹자는 지난 2천 년 역사 가운데에서 18세기를 "시궁창"이라고 비하했는데 그것은 그 당시에 교회의 도덕성이 바닥에 떨어졌기 때문이었다. 역사적으로 본다면 그 당시 많은 사람은 오랜 전쟁이 끝난 이후 혼란기를 맞이하고 있었다. 교회의 영적 권위는 사라지고 정치는 세속에 물들어 타협하며 타락의 길을 걷고 있었다. 이런 시기에 '존 웨슬리의 영적 부흥 운동'은 사막에서 오아시스를 찾은 것처럼 영혼의 갈증을 없애 주는 놀라운 하나님의 부흥 운동이었으며 그는 진정한 하나님의 사람이었다.

사회 전반에 걸친 심각한 도덕적 타락의 문제와 잘못된 교리가 팽배한 시대 상황 속에서 감리교(Methodism)를 창시한 신학자이며, 근대 복음주의적 기독교 부흥을 이끈 웨슬리의 영적 부흥 운동은 하나님의 계획하심이었다 그는 21세기를 사는 성도에게도 놀라운 영향력을 끼치고 있으며, 또한, 전 세계에 선교 부흥을 가져다주었다.

웨슬리는 선교 구조로서의 작은 양육 모임(Class 와 Band)을 평신도가 인도하게 했다. 평신도 설교자 제도는 후에 교회 설립의 기반이 되었고 선교의 원동력이 되었다. 또한, 순회 전도 사역을 통해 평신도 지도력을 더욱더 활성화했다(김성태, 1998, 119-121).

웨슬리는 그 평신도들을 현장 사역에 곧바로 참여시켜서 전 성도의 선교 사상을 전수하게 되었다. 그 당시만 해도 로마가톨릭의 영향을 받아 평신도가 심방을 하며, 병자 방문, 설교하는 일은 있을 수 없는 일이었다. 감리교 선교 운동 초기에는 지도자 중 정규 신학 훈련을 받은 사람들이 몇 사람밖에 없었다. 영국 국교회에서는 규정 위반이었고, 헌법에 위배되는 일이지만 복음 운동의 놀라운 결과는 평신도 지도자가 없었다면 일어나지 않았을 것이다(노홍호, 2008, 223).

웨슬리의 평신도 선교 운동을 통해 감리교회의 속회나 밴드가 발전하고 그 소교회를 통해 교회가 든든해지는 것과 네비우스 선교 전략으로 선교사들이 평신도 조사들과 함께 사역하면서 소그룹의 활성화로 교회가 설립되고 토착화된 한국 교회의 사례에서 볼 수 있듯이 평신도 사역은 타 문화권 교회 성장에 지대한 영향을 미친다. 모라비안과 존 웨슬리의 영향을 받아 19세기에도 많은 선교 단체와 교단이 평신도 선교 운동을 전개해 나갔다.

19세기 초부터 말까지 교회 선교회(Church Missionary Society)는 650명의 선교사를 파송했는데 그중 410명이 안수를 받지 않은 평신도 선교사였다. 1796년 남태평양에 선교사로 파송받은 런던 선교회(London Missionary Society) 소속 선교사 30명 중에 26명이 직공들이었고 평신도 선교사였다. 19세기 말엽에 믿음 선교 활동을 하던 대부분의 선교사는 목사도 학자도 아니었다. 그러나 그들의 선교 공헌은 일반 목회자 선교사보다 더 컸다. 믿음 선교 활동의 아버지라 불리는 허드슨 테일러(Hudson Taylor)는 '정식 교육을 거의 받지 아니한' 사람들을 위한 특별한 호소를 하였다(케인, 1999,

127). 랄프 윈터(Ralph Winter)는 그를 "젊은 영웅" 이라고 격찬했으며, 그의 업적은 윌리엄 케리에 필적한다고 평가했다.

> 대학도 못 가 보고, 더구나 선교 훈련도 못 받은 채 단지 의료학교의 학력과 과거의 잡다한 개인적 경력만으로 선교 현장에서 활동한 것은 하나님께서 지혜로운 자를 멸시하시고 어리석은 자를 사용하신다는 증거이다(터커, 2003, 240).

모라비아파 선교 운동, 웨슬리 선교 운동, 19세기 선교 운동을 보면서 21세기에도 세계 곳곳에서 평신도에 의해 복음이 전파되고 교회가 설립되는 것이 토착 교회 설립의 방법에 중요한 열쇠라는 사실을 알 수 있다. 평신도 선교 운동을 지지하는 학자들의 생각은 혁신적이다.

6. 평신도 선교 운동 학자들의 견해

선교학적으로 볼 때 토착 교회 설립의 원동력은 평신도 선교 운동이라고 볼 수 있다. 그것은 신약의 복음서, 사도행전 그리고 서신서를 보더라도 복음을 전하고 교회를 세우는 데 있어 평신도의 활약은 누구의 활동과도 견줄 수 없을 정도이다. 토착 교회 설립의 '3자 원칙'을 주창한 학자들이나 개발, 발전시킨 학자들도 평신도 지도자의 필요성과 가치를 강조하기 때문에 선교학적으로 매우 중요한 의미가 있다.

다음에 소개하는 학자들은 '평신도 선교 운동'을 통해 교회 설립이 이루어진다는 중요성과 필요성을 강조한 학자들이다.

1) 랄프 D. 윈터(Ralph D. Winter: 1924-2009)의 견해

랄프 윈터의 평신도 선교 운동에 대한 강조는 그의 책 『비서구 선교 운동사』(The 25 Unbelievable Years : 1945-1969)를 통해 잘 나타나 있다. 그는 오순절 운동은 교회의 일반 성도와 여성들에게 힘을 실어 주었고, 만인 제사장설을 실제로 보여 주는 선구자적 역할을 했다고 주장했다.

교회 내에서 자연스럽게 나타나는 성령님의 강권적 역사를 인정하고 보수 기존 교회를 벗어나 변두리에서 오순절 운동이 활발하게 일어날 것을 예견했다(윈터, 2012,180). 실제로 선교 현장에서 평신도 지도자가 사역하고 복음을 전하는 가운데 성령의 역사가 일어나 성경 공부 모임이 시작되며 교회가 설립되는 현상이 곳곳에서 나타나고 있다. 이것은 만인 제사장설을 믿고 모든 성도가 복음을 전해야 하는 의무와 부르심을 갖고 있기 때문일 것이다.

1960년 초에 벨기에 식민 정부가 콩고에서 철수했을 때 사회는 대혼란기에 접어들었다. 1960년 당시 개신교 교회가 1만여 곳이었고 신자는 전체 인구의 7분의 1 정도였다. 그런데 선교사들이 갑자기 철수한 것이다. 그 당시 콩고 현지인 교회반고 지도자들과 현장 사역자 평신도들은 주일 성수를 기본으로 했고, 의사 선교사가 떠난 상황에서도 현지인 조수가 선교 병원 문을 닫지 않고 어려운 수술을 해 냈다.

현지 교회 지도자들은 무너지지 않고 하나님을 바라보고 나아갔다. 그래서 더욱 토착화되어 갔다(윈터, 2012, 68-69). 중국에도 1980년대 중반 기독교 공동체를 약화시킬 목적으로 선교사들을 다 추방했다. 그러나 중국에 남아 있는 평신도 지도자들이 신앙을 버리지 않고 토착 교회의 '3자 원칙' 즉 자전, 자립, 자치를 이루어 냈고, 지금도 이루어 가고 있다.

랄프 윈터는 기존 교회의 행정과 조직 그리고 변두리의 평신도 운동과 영성이 연합할 때 하나님의 선교가 성숙해질 것이라고 강조한다. 랄프 윈터의 선교적 관점은 모달리티(Modality)와 소달리티(Sodality) 간의 온전한 연합이라고 말한다. 하나님은 세상을 구속하기 위해서 두 구조를 세웠는데 그것은 바로 교회 구조인 '모달리티'와 선교 구조인 '소달리티'다.

또한, 랄프 윈터는 두 가지 구조가 온전하고 적합하게 연합하고 상호 보완해 줄 때 많은 선교 단체와 교회가 전 세계에서 행하고 있는 사역과 열심이 효과적으로 반영되며 교회가 건강하게 세워질 것이라고 주장했다(윈터, 2005, 169-70).

다음 장에서 구체적으로 나누겠지만 교회 기관을 '모달리티'라고 하고, 선교 단체를 '소달리티'라고 일컫는다. 일반적으로 소달리티의 구조 안에 평신도 지도자들이 많이 구성되어 있다. 그래서 랄프 윈터는 교회 목회자들과 선교 단체의 평신도 지도자들의 연합이 교회 설립에 매우 중요하다고 강조한다.

2) 폴 E. 피어슨(Paul E.Pierson:1927-)의 견해

폴 피어슨은 그의 책 『기독교 선교 운동사』(The dynamics of Christian mission)에서 선교 역사에서 부흥 운동과 교회 설립의 이름 없는 영웅 대부분은 '평신도'였다고 주장했다(피어슨, 2009, 240). 평신도 선교 운동에 관한 성경적 역사 인식을 가져야 한다. 초대 교회의 부흥은 평신도 운동에 의해 이루어졌다고 해도 과언이 아니다. 평신도는 신학, 종교 전문가가 아니다. 중요한 사람의 집단으로도 인정받지 못한 모임의 일원이었지만 복음을 전파하고 교회를 설립하는 데 효과적이었다.

폴 스티븐스가 언급한 것처럼 헬라어로 '라오스'(laos)는 '백성' 즉 평신도, 하나님의 백성을 의미한다. 신학적, 학문적으로도 성직자와 평신도를 구분하기가 쉽지 않다. 그리스도인 모두는 평신도, 하나님의 백성이기 때문이다. 안디옥교회는 몇몇 평신도가 설립했다고 성경은 기록한다(행 11:20).

로마 교회는 사도 바울이나 사도 베드로가 세우지 않았다. 초대 교회 시대에 소아시아 지역에 이름도, 빛도 없이 복음을 전하고 교회를 세운 사람은 거의 평신도였다(피어슨, 2009, 108-109). 평신도 선교 운동은 주류 사회에 들어가지 못하고 변두리에 있는 하나님 백성의 운동이라고 볼 수 있다. 목회자나 성직자가 아닌 일반 평신도의 섬김과 희생으로 교회가 세워지고 부흥 성장하며, 교회가 토착화되는 데에 평신도가 큰 역할을 했다.

폴 피어슨의 선교사관은 아홉 가지로 표현되고 있다.

첫째, 하나님의 역사는 변두리에서부터 일어난다는 '변두리' 이론이다. 성령님께서는 전혀 예상하지 못한 지역과 사람을 통해 하나님의 역사를 이루어 가신다.

둘째, 하나님의 나라는 소달리티와 모달리티를 통해 세워지며 두 구조가 연합할 때 효과는 극대화된다.

셋째, 평신도 선교 운동은 하나님과 특별한 만남을 가지고, 주신 비전을 나누고 확신시킬 수 있는 소통 능력이 있어야 한다.

넷째, 새로운 리더를 선택하고 훈련하는 리더십 개발 양식이 있어야 한다.

다섯째, 부흥과 확장은 새로운 신앙생활 양식에서 창조된다.

여섯째, 부흥 운동과 선교 운동은 새로운 신학적 돌파를 동반한다.

일곱째, 교회의 부흥과 확장은 상호 연결되어 있다.

여덟째, 부흥과 확장은 역사적/상황적 조건이 맞을 때 일어난다.

아홉째, 선교 정보의 확산은 선교 운동에 중요한 역할을 한다(피어슨, 2009, 17-19).

폴 피어슨의 『기독교 선교 운동사』를 보면 평신도 선교 운동을 중심 주제로 강조하고 있다. 곳곳에 평신도 선교 운동으로 복음이 어떻게 전파되는지 그리고 교회가 설립되고 성장하는 모습을 시대별로 담고 있다. 폴 피어슨의 평신도 선교 운동사관은 평신도는 하나님 나라 확장에 중요한 토양이라는 것이다.

3) 데이비드 J. 보쉬(David J. Bosch: 1929-1992)의 견해

선교의 새 시대를 맞이하고 있다. 오늘날 교회 설립과 열방 선교에 있어 극단적 변화의 물결은 바로 성직자의 독점적 사역에서 비성직자와 함께 하나님의 나라를 확장하는 것이라고 볼 수 있다. 몰트만은 교회와 신학의 임무를 공식화해서 다음과 같이 발표했다.

> 기독교 신학은 이제 더 이상 단지 사제와 목사만을 위한 신학이 아니라 세상에서 그들의 소명을 가진 평신도를 위한 신학이 될 것이다(보쉬, 2013, 688-689).

하나님 나라의 확장, 교회 설립을 성직자만의 책임으로 돌린다면 아마 성직자의 부재로 교회 설립은 저조 현상을 보이게 될 것이다. 하지만, 성직자와 평신도와의 연합은 교회 설립에 시너지 효과를 낼 것이다.

예수님께서 하나님 나라의 선포, 복음 전파를 위해 회당의 제사장이나 종교 지도자를 선택하지 않고 평범한 사람인 어부와 세리를 선택하신 것은 극단적 모험이었다. 왜냐하면, 유대 전통과 상반되는 행위였기 때문이다. 예수님의 가르침에는 '반전'이 있다. 유대인의 기대와 정반대 습관이나 문화를 터치하므로 결과를 극대화하는 방법이다.

바울이 설립한 교회를 '회당'이라 부르지 않는 것도 단지 신자들의 모임, 곧 거의 성도의 가정에서 모였기 때문이다. 개신교 선교도 평신도 운동에서 시작되었다. 평신도의 자발적 선교 협회가 성직자에게 제한받지 않고 활발하게 이루어지고 있다. 평신도는 '하나님의 선교', 곧 '미시오 데이'(*Missio Dei*)가 창출되는 센터이다. 이제 더 이상 포도송이를 들고 와서 본부에 보고하는 여호수아의 정찰병이 아니다. 이제는 평신도가 현장 사역자로 직장과 가정에서 복음 전파 주체자의 역할을 해야 한다.

예수님과 바울이 평신도를 훈련해서 하나님의 나라를 든든하게 세워 나갔던 것처럼 이 시대에도 현장 사역자를 훈련해 자기 고향을 떠나지 않고 그 자리에서 복음을 전하고 지도자가 되기를 기대한다.

마지막으로 스캇 선퀴스트의 견해를 알아보겠다(보쉬, 2013, 694-695).

4) 스캇 선퀴스트(Scott Sunquist)의 견해

서구의 많은 학자나 목회자는 "선교의 주축은 평신도가 아니라 성직자이다"라고 주장하고 믿어 왔다. 그러나 제2차 바티칸 공의회는 '평신도의 역할'의 중요성에 대한 문서들을 발표했으며, 평신도가 궁극적으로 하나님의 나라를 확장하는 일에 교두보 역할을 할 수 있는 특별한 은사를 받은 조직임을 확인했다. 사제의 역할은 평신도를 지도자로 훈련하고 준비시켜 열방으로 파송하는 일을 돕는 것이다.

> 평신도는 복음화와 인간 성화에 힘쓰며 현세 질서에 복음 정신을 침투시켜 그 질서를 완성하도록 노력하여 실제로 사도직을 수행한다. 이렇게 평신도는 그 활동으로 현세 질서 안에서 그리스도를 분명하게 증언하며 인간 구원에 봉사한다. 세상 한가운데에서 세속 일을 하며 살아가는 것이 평신도의 사명이므로 평신도는 그리스도의 정신으로 불타올라 마치 누룩처럼 세상에서 사도직을 수행하도록 하나님께 부름받았다(스캇, 2015, 585).

선퀴스트가 주장한 것처럼 평신도에 의해 많은 사람이 복음을 받아들이고 그리스도인이 되었다. 그 그리스도인들은 모여서 가정 교회를 형성하고 하나님을 찬양하고 하나님의 부르심에 합당하게 다시 다른 지역으로 가서 복음을 전하고 새로운 교회를 설립해 나갈 것이다.

피트 스카지로(Peter Scazzero) 목사는 뉴욕 퀸즈 지역에 12,000여 명이 다니는 교회를 담임하고 있는데, 그 교회는 10여 개의 각기 다른 국적의 성도가 모인 교회이다. 모든 성도가 선교 현장 사역을 하는 평신도 지도자였다. 그 교회 성도는 모두가 '전임 사역자 신분증'을 소유했다. 교인의 정체성은 하나님의 선교에 있어 그 책임을 상기시키고 현장 사역자의 역할을 감당하는 것이다(선퀴스트, 2015, 586).

모든 교회의 성도가 사역자로의 부르심이 있다면 하나님의 교회는 놀랍게 부흥할 것이다. 주님이 주시는 '부르심'은 의도적으로 추구해야 할 가치가 있는 것이다(맥도날드, 2013, 42). 이것이 바로 평신도가 사도직을 수행한다는 말일 것이다.

이상의 학자들을 통해 평신도 선교 운동의 중요성과 필요성을 알아보았다. 다음은 평신도 선교 운동을 더욱 활발하게 해주는 교회 구조의 모달리티와 선교 구조의 소달리티와의 동반 협력 전략을 다룰 것이다.

제5장

동반 협력을 통한 인디저너스 처치
(Indigenous Church Through Cooperation)

인디저너스 처치의 목적에 도달하기 위해 모달리티(Modality:교회 구조)와 소달리티(Sodality:선교 단체 구조)의 동반 협력은 교회가 교회 되기 위한 시너지효과를 볼 수 있다. 삼위일체 하나님께서 서로 협력하는 동역자이신 것처럼 두 조직의 연합은 하나님께서 원하시는 공동체 사역이라 하겠다(쉥크, 2003, 39).

중세 초기에 그레고리 교황(Gregory the Great)과 캔터베리의 어거스틴(Augustine of Canterbery)의 협력으로 모달리티와 소달리티의 중요성은 극대화되었다. 그레고리는 로마 주교로 모달리티의 대표자였고, 어거스틴은 수도원(소달리티) 출신이었다.

교황 그레고리는 자기 친구 어거스틴에게 영국에 가서 주교 관구 구조를 설립할 것을 요청한다. 그 시기에 소달리티 형태를 가지고 있는 수도원이 베네딕트수도원이었는데 이 수도원은 켈트 지역 선교를 하고 싶어 했고 동시에 주교는 이 지역에 교구를 세우고 싶어 했기 때문에 서로가 동반 협력을 해서 모달리티 구조가 세워졌다. 이런 협력은 1,000년 동안 이어졌다(윈터와 호돈, 2005, 211). 1,000년 동안 이어진 동반 협력 관계를 통해 그 당시 교회는 흔들리지 않았다.

이 중세의 사례를 볼 때 모달리티와 소달리티의 연합은 교회 설립과 성장에 크게 기여했다는 점에서 의미가 있다. 연합은 자원과 전략적으로 집중된 기도의 능력과 창의성으로 특정 집단을 위한 계획적 사역을 일으킬 수 있다(해거드, 2002, 170).

그러면 모달리티와 소달리티를 조금 더 구체적으로 보면서 과연 모달리티와 소달리티의 동반 협력이 토착 교회 설립 방안이 될 수 있는지 살펴보도록 하겠다.

1. 모달리티와 소달리티의 의미

모달리티와 소달리티의 의미와 상관관계를 연구하고 살펴보는 것은 토착 교회 설립 모델을 더 구체화하고 실제적 결과물을 보게 할 것이다. 모달리티는 보통 교회를 말하는데, 행정적이며, 형식적 단체의 구조로 되어 있으며 공식적이다. 또한, 교회는 어린아이들로부터 장년에 이르기까지 지역이나 계층이나 나이, 학벌, 인종과 관계없이 예수를 자기의 주로 시인하며 그리스도를 하나님의 아들이라고 인정하고 고백하는 모든 사람이 모이는 '교회 공동체'이다(윈터, 2005, 170-71).

소달리티 구조인 선교 단체는 교회와는 달리 특정한 목적과 목표와 전략을 갖는다. 선교 목표를 달성하기 위해 세워진 조직으로서, 선교의 대상이나 타깃으로 하는 종족 그룹이나 특정 지역에 선교 사역을 위한 같은 목적으로 모인 사람들로 조직된 집단이다. 랄프 D. 윈터(Ralph D. Winter)에 따르면 교회가 보편적인 역할과 특성이 있다면 소달리티 선교 구조는 특별하고 분명한 선교 특성과 목표를 가지고 있는 선교 공동체이다(윈터, 2005, 209).

모달리티와 소달리티는 신약 시대에 존재하였는데 모달리티 즉 교회 공동체는 유대교 회당과 연속성이 있고, 소달리티는 바울이 교회의 후원을 받아 선교에만 집중하는 선교 구조와 연관성이 있다고 볼 수 있다(한국일, 2016, 284).

이제 모달리티와 소달리티의 특징과 중요성을 살펴보며 두 기관의 역할과 연합을 모색할 것이다.

2. 모달리티와 소달리티의 특징과 중요성

교회 구조인 모달리티와 선교 구조인 소달리티가 연합하기 위해서는 의미 있는 커뮤니케이션을 해야 한다. 효과적 커뮤니케이션은 문화와 문화를 이어 주고 의미만 전달하는 것이 아니라 언어의 장벽을 넘는 방법적 이해와 무언의 행동 소통까지 포함한다(현택수, 2005, 15).

모달리티와 소달리티의 동반 협력은 형식만이 아니라 실제 결과를 만들어 내는 결과물이라서 필자는 2003년에 '다르항시' YWAM 곧 소달리티 선교 구조와 2009년에 세운 RCA(Revival Church Alliance:부흥교회연합) 곧 교회 구조가 연합해 효과적으로 인디저너스 처치를 설립하게 되었다.

토착 교회 설립의 전략 중 대중을 기다리는 지도자가 아닌 그들의 필요(Felt needs)와 문화를 연구하고 필요의 데이터를 구축해서 찾아가는 선교, 찾아가는 지도자로 인해 교회는 토착 교회로 성장할 수 있었다.

> 커뮤니케이션이란 인간의 삶에 있어서 우연한 것도 보조적인 것도 아니다. 인간의 본성은 처음부터 소통자(communicator)로서 살아온 존재이다. 사람들은 활동하는 시간 동안 듣고, 말하고, 읽고, 쓰고, TV나 비디오를 시청하면서 거의 모든 시간 동안 커뮤니케이션을 하며 살고 있다(소가드, 2011, 71).

1) 모달리티(교회 기관)

(1) 성경 공부, 양육 중심의 회중교회 구조를 말한다(윈터, 2005, 169).
(2) 성별이나 연령의 구분 없이 조직된 단체이기 때문에 함께 모이고, 말씀 듣는 가족 공동체다.
(3) 믿음이 뜨거운 사람과 냉담한 사람, 청년과 노인, 새 신자와 성숙한 신자가 모두 포함되어 있다.
(4) 예수님을 구주로 영접하면 회원이 될 수 있다.

(5) 지역 교회 조직과 구성원이 가진 인간 관계망이 잘 되어 있다.

교회 선교를 완수하기 위해 지역 교회 조직과 선교 단체 조직이 모두 다 중요하며, 두 조직체 모두 하나님의 백성으로 구성된 하나님의 교회다(피어슨, 2009, 17).

2) 소달리티(선교 기관)

(1) 육체의 노동이 천한 것이라는 귀족들의 패러다임을 바꾸는 일을 했다(세계관의 변화).
(2) 수도사들은 길을 만들고 보수하는 임무를 맡았다(사회 참여).
(3) 중세 도시들이 세워질 때까지 그들이 산업과 상업의 선구자들이었다(사회 개발).
(4) 비료를 사용해 토양을 개선했다.
(5) 수도사들 중심으로 농업을 번창케 했다(농경 문화).
(6) 평신도 형제들 및 고용직 노동자들과 함께 대지주가 되었다(경제).
(7) 선교 측면에서 수도사들은 세상에서 도피하지 않고, 앵글로색슨족을 회심시키기 위해서 힘써 일했고 서부 유럽에서 중앙 유럽까지 복음을 전하는 데 이바지했다.
(8) 성경과 영적 도서를 출간하는 일을 했다.
(9) 연령이나 성별 혹은 결혼 여부에 따라 제한이 있는 단체다.
(10) 대학생 선교 단체의 좋은 프로그램은 대학생 외에는 접하기 어려운 단점이 있다.
(11) 선교 사역 유형에 따라 다양한 조직적 특성을 가진다(윈터, 2005, 210-211).

위의 모달리티와 소달리티의 특징과 중요성을 보면 교회 구조와 선교 구조는 반드시 있어야 한다. 그리고 동반 협력을 추진함으로 선교 사역의 행정적, 자원적으로 큰 도움이 되고, 두 기관은 연합될 뿐만 아니라 그 후속(영적 성장, 성경 훈련, 지도자 훈련)까지도 고려하는 전략적 모델이라고 볼 수 있다.

3. 모달리티와 소달리티의 연합

현지 교회들이나 외국인 선교사가 설립한 교회들은 외국 선교 단체가 그 지역에 들어오는 것에 대해 가끔 경계하는 경향이 있다. 한국의 예를 보면 많은 선교 단체가 교회가 운영하기에 역부족인 훈련 학교들이나 전문인 사역들을 진행하고 있다. 지역 교회 성도들은 새로운 경험을 하기 위해 선교 단체에 입단하기도 한다.

그러므로 교회의 평신도 지도자들은 선교 단체에 속해서 결국 교회 사역보다는 선교 단체의 사역에 더 많은 시간이나 헌신을 하게 된다. 이런 현상은 수십 년간 계속되어 지역 교회 목회자들이 선교 단체에 대해 부정적으로 인식해 색안경을 끼게 되었다. 그래서 모달리티와 소달리티는 서로 공통분모를 연구하고 협력방안을 찾아야 할 것이다.

1) 선교사와 동원가의 연합

타문화권에서 사역하는 사람을 선교사라고 한다면 그들을 위한 조직을 관리하고 그 조직이 원활히 잘 움직일 수 있도록 하는 사람은 동원가라고 할 때 이 둘은 절대로 분리할 수 없는 관계이다. 윌리엄 캐리(William Carey)는 그 많은 사역을 혼자 감당하지 않았다. 그는 여러 분야의 전문인들과 관계를 맺고 함께 하나님의 나라를 세워 나갔다(윈터, 2005, 501).

2) 선교 단체와 현지 지역 교회의 연합

현지 교회나 선교 단체는 서로 협력하며 하나님의 나라를 확장해 나가야 한다. 서로의 부족한 면을 보완하고 강점을 더 극대화해 나가면 타 문화권 인디저너스 처치는 자연적으로 세워지리라 본다. 현재 많은 선교 단체의 간사들이 지역 교회에 들어가서 교회가 건강해지는 데 한몫을 감당하고 있다는 사실은 고무적이다.

또한, 교회가 선교 단체의 간사들을 초청해서 제자 훈련이나 전문인 사역에 대한 세미나 등을 여는 것도 높이 평가할 만하다. 많은 교회가 통상적으로 성경 공부, 교리문답, 훈련을 제공한다. 일부 교회는 그들 자신이 감당할 수 없는 분야에 선교팀을 보내기도 한다. 그들은 교회의 성장과 열매 맺는 사역을 보기 위해 필연적으로 새로운 선교 조직을 형성하기도 한다. 이처럼 교회가 기대 이상의 좋은 성적을 올리려는 비전은 칭찬받을 만한 것이지만 그런 비전은 보통 기존의 선교 조직들과 공유하고 협력할 때 가장 잘 나타날 것이다(윈터, 2005, 502).

특히 선교 대국인 한국 교회는 많은 선교사를 배출해 선교지로 많이 파송한다. 또, 선교지뿐만 아니라 후방의 파송 단체와 후원 단체들의 협력 필요성과 당위성에 응답하기 시작했다. 1990년대 한국 세계선교협의회(KWMA: Korean World Missions Association, 선교 단체와 교단과의 연합으로 구성된 단체로 선교지에 중복 투자 방지와 효과적 협력을 국내와 선교지에서 모색하는 것을 목적으로 한 협의회)는 활발하게 활동 중이다. 이미 예수전도단이나 기독학생회(IVF:Inter-Varsity Evangelical Student Fellowship) 같은 선교 단체는 모달리티인 지역 교회와 잘 협력하는 소달리티 사역을 하고 있다(이순정, 2012, 236).

모달리티와 소달리티가 연합해서 사역하는 것은 선교 사역과 교회 설립에 매우 적합한 전략 중의 하나이다. 필자는 동반 협력으로 설립된 교회는 강력한 지도력과 조직력을 가질 수 있을 것이며, 독자적으로 교회를 운영하는 능력을 배양할 수 있을 것이라 기대한다. 그러나 모달리티와 소달리티의 동반 협력에도 한계점을 발견할 수 있다. 이것을 보완, 발전시킬 필요가 있다. 아래 표는 모달리티 교회 구조와 소달리티 선교 구조가 연합하여 사역하면서 설립된 교회 현황을 나타낸 것이다.

소달리티 다르항 YWAM은 모달리티 세르긍만달 교회를 설립했고, 세르긍만달 교회를 중심으로 몽골 북쪽 지역에 현지인 교회를 확장하기 시작했다.

많은 교회를 설립할 수 있었던 이유는 다르항 YWAM과 세르긍만달 RCA가 연합해서 사역했기 때문이다. 아래 도표는 단계별, 연차별로 교회와 선교회가 어떻게 성장하는지 표시되어 있다.

4. 모달리티와 소달리티의 동반 협력이 가진 한계점

하나님은 인류 구원을 위해 예수님을 이 땅에 보내주셨다. 예수님은 교회의 머리다. 그러므로 구원을 이루기 위해 교회를 세우셨다. 하나님은 연합하기를 원하신다. 하나 됨은 하나님의 선교 전략이다.

수 세기 동안 모달리티와 소달리티는 연합해서 복음을 전하고 세계 선교에 앞장서 왔다. 이 두 구조는 연합하면 토착 교회 설립을 극대화하지만 분리되면 복음 전파와 세계 선교에 장애가 될 수 있다.

그런데 교회 구조와 선교 단체 구조가 서로 이해하지 못하고 서로 간의 특수성과 필요성을 수용하지 못해서 오는 문제는 대단하다. 어떤 사람들은 모달리티, 즉 교회 구조만 있으면 복음 전파와 세계 선교는 다 할 수 있다고 주장한다.

소달리티가 정말 필요한가?

모달리티에서 소달리티의 역할을 하면 되지 않느냐고 반기를 드는 사람들도 있다.

반면에 어떤 사람들은 선교의 기동성과 역동성 있는 교회 설립과 사역을 감당하기 위해서는 지역 교회인 모달리티만으로는 하나님께서 주신 임무를 완수할 수 없으므로 모달리티만 고집한다면 하나님의 나라에 걸림돌이 될 수 있다고 주장한다. 더 나아가서 소달리티는 모달리티를 방해하고, 모달리티는 소달리티의 존재를 무시하고 서로 인정하지 않는 극단의 입장도 있다(이순정, 2012, 215).

분명히 모달리티와 소달리티가 연합하는 데에는 장단점이 있다. 단점을 보고 뒤로 물러선다면 토착 교회 설립은 지연될 것이다. 건강하고 혁신적인 토착 교회를 설립하고자 한다면 교회 구조와 선교회 구조가 연합해서 한 작품을 만들어내야 할 것이다.

몽골의 역사와 현대 선교 상황을 살펴보면서 몽골 민족의 성향과 진취적이고 자발적 성향을 발견할 수 있다. 이런 민족성이 현대 몽골 선교에 영향을 주고 있다.

1장부터 5장까지 '인디저너스 처치' 설립의 성경적 관점과 그에 관련된 주요 선교학적 이론과 개념들을 이해하며, 평신도 운동으로 토착 교회 설립 가능성을 보았다. 다음 제6장부터 마지막 제10장까지는 그 이론을 바탕으로 실제로 현장에서 토착 교회 설립을 위해 현장 조사와 파일럿 프로젝트를 운영한 결과물을 가지고 지도자 양성 프로그램의 개발과 전략 방안을 제시하고자 한다.

제6장

동질 집단의 원리
(Homogeneous Unit Principle)

찰스 크래프트는 이렇게 주장했다.

우리 각자는 우리가 태어난 문화 안에서 자기 문화의 유형을 학습한다. 그리고 인간은 문화에 의해 형성되고 문화를 전승하는 존재로 간주할 수 있다 (크래프트, 2006, 112).

우리는 한국 사람으로서 아무도 가르치지 않았지만 '끼리끼리' 문화를 즐기며 살고 있다. 이것이 미국의 개인주의(Individualism)와 달리 아시아의 '그룹 정체성'(Group Identity)이라고 말하기도 한다. 특히 한국 사람들은 어디를 가나 비슷한 사람들끼리 모여 다니며 문화를 형성한다. 만약 그 그룹과 조금 다른 의견이나 행동을 하게 되면 '왕따'(따돌림의 극단적 표현)를 당할 수 있다.

몽골의 유목민들도 함께 다니기를 좋아한다. 유목민들의 특성상 함께 움집해서 사는 것에 더 익숙하다. 그래서 그들은 초지와 물을 따라 움직인다. 그들이 이런 삶의 패턴(pattern)에 익숙해 다른 어떤 삶의 방식을 도입하게 되면 새로운 문화에 적응하는 데 시간이 많이 소요될지도 모른다.

도날드 A. 맥가브란(Donald A. McGavran)은 당신이 '교회 성장'을 원한다면 '동질 집단'(Homogeneous)의 특징을 조사해 파악하고 접근해야 한다고 말하고 있다.

그들이 농부들인가 아니면 노동자들인가?
복음 받을 자들이 경제적, 사회적 위치는 어느 정도인가?
그 종족이 한 카스트나 종족인가 아니면 많은 카스트나 종족인가?
(맥가브란, 2004, 178)

몽골 유목민들 삶의 경계(Boundary)를 '동질 집단'이라고 할 수 있다. 동질 집단끼리 모여서 어떤 과업을 진행해 나갈 때 성취도는 이질 집단보다 두 배 이상의 좋은 효과를 얻을 수 있다. 교회가 성장하기 위해서는 교회 성장의 도구 중의 하나인 '동질 집단' 모임의 활성화가 필요하다.

나는 YWAM(Youth With A Mission, 예수전도단)에서 토착 교회 설립을 전문으로 해 온 사역자다. 선교 단체는 동질 집단의 모임이라고 할 수 있다. YWAM이 추구하는 사역철학과 목표, 비전 그리고 선교 패러다임에 맞지 않는 사람이 이 선교단에서 들어온다면 적응하는 데 많은 장애를 줄 것이다. 선교 단체가 수적으로, 외형적으로 교회보다 빨리 부흥하고 있는 이유는 동질 집단의 목표와 목적 지향적 사역을 하기 때문일지도 모른다.

2019년 몽골 YWAM은 700여 개 교회 중 80여 개 교회를 설립했고, 내가 소속한 'YWAM 다르항(Darkhan) 베이스'는 12개의 교회를 설립해 몽골 땅을 섬기고 있다. 'YWAM'에서 '동질 집단'인 유목민들에게 복음을 전하고 토착 교회를 설립하고 있다. 교회 구조는 여러 종류의 사람, 여러 신앙의 색깔, 여러 계층의 사람을 다 수용해야 하며 섬기고 도와야 한다.

그러면 교회가 '동질 집단'의 모임만을 고수해야 하는가?

동질 집단만을 고집한다면 많은 부작용이 따라올 수 있다. 동질 집단만의 모임을 한다면 그렇지 않은 사람들은 그 속에 들어가지 못해 소외를 당하거나 상처를 받는 결과를 초래할 것이다.

하나님의 나라가 어떻게 동질 집단만의 소유겠는가. 이번 장에서는 '동질 집단 원리'의 참 의미를 소개하며 선교학자들이 주장하는 이론과 성경적 동질 집단의 근거를 알아볼 것이다. 또한, '동질 집단 원리'는 교회 설립의 도구들 중의 한 가지 전략이다. 그러나 동질 집단은 토착 교회 설립에 놀라운 기폭제가 된다는 것도 전개할 것이다. 이 동질 집단 원리를 통해도 '미시오 데이'(*Missio Dei*) 즉 '하나님의 선교'(The Mission of God)가 이루어질 것이라 진단한다.

1. 동질 집단(Homogeneous) 몽골 유목 민족

유목민들의 대표적인 민족이라고 할 만큼 알려진 나라, '몽골'(Mongolia)은 현재 13세기의 유목민들의 삶의 양식과 21세기의 현대 문화 속에서 공존하고 있다. 예부터 야만인이라고 소문난 몽골 민족에게 복음이 들어갔다. 몽골 전역에 복음이 퍼지고 있다. 특히 서남 고비사막 지역에는 전 도시가 복음화되었다. 그것은 라마승과 정부 관리들이 복음을 받았기 때문에 마을 사람들에까지 영향력을 주었다. 이렇듯이 소수 부족이나 산족 또한, 유목민들의 집단 개종은 전 세계에 여러 지역에서 성령님의 놀라운 역사로 나타난다.

1) 그룹을 짓는 동질 집단

몽골은 예로부터 그룹을 지어 이동하면서 살았다. 유목민들은 집단으로 봄에는 새로 태어난 가축을 돌보고, 여름에 목초지를 찾으며, 가을에는 고기와 유제품을 말리는 일을 함께 한다. 특히 겨울에는 사냥의 계절이라 공동체 전체가 사냥에 참여하여 커다란 땅을 둘러싼 다음 사냥감들을 중앙의 도살 지점으로 몰기도 한다. 유목민들은 남쪽으로 내려오면서 가족끼리, 게르(Ger-몽골 전통가옥)끼리 숲속에서 사냥한 것과 금속이나 직물 같은 제품을 거래한다. 초원과 북부 살림 지역은 그들의 생계에서 큰 자리를 차지한다(잭 웨드포드, 2005, 57-58).

요즘은 많은 다양한 직종이 생겨서 정착민들이 60퍼센트를 차지하지만, 위에 언급한 것처럼 칭기즈칸(Genghis Khan)시대의 대부분의 할카(Khalha People) 민족들은 유목민들이었다. 서로가 의지하며 함께 움직해서 살면서 가축을 키우고 그들의 자녀들을 키우고, 사냥하며, 그들만이 공유하는 특별한 삶의 양식을 따랐다. 그래서 몽골 민족에게 동질 집단의 문화가 자연스럽게 만들어졌다.

2) 동질 집단의 상황화

정치적으로도 동질 집단의 성향을 보였는데 칭기즈칸의 손자, 몽골 제국의 5대 왕 '쿠빌라이 칸'(Kublai khan)이 중국을 통합해 잘 다스릴 수 있었던 것은 중국의 문화를 이해하고, 그 정치적인 상황이나 종교적인 부분을 무시하지 않고 그들의 문화를 존중했기 때문이다. 즉 수도를 건설할 때도 중국식으로 건설하고 중국식 이름을 채택했으며, 중국식 왕조를 창건하고, 중국식 행정부를 수립했다. 그는 송나라 사람보다 더 중국인처럼 보임으로써 중국을 통제할 수 있었다(잭 웨드포드, 2005, 285).

쿠빌라이 칸은 13세기 중국의 상황(Context)을 받아들이는 패러다임을 접목해서 전 세계를 다스렸다고 볼 수 있겠다. 상대의 문화와 정치적 상황을 고려하고 인정해서 여러 나라를 다스렸으니 서로 충돌 없이 몽골의 속국이 될 수 있었다. 세속 역사 속에서도 동질 집단의 원리를 사용하는 것을 엿볼 수 있다.

1601년에 베이징에 들어간 로욜라(Loyola)에 의해 설립된 예수회 선교사 '마테오 리치'(Matteo Ricci)는 토착 문화와 종교를 존중하고 상위계급을 먼저 접촉하는 소위 '위에서 아래로'의 선교 방식을 선택했다. 선교사 '마테오 리치'는 이들 광동성의 사대부들과 교류하면서 중국 상류층을 파고들면서 이 사람들과 학문적 교류를 통해 명나라, 중국인들의 세계관을 지배하고 있던 유교에 대한 지식을 넓혀 갔다.

제6장 동질 집단의 원리(Homogeneous Unit Principle) 115

　이때 일어난 중요한 선교 정책상의 변화는, 그때까지 선교사들이 입고 있던 불교 승려의 가사를 벗고 유교 사대부의 선비 복장을 입기 시작함으로써 기독교와 중국 문화의 접촉점(point of contact)이 불교에서 유교로 전환되었다는 것이다(김상근, 2004, 167-73).
　몽골의 다섯 번째 왕, 쿠빌라이 칸과 예수회 소속 선교사 마태오 리치는 각각 중국의 상황을 이해하며 동질 집단이 무엇을 원하는지 알고 정치 또는 선교를 전략적으로 했던 선교사들이다. 그들의 행동과 결정으로 중국과 아시아 전역에 좋은 영향력을 미쳤던 것이 하나님의 선교 전략이다. 그러나 안타까운 일은 쿠빌라이 칸이 로마 교황청에 선교사 100명을 보내달라는 요청했는데 교황청은 그의 제안을 수락하지 않으므로 몽골은 결국 라마 불교(Rama Buddhism)를 받아들였다는 사실이다. 그 결과 몽골 민족이 샤머니즘(Shamanism), 애니미즘(Animism)에서 라마 불교로 개종한 사건을 우리는 알고 있다.
　이처럼 동질 집단을 복음화시키려 할 때 그 집단의 상황과 문화를 잘 파악하지 않으면 장기간 복음의 문이 닫힐 수도 있다. 성경의 예를 든다면 하나님은 창세기 1장 26-28절의 말씀에 사람들에게 문화를 창조하고, 다스리고, 정복하며, 경작하고 보존할 것을 위임하셨다. 이것이 바로 '문화명령'이다. 문화명령은 지상 대위임령과 같은 선상에서 이해해야 할 것이다. 그 집단의 문화를 이해하고 창조적인 하나님의 문화를 접목해서 복음이 깊숙이 들어가도록 전략을 강화해야 할 것이다.
　인카네이션(성육신)과 같이 상황화는 그 나라의 문화적 옷을 입는 것이다. 그 민족의 상황을 잘 파악하려면 그 민족이 즐기는 놀이 문화나 관습, 습관을 연구할 필요가 있다. 또한, 그들이 보는 책이나 잡지를 보면서 그 사회가 무엇을 원하는지 파악해야 할 것이다.
　타문화를 존중하는 것은 하나님의 세상을 향한 사랑과 마음을 이해하고 있다는 증거이다. 왜냐하면, 하나님께서 세상을 만드셨을 때 문화를 창조하셨기 때문이다. 하나님께서는 이미 인간을 만드실 때 문화 생산능력을 지닌 존재로 창조하셨다(크래프트, 2006, 190-91).

2. 동질 집단의 원리(Homogeneous Unit Principle)란?

맥가브란은 교회 성장의 기본적 원리로 '동질 집단 원리'를 최초로 고안해 낸 선교학자이다. 세계의 족속 운동도 동질 집단 원리를 기본으로 하고 있고 이 원리를 각 단체와 교회들이 사용하면서 많은 열매를 보고 있다. 그러나 교회 성장에 있어 이 원리는 하나의 도구이다. 이 도구로 하나님의 나라를 세울 수 있다면 우리는 사용해야 한다고 생각한다. 그러나 이 도구가 어느 지역에 가면 교회 성장의 중심적 역할을 하는 곳도 있다.

1) 성경의 동질 집단

동질 집단이란 모든 구성원이 어떤 구조나 상황 가운데 들어가서 사회의 한 부분이 되는 것을 말한다. 맥가브란은 동질 집단을 형성할 수 있는 특성으로서 독특한 자화상(unique self-image), 민족의식(people consciousness), 결혼 관습(marriage customs), 권력 구조(elite or powerstructure), 토지권리(land rights), 성 관습(sex mores), 거주지(where people live), 언어(language) 등을 제시했다(맥가브란, 2003, 316-35). 성경은 동질 집단에 대해 이렇게 묘사하고 있다.

민수기 1장 19-20절에 모세는 계수를 마침으로 각 씨족과 혈통의 동질 집단 총계를 얻었다. 한 부족 내에는 언제나 소단위의 부족들이 있다. 이러한 소단위 부족 단위들은 씨족 또는 혈통일 수도 있고 언어 또는 방언 집단들 일 수도 있고 정치적 또는 지리적 단위일 수도 있다(맥가브란, 2003, 156). 하나님께서 이스라엘 백성들을 동질 집단 개념으로 나누게 해서 일사불란하게 하나님의 나라를 세우는데 기초가 되었다.

신약에도 예수님께서 제자들을 부르실 때 열두 제자 중 어부, 세리, 열심 당원, 학자 그룹을 부르셨고, 그들 중에 갈릴리 출신, 가나안 그리고 그리욧 출신들이 있었다. 예수님께서도 하나님의 나라를 세워 나아갈 때 동질 집단의 중요성을 아셨다. 이런 집단은 목적 지향적이며 어떤 일을 성취하는 데 추진력이 있다. 그러나 제자들끼리 서로 다툼이 일어난 것은 예수님의 총애를 누가 많이 받는가였고 권력 싸움이었다. 특정 그룹에 대한 사랑은 그룹과 그룹에 갈등을 일으킬 수 있다.

2) 도시 중심 동질 집단

도시 중심으로 교회를 세우는 것도 동질 집단 원리 중 하나이다. 하나님께서는 사도 바울을 통해 도시를 복음으로 공략했다. 바울은 특히 그 각각이 일정한 전체 지역을 대표하는 지역의 수도에 집중했다. 마게도냐를 위해 빌립보(빌 4:15), 마게도냐와 아가야를 위해서 데살로니가(살전 1:7), 아가야를 위해 고린도(고전 16:15), 그리고 아시아를 위해 에베소를 택했다. 이 도시들은 교통, 문화, 상업, 정치와 종교에 있어서 주요 중심지였다(보쉬, 2006, 210).

사도 시대의 교회 설립 사역의 시작부터(행 14:23) 마무리까지(딛 1:5) 사도 바울은 지역 교회들이 부목자들 팀에 의해 이끌림을 받기를 기대했다. 그는 디도에게 "각 도시마다 장로들"을 세우라고 말하였고 여러 장로가 지도자로서 에베소, 빌립보, 그레데 본도, 갈라디아, 갑바도기아, 아시아와 비두니아에서 교회를 섬겼다. 사도 바울은 이 시기에 교회 성장의 중요한 선교 요충지가 될 도시에 교회를 세우고 같은 마음을 가진 장로들을 세워야 할 것을 강조했다.

동질 집단은 통일성이 있다. 그들은 하나 됨을 중요시한다. 만약 그 또래 그룹에서 비슷한 생각이나 행동을 하지 않을 때 갈등이 일어난다. 그러나 같은 비전과 같은 목표를 향해서 달려간다면 그 비전은 성취될 것이고 부흥을 볼 수 있을 것이다. 성경에서 동질 집단의 모델을 잘 나타내면서 선교에 앞장선 교회는 에베소교회이다. 무역도시에 있는 에베소교회를 '통일성, 성결성, 보편성'을 가진 교회로 바울은 인정했다.

> 하나님께서 건물을 지으시는 활동 방법은 선교이며 그 열매는 그리스도의 몸 된 교회의 통일성이다(벤 엥겐, 2000, 60-63).

우리는 믿음으로 하나님은 한 분이시요, 그리스도도 한 분이시고, 성령님도 한 분이심을 고백하며 그리스도의 몸인 교회의 하나 됨을 또한, 받아들여야 한다.

3. 몽골 유목민 동질 집단을 통한 토착 교회

하나님의 교회는 하나님께서 직접 생명력을 불어넣으신다. 또한, 성령님이 주시는 능력으로 현지인들 스스로가 교회를 운영하며 세워 나간다. 성령님이 역사하시면 교회는 자발적으로 배가가 된다. 성령님의 도우심으로 우리 혹은 우리가 보내는 사람들은 자발적으로 성장하며 재생산해 딸 교회, 손녀교회, 증손녀 교회 등등으로 배가 되어 가는 교회를 시작해야 한다.
자발적 교회 배가란, 성령님이 교회를 감동하게 하사 외부에서 강요하지 않아도 스스로 딸 교회를 재생산하는 것을 의미한다(위터와 호돈, 2005, 427).
유목민들 사이에 토착 교회를 세우고 자발적으로 딸 교회나 손녀 교회를 세우도록 하는 것은 낙타가 바늘귀 구멍으로 들어가기처럼 어렵다. 왜냐하면, 그들은 정착해 있는 것보다 움직이는 것을 좋아한다. 그러나 토착 교회가 세워지는 과정은 어렵지만, 그 과정이 지나고 나면 자연적으로 교회는 성장한다. 교회를 설립하기 위해서는 먼저 영적 도해를 실행해야 한다.

그 지역에 복음이 들어간 적이 있는가?
교회가 몇 개 있는가?
인구밀도가 얼마나 높은가?

경제 수준, 교육 수준, 유목민인지, 농경민인지 등에 대한 조사가 필요하다. 복음을 전혀 받아들인 적이 없는 곳이라면 사역 목표와 지역 목표를 설정해 복음을 전하는 전략을 수립해야 한다.

1) 동질 집단 현장연구

나의 가족과 현지인 사역자 'P' 간사는 1993년부터 사역했던 수도 울란바토르(Ulaanbaator)를 떠나 2003년 3월 몽골의 2대 도시 '다르항시'로 이주했다. 복음이 전혀 들어가지 않은 지역에 교회를 설립해 복음을 접하지 않은 몽골족을 주께로 돌아오는 일에 헌신하기로 했다.

먼저, '세르긍만달교회'(Mother Church)를 설립하고 현지인들을 제자 훈련하며 지도자로 세웠다. 그 후 그들을 시골로 파송해 목회할 수 있도록 길을 열어주었다. 놀라운 것은 그들이 스스로 지 교회를 설립하고 그 지 교회가 다시 집 교회를 설립하는 단계에 이르면서 현지 유목민 토착 교회가 형성되는 모습을 보게 되었다.

새들백교회(Saddleback Church)가 성장한 중요한 이유 중 하나는 지역 조사를 통한 복음 접근 방법을 선택한 것이다. 그 조사 내용을 보자.

- 교육 수준이 높다.
- 유머(Humor)를 좋아한다.
- 자신의 직업을 좋아한다.
- 자신의 삶을 좋아한다.
- 그와 그의 가족에 대한 신체 관리에 우선순위를 둔다.

- 조직화된 교회를 싫어한다.
- 현대 음악을 좋아한다.
- 편안한 복장을 좋아한다.
- 설교를 지루하게 느낀다(릭 워렌, 1997, 194).

릭 워렌이 조사한 동질 집단의 유형처럼 혈족 사회는 집단 지향성과 사람들 상호 간의 관계를 반영하는 합의를 강조하고, 농촌 사회 상황에서는 시장 물물교환 그리고 각기 다른 계층들 간의 상호작용 등의 삶의 핵심부를 형성한다. 산업 사회는 혈족 문화 유형이나 농촌 문화 유형처럼 집단에 대한 강조가 아닌 고도로 구조화되었으나 도시에 개별화된 방식을 통해 문화가 구성된다(다니엘 쇼우, 밴 엥겐, 2007, 228).

그래서 그 지역이 어떤 동질 집단으로 구성되었는지에 대한 조사는 토착 교회 설립 방법 중 아주 중요한 위치를 차지한다.

크리스티안 A. 슈바르츠(Christian A. Schwarz)는 건강한 유기적 조직체는 한정 없이 계속 자라는 것이 아니라, 때가 되면 또 번식할 수 있는 다른 유기적 조직체를 낳게 된다고 말했다. 한 교회 안에서 일어나는 사역(예를 들면, 소그룹, 봉사자, 또는 재정)에 적용할 수 있는 같은 생명체 원리가 또한, 교회 전체에도 적용할 수 있다. 한 교회가 건강하다면, 그 교회는 결국 번식하게 된다(슈바르츠, 2007, 124).

YWAM은 여러 지역을 순회하면서 복음을 전하고 설립했던 교회들이 건강하게 성장해서 이제는 현지인 지도자들 스스로 한 교회씩 더 설립함으로 현재 다르항 YWAM 베이스는 12개 교회를 설립했다.

톰 S. 레이너(Thom S. Rainer)는 새로운 교회들을 설립하는 것은 지역 교회였지만, 소달리티(Sodality Models) 모델을 통해도 교회가 설립될 수 있다고 주장했다. 즉, 초교파 단체나 개개인에 의해 교회가 시작될 수 있다고 그는 주장했다(레이너, 2004, 257). 물론 처음 몇 교회가 선교 단체의 선교사들에 의해 설립이 되었지만, 이제는 그 교회 지도자들로 자연적 토착 교회 성장이 이루어지고 있어 고무적이다.

2) 동질 집단의 지도자와 함께

그 지역 정부의 지도자들과 함께 우리가 무엇을 할 것인지 나누고 교회 설립의 허락을 받는 것이 필요하다. 다르항으로 이주해서 교회를 설립하기 전에 그 지역 터줏대감인 독일선교사 '길'(Gil)을 만났다. 그는 교회 설립과 유치원 사역, NGO(Non-Government Organization) 사역을 통해 직업 창출을 하여 직업이 없는 사람들에게 일감을 주어서 삶에 도움이 되도록 하는 사역을 하고 있었다. 길 선교사를 만나서 여러 가지 질문을 했다.

10여 년 동안 어떻게 사역해 왔는지?
어려움은 어떤 것인지?
가능성 있는 사역은 무엇인지?

그의 도움으로 몇 가지 중요한 선교 전략을 발견하게 되었다. 그중 한 가지는 높은 지위에 있는 도지사나 시장을 만나는 것보다 제일 말단 반장, 동장, 구청장을 만나서 사회참여, 공헌 및 교회 설립에 관해 일한 것이었다.
다르항시 주변에 있는 군, 읍, 면 단위의 동장들은 자기 민족의 복지와 교육을 목표로 둔 교회 설립은 긍정적이라고 본다. 그래서 정부관료들과 함께 사회복지, 사회 공헌하는 일들을 하면서 교회를 설립했다. 정부에서는 YWAM이 교회를 설립하는 데 적극적으로 지원했다.
몽골 사람들의 말에 의하면 유목민들은 족장 중심적 사회였으며 또한, 씨족장은 참모격인 민족장을 대표하는 사람이라 실무 책임을 맡는 사람들이었다. 반장이나 동장들은 낮은 계급이지만 마을 주민들과 직접적 관계가 있었고 그들의 필요를 제일 잘 아는 지도자였다. 결국 그들은 복음을 전하고 교회를 설립하는 데 공헌한 사람들이었다.

4. 집 교회 시작

마을 지도자들과 관계가 형성되고 복음을 자유롭게 전할 수 있는 상황이 되면 그 지역에 주기적으로 복음을 전하여 소규모 모임을 현지인 집에서부터 시작한다. 셀그룹으로 시작한 것이 배가되며 팽창하기 시작했다. 성도들은 늘어나기 시작해 협소한 집 교회에서 큰 공간으로 옮겨 예배를 드렸다. 몇 개월 만에 성도의 수는 배로 늘어났다. 마침내 세르긍만달교회 지도자들은 내게 제안했다.

"우리 교회를 건축합시다."

이 때 나는 '그들의 마음이 변질되어가는구나'라고 판단하는 마음을 갖게 되었다.

"재정도 없고 땅도 없는데 어떻게 건물을 지을 겁니까?"

"우리 몽골 사람들이 세 명의 명의로 1,000평 이상의 땅을 정부로부터 무료로 받을 수 있습니다."

"매주일 주정헌금 이외 건축헌금을 하겠습니다."

몽골 현지인들은 예수를 믿고 신앙이 성숙해짐에 따라 하나님의 교회를 사랑하고 자전, 자립, 자치를 하려는 마음이 생기기 시작했다. 필자는 하나님께 감사와 회개의 기도를 했다.

이것이 바로 토착 교회의 시작인가!

이것이 바로 교회의 자치, 자립, 자전이란 말인가!

그렇게 시작한 교회가 현재 본 건물이 있는 다르항 세르긍만달(부흥) 교회이다. 동질 집단의 특징은 같은 목적을 가지고 함께 연합하는 행동을 하는 것이다.

몽골의 3대 도시 '에르뜨네트'시의 인구는 7만 5천 명 정도이다. 지저스 어셈블교회(Jesus Assembly)는 스웨덴 YWAM 선교사(마그네스&마리아)가 설립한 교회다. 이 교회는 집 교회부터 시작했다. 집 교회가 60여 개가 될 무렵 모든 집 교회의 모임을 한 달에 한 번씩 청소년문화회관에서 모여 예배를 드렸다. 현재는 에르뜨네트시에서 가장 큰 교회로 선교를 담당하고 있으며 해외선교사로 열 가정을 파송했다. 담임목사는 다르항 YWAM에서 첫 번째 DTS를 졸업한 '오코&사라' 목사이다. 지저스어셈블리교회(모달리티)와 에르뜨네트 YWAM(소달리티)이 연합해서 설립한 교회는 60개가 넘는다.

5. 토착 교회 설립에 효과적인 전도 여행팀

전도 여행팀들을 통한 복음 전파는 매우 효과적이다. 전도 여행팀들을 통한 의료사역과 구제사역 그리고 문화공연 등은 현지인들을 모으기에 큰 힘이 되어 복음 전파에 놀라운 효과를 보고 있다. 새로운 지역에서 땅 밟기 중보 기도와 영적 전쟁 사역을 선교사들과 함께하면서 영적 힘을 얻을 수 있다.

전도 여행팀은 인력(Man Power), 재원(Supports), 중보 기도(Intercessory Prayer)의 자원이 있다. 수년 동안 한국 YWAM 소속의 제주열방대학(University of the Nations, Jeju)은 다르항시를 변혁(Transformation) 도시로 결정하고 전도 여행팀들을 수년 동안 지속해서 보냈다. 전도 여행팀들은 매년 몽골 울란바토르와 다르항에 와서 사회와 가정을 변화시키는 상담 학교, 마을을 국제화시키는데 필요한 한국어, 영어 교실 등을 운영해서 젊은이들에게 꿈과 희망을 심어 주었다.

또한, 복음 전파 및 교회 설립에 큰 공헌을 했다. 이 자원들이 적재적소에 사용된다면 하나님의 나라가 놀랍게 발전하고 '인디저너스 처치'는 더 활성화되리라 본다. 특히 서울 S교회 청년부는 7년째 몽골에 왔는데 그 팀에게서 선교지는 필요한 자원과 훈련 프로그램을 지원받고 그들은 선교의 도전을 받았다.

필자와 S교회 청년부 담당 교역자와 교회 설립전략을 세워 한 지역을 집중적으로 섬겼다. 그 후에 다르항시 북쪽 '자활랑트' 교회가 설립되었다. 전도 여행팀들을 통해 선교사들이 수년 동안 해야 할 일들을 1-2주 안에 성취하는 경우도 있다. S 교회의 청년부들은 본 교회로 돌아가서 선교적 교회, 선교적 청년부로 영적 업그레이드를 시켰다. 그 청년들 중에 세 커플이 탄생했고, 다 목회 현장에서 사역하는 멋진 청년 목회자들이 되었다. 그리고 다른 형제자매들은 비즈니스 선교 차원에서 재정을 지원하는 선교 동역자가 되었다.

6. 현지 지역 교회 섬김

랄프 윈터 박사는 이렇게 강조했다.

> 건강한 딸 교회들은 그들끼리 그리고 모 교회와 더불어 사랑으로 세워 주는 제자 관계가 필요하다. 또한, 안디옥교회처럼 모 교회는 딸 교회를 재생산시키기 위해 사역자들을 보내야 한다(윈터와 호돈 2005, 434).

몽골에서도 93년부터 사역해 오면서 울란바토르 YWAM은 교회 설립을 4곳에 했는데 거리가 멀어서 교회 관리가 어려웠다. 현지 지도자를 세우지 않아서 매주 토요일마다 정기적으로 현지인 사역자와 선교사들이 방문해서 설교하고 돌아와야 했다 그러나, 그 상황을 극복했고 현재 각 지역에 지도자가 세워져 토착 교회의 역할을 감당하고 있다.

사실 필자의 첫 번째 선교는 목양이 제대로 되지 않는 교회를 설립한 것이다. 나조차도 교회 설립이 무엇인지 잘 몰랐기 때문이다. 교회 설립에 대해 눈을 뜨기 시작할 때 다르항 세르긍만달교회(모 교회)가 설립되었고, 가까운 지역에 딸 교회와 손녀 교회들이 설립되면서 현지 지도자를 파송했다.

필자는 시골 지 교회들의 지도자들을 매주 화요일마다 다르항시 교회 센터로 불러 오전부터 오후까지 훈련했다. 저녁에는 다르항시의 30개 교회 지도자들과 성도들이 모여 하나님께 예배를 드리며 열방을 위해 기도를 훈련했다. 화요 모임 때마다 각 교회에 중보 기도를 시스템화하고 예배하는 교회를 강조했다. 화요 모임이 1년이 지나갈 무렵 다르항시의 교회들 안에 중보 기도팀과 예배팀이 구성되어 영적 훈련이 본격적으로 시작되었다.

동질 집단인 몽골의 유목민들은 지도자의 DNA가 있어 개척정신과 독립심이 강하다. 신앙생활을 어느 정도 하고 지도자로서 몇 년이 지나면 혼자서 교회를 설립해서 운영할 수 있겠다고 확신한다. 이것은 네비우스의 3자 원칙 중 '자립'에 해당한다. 맥가브란은 현지 교회가 토착 교회가 되기 위해서 재정적 원칙을 존 L. 네비우스(John L. Nevius) 선교 정책을 빌려 잘 간추려 놓았다(맥가브란, 2003, 543-44).

첫째, 각 개종자는 부르심에 합당하게 거한다(고전7:20).
둘째, 무급 평신도 지도자를 선출한다.
셋째, 교회 모임을 가정에서 하든지, 다른 곳에서 하든지 현지인이 집회 처소를 준비한다.
넷째, 교회는 유급 복음전도자들 또는 조력자들은 선교사들에 의해 지휘를 받게 한다.
다섯째, 광범위한 훈련을 제공한다.
여섯째, 모 교회는 딸 교회들을 설립한다.

그러므로 다르항 주변의 교회들은 선교사와 현지 사역자와의 관계가 고용인과 피고용인과의 관계가 아닌 동역자(Partnership)의 관계에서 하나님의 나라를 섬기고 있다.

7. 동질 집단 유목민 지도자 양성 및 훈련

동질 집단의 토착 교회 설립에 필요한 요소 중에서 무엇보다 중요한 것은 지도자 양성이다. 어떤 세계관을 가진 대통령이냐에 따라 그 나라의 흥망성쇠가 판가름 난다. 몽골의 대통령 '엥흐바야르'(Enh Bayar)는 모든 331개의 구(區)에 불상을 세우는 것이 그의 꿈이자 비전이다.

그 결과 현재 3곳에 큰 불상이 세워졌다. 그 무렵 우상을 섬기는 몽골 나라가 하나님의 나라가 될 수 있도록 '몽골교회목회자연합회'와 '교회 연합회' 중심으로 기도 운동이 일어났다 그 결과 엥흐바야르 대통령의 꿈은 더 이상 펼치지 못했다.

한 나라를 형성하는데 필요한 것들은 정치, 경제, 문화 예술, 교육, 종교, 가정, 메스컴 그리고 과학기술, 즉 8영역(8 Spheres)으로 나눌 수 있다. 이 영역들 안에 하나님의 지도자들이 들어가서 세속적인 사상들을 기독교 패러다임으로 전환해야 할 것이다.

1) 지도자 패러다임 전환(Paradigm Shifts As a leader)

패러다임이라는 용어는 1974년 '토마스 쿤'(Thomas Kuhn)이 학계에 소개했다. 전문가 집단인 자연과학과 철학 그리고 인식론을 연구하는 학자들에게 소개된 학술적 전문용어였다. 이제 패러다임이란 용어는 선교학에도 접목되었다. 대부분 지도자는 패러다임 전환이 하나님께서 지도자를 다듬어 가시는 학습 과정과 긴밀하게 연관되어 있다는 사실을 인식하지 못하고 있다.

옛 패러다임에서 새로운 패러다임으로의 전환은 리더의 영향력을 확장시키기 위한 하나님의 놀라운 방법이다. 패러다임 전환이 리더에게 새로운 리더십의 장을 여는 하나님의 새로운 학습 과정이다(임윤택, 2009, 161).

그래서 지도자들은 먼저 현실에 맞지 않는 옛날 사고나 사상들을 과감하게 수정해서 새롭고 상황에 맞는 패러다임으로 전환해야 할 것이다.

데러밀러는 "생각은 결과를 낳는다"라고 말했다. 생각은 가치를 형성하고 가치는 문화 양식을 만들어 낸다. 문화 양식은 결과를 초래한다는 내용이다. 지도자의 세계관이 어떠냐에 따라 그 단체나 조직은 지도자의 성향과 방식을 따라갈 것이다. 그러면 성경의 여러 인물의 패러다임이 전환되면서 어떻게 삶이 변화되었으며 어떻게 하나님의 나라가 세워졌는지 살펴보도록 하자.

2) 신약성경에 나타난 선교 패러다임

신약성경에는 예수님과 제자들의 패러다임이 확실히 달랐다. 예수님은 하나님의 나라에 초점을 두었다면 제자들은 정치적인 메시야를 꿈꾸며 예수님을 따랐다. 만약 우리가 유목민들을 지도자로 양성해서 선교사로 파송할 때 서로의 선교 패러다임이 다르다면 파송의 의미는 없어질 것이다. 데이비드 보쉬는 마태복음과 마가복음에서 성령은 선교와 거의 연관이 없는 것처럼 서술했다.

그러나 누가복음에서는 그렇지 않다. 복음서 기자들 가운데 누가는 "성령의 신학자"로 각인된다. 성령의 인도로 선교한다는 개념은 훨씬 더 포괄적인 방식으로 제자들의 사역에 적용된다(보쉬, 2006, 185-86).

사도 바울은 "믿음으로 의에 이른다" 이신칭의라고 말했다. 그런데 야고보는 "믿음이 있다면 행동으로 보여라"라고 주장한다. "행함이 없는 믿음은 죽은 믿음이다"라고 말한다. 모세가 열두 명을 가나안 땅에 정탐꾼으로 보냈다. 그러나 열명의 정탐꾼들의 보고는 갈렙과 여호수아와는 완전히 다른 보고였다. 가나안 땅 상황과 환경을 함께 보고 왔는데 해석이 달랐다.

당신이 우리를 보낸 땅에 간즉 과연 그 땅에 젖과 꿀이 흐르는데 이것은 그 땅의 과일이니이다. 그러나 그 땅 거주민은 강하고 성읍은 견고하고 심히 클 뿐 아니라 거기서 아낙 자손을 보았으며 아말렉인은 남방 땅에 거주하고 헷인과 여부스인과 아모리인은 산지에 거주하고 가나안인은 해변과 요단 가에 거주하더이다. 갈렙이 모세 앞에서 백성을 조용하게 하고 이르되 우리가 곧 올라가서 그 땅을 취하자 능히 이기리라(민 13:27~30).

우리는 능히 올라가서 그 백성을 치지 못하리라 그들은 우리보다 강하니라 하고 이스라엘 자손 앞에서 그 정탐한 땅을 악평하여 이르되 우리가 두루 다니며 정탐한 땅은 그 거주민을 삼키는 땅이요 거기서 본 모든 백성은 신장이 장대한 자들이며 거기서 네피림 후손인 아낙 자손의 거인들을 보았나니 우리는 스스로 보기에도 메뚜기 같으니 그들이 보기에도 그와 같았을 것이니라(민 13:31~33).

　생각이 다르면 가치관이 다르다. 가치가 다르면 행동양식 습관 문화가 다르다. 문화 습관이 다르면 결과도 다르다. 여호수아와 갈렙은 하나님의 관점으로 그 문제를 보았다. 그러나 열 정탐꾼은 자기의 시각으로 보고 해석했다. 그 결과 그들은 짧은 시간에 약속의 땅, 젖과 꿀이 흐르는 땅, 가나안 땅을 정복할 수 있었지만 40년에 걸쳐서 가나안 땅을 밟는다. 다음 주제인 지도자 훈련에서도 언급하겠지만 성령님이 아니고서는 제자 훈련이나 지도자 훈련은 힘 없는 초등학문을 답습하는 꼴이 될 것이다.

3) 지도자 훈련과정

　유목민들을 예수 그리스도의 제자로 삼아 교회 지도자로 양성하는 것은 선교사들이 몇 년 동안 할 수 있는 일들을 단기간 안에 해 낼 수 있는 선교 전략이다. 징기즈칸 시대에 창과 검을 가지고 세계를 다스렸지만, 지금 훈련된 지도자들은 예수 그리스도의 용사가 되어 성령의 검을 들고 세상을 섬기는 지도자가 될 것이다. 지도자 양성 훈련은 LTS(Leadership Training School)라는 프로그램으로 진행된다.

1년에 1번씩 3개월 과정으로 선교 센터에서 공동생활을 하며 훈련을 받는다. 봄, 가을로 DTS(예수제자 훈련학교)를 진행하고 겨울에 지도자 훈련학교를 운영한다. 지도력, 멘토링, 미래지향적 사역, 지도자 평생개발, 시간관리, 인적관리, 재정관리, 열방을 향한 선교 등으로 다양한 주제를 가지고 지도자 훈련을 시킨다. 이런 훈련을 통해 성령님께서 인도하시는 전인격적 선교가 진행된다.

8. 동질 집단의 원리 평가와 방안

맥가브란이 교회 성장의 원리로서 동질 집단의 원리를 주창했을 때부터, 이 원리는 인종차별적이고, 배타적이며, 교회의 질적 성숙에 무관심하며, 심지어 심리학적 조작이라는 등의 거센 비판을 받아야 했다. 이러한 비판은 동질 집단 원리를 강력하게 옹호하는 피터 와그너(Peter Wagner)는 1979년 『우리 종류의(같은) 사람들』(Our Kind of People)을 출간하면서 인권운동가들이나 여러 신학자로부터 '복음이 없는 전도'라고 혹독하게 비난을 받았다(레이너, 2004, 310-11). 많은 신학자가 비난할 만도 하다.

필자는 피터 와그너(Pete Wagner) 박사의 이론을 비판하려는 것이 아니라 지역마다, 상황마다 동질 집단의 원리를 다르게 접목을 한다면 그 효과는 두 배 이상 나타날 것이라고 예견해 본다.

필자는 몽골 유목민들 대상으로 교회를 설립하지만 교회는 모든 사람이 참여할 수 있는 곳이 교회라고 믿는다. 처음에는 성도들의 구성이 유목민들이 많았지만, 시간이 흐르면서 다른 직업을 가진 사람들이 모여들면서 '끼리끼리' 문화가 발생했다. 그래서 다르항 고등학교 선생님들만을 모아서 예배도 드리고 성경 공부도 한 적이 있다. 때로는 부부들만의 모임을 주중에 가지기도 했다. 그러나 일요일에는 모든 사람이 모여서 함께 하나님을 예배했다.

바울의 새로운 패러다임도 예전에는 유대인, 헬라인, 야만인, 부자들, 가난한 자들, 이방인들끼리 모였지만 이제는 그리스도와 함께 세례를 받고 그리스도의 옷을 입으면 더 이상 유대인들과 이방인들 간에, 종과 자유자 간에, 남자와 여자 간에, 헬라인과 야만인 간에 구분이 있을 수 없고, 출생이 아닌 우리의 세례의 관점에서 이해하는 공동체가 되어야 한다고 주장했다(보쉬, 2006, 247).

그래서 피터 와그너가 말한 것처럼 '동질 집단'을 향한 복음 전도는 하나님의 나라를 세우는 데 하나의 도구로서 인식되어야 한다고 나도 주장하고 싶다. 왜냐하면, 와그너조차도 동질 집단 교회의 형성을 고무하는 것은 묵시적으로 분파주의, 인종차별, 인종주의, 계급 제도, 민족 격리를 인준할 위험이 있음을 인정했기 때문이다.

교회 성장을 위해서 소그룹을 운영한다면 그것 또한, 동질 집단의 모임일 것이다. 여성 선교회, 청년부, 군 선교회 등 여러 동질 집단 모임들은 하나님의 나라를 든든하게 하는 전략들이라 하겠다.

그러나 성경적 관점에서 잊지 말아야 할 말은 '판타 타 에스네'(panta taethnē, 헬라어로 '모든 민족')이다. 예수의 제자가 되어야 할 사람들을 판타 타 에스네라고 설명했다. 판타 타 에스네를 원어 그대로 인용하곤 했던 맥가브란은 "계층들, 부족들, 혈통들, 그리고 지구상에 존재하는 사람들"을 언급하는 것으로 해석했다. 따라서, '에스네'는 민족학적(ethnological), 사회학적 의미로 해석되었다. 이는 같은 특징들을 공유하는 동질 단위의 사람들은, 특히 동일 인종적, 언어적, 계층적 유산을 공유하는 동질 그룹이다. 최전방 선교에서 이런 상황이 금방 다가 올 것이기에 마음으로 준비해야 할 것이다(보쉬, 2009, 134).

'동질 집단의 원리'를 사용한 교회 성장에는 분명히 괄목할 만한 열매를 볼 수 있었다. 가령 샤머니즘을 신봉해 오던 종족이 개종해서 하나님의 백성들이 된다거나 한 나라의 고위 관리들에 접근해서 그 나라의 문화를 재창조하는 결과들이다. 위의 결과들은 선교사들이 그 종족이나 나라의 상황을 잘 파악하고 이해했다는 증거이다. 동질 집단은 한 종족 문화의 일부이다.

또한, 교회 성장의 원리 중 한 분야에 속해 있다. 맥가브란은 모든 교회와 조직은 동질 집단으로 되어 있다고 말한 적이 있다. 우리는 징기즈칸 시대 때부터 몽골 유목민들이 집단을 이루어 그들의 삶을 영위해 갔던 사실을 안다. 동질 집단, 유목민들이 함께 움직이는 이유는 연합과 하나 됨을 위해서다.

또한, 다른 적들로부터 보호받을 수 있기 위해서다. 연합과 하나 됨은 교회 성장에 매우 중요한 요소이기도 하다. 그러므로 몽골 유목민들에게는 '동질 집단의 원리'가 어느 정도 수용되고 그로 인해 교회 성장의 열매를 볼 수 있다는 것이 고무적이다. 비단 동질 집단의 원리가 몽골 유목민들만의 소유는 아니라 할지라도 어느 나라의 도시, 시골, 공업, 상업, 농업 등에 종사하는 사람들의 모임도 마찬가지로 함께 공유할 수 있는 공통분모가 있다. 이것이 바로 미래를 향해 발전할 가능성이 있다고 전망해 본다.

동질 집단의 원리로 부흥하는 교회는 제일 먼저 '가정'이라고 강조하고 싶다. 사회의 원형으로서 가정은 성도들의 모임인 교회의 원형이기도 하다. 그러면 교회에 속한 가정은 작은 교회이며, 교회는 세상으로 나아가 하나님의 나라를 세워나갈 것이다. 마치 몽골 유목민들이 가정을 중심으로 씨족, 그리고 민족을 이루며 전 세계를 지배했던 것처럼 말이다.

필자가 사역했던 러시아 국경 인접 지역의 '알틍볼락' 교회 할머니의 장례식을 몽골 냄새가 물씬 나게 하는 기독교 장례식을 인도한 적이 있다. "박 선교사가 기독교 장례식으로 나의 장례식을 인도해야 한다"라고 남긴 할머니의 유언에 따라 나는 그 장례식을 인도하게 되었다. 우리가 교회 설립할 때 처음 믿었던 할머니였는데 그 할머니에 딸린 식구들이 30여 명이었다. 그날 장례식에 참석한 마을 사람들이 150여 명이나 된다.

필자는 장례식을 미국식이나 한국식으로 하지 않았다. 몽골식으로 하되 샤머니즘적인 요소는 제거하고 몽골의 좋은 문화를 그대로 둔 기독교 장례식이었다. 하나님의 은혜로 장례식을 마친 후에 그 할머니의 가족의 대부분이 교회 나오기 시작했고 설립된 교회는 수적으로 질적으로 부흥을 맛보게 되었다. 이것은 가족으로서 하나 됨이었고 가족과 친척들의 동질 집단 연합이었다.

우리는 몽골인들이 유목민으로서 동질 집단이라는 것을 이해하게 되었다. 또한, 몽골에 동질 집단을 통한 토착 교회가 세워지는 현상들을 보게 되었다. 현지인들이 지도자가 되어가는 과정을 보면서 우리는 교회가 참 교회가 되는 것을 확인하게 되었다. 앞으로도 교회 성장의 도구인 동질 집단의 원리는 지속해야 한다. 와그너가 말한 것처럼 그것이 교회 성장에서 완벽한 것이 아니라는 것을 전제로 둔다. 그러나 그것은 많은 교회 성장의 열매를 볼 수 있는 도구, 선교 전략들 즉 소프트웨어(Software)들이다.

우리는 교회가 교회 되고 예배가 예배 되게 하려고 여러 가지 소프트웨어를 사용하게 될 것이다. 근본적으로 하나님께서 창조하신 종족들의 문화를 가지고 하나님을 높이며 예배하는 일들이 일어날 것이다. 맥가브란의 유명한 말을 남기고 싶다.

    사람들은 인종적, 언어적, 계급적 장벽을 헐지 않고 기독교인이 되기를 원한다(맥가브란, 2003, 337).

제7장

교회 가치 업그레이드하기
(Upgrading Church's Value)

　성령님께서는 초대 교회 때 일반 '평신도'들을 세워 '영적 지도자'의 직분을 주었다. 그들은 그 시대의 종교 지도자나 특별한 사람들이 아니었다. 교회는 항상 모든 신자가 하나님 백성의 한 부분으로 부름을 받았다는 것을 잘 기억해야 한다. 그리고 하나님의 은사는 전체 그리스도의 몸에 있다는 것을 기억할 때 교회는 건강해지고 사회에 강한 영향을 줄 수 있다.

　그리고 역대 많은 영적 갱신 운동의 한 가지 특성은 성직자와 평신도와의 격을 없애고 평신도들의 은사를 십분 활용, 격려한 것이었음을 성경과 문헌을 통해 확인했다. 교회 설립 운동은 처음부터 평신도 남녀의 운동이었다. 하나님은 많은 다양한 사람들을 통해 일하신다. 다르항시 YWAM 사역도 필자가 평신도 선교사로 섬길 때 설립했고, 2010년 다르항시 YWAM을 이양할 때도 현지인 책임자는 평신도 지도자인 'T' 간사였다.

　평신도 사역자에 의해 설립된 단체를 통해 토착 교회들이 세워졌다. 선교 역사를 볼 때 평신도 사역자의 역할을 통해 많은 교회가 세워지고 부흥의 역사들을 경험했다. 그런데도 여전히 건강한 토착 교회를 세우는 데 한계가 있다. 이번 장에는 다르항시 YWAM의 토착 교회 설립의 한계들과 설립 상황을 살펴볼 것이다.

1. YWAM 선교 단체의 선교 전략은 다음과 같다

1) 제1단계는 목표 선정(Target)이다

현장 사역자는 한 나라나 도시 또는 종족들을 기도하면서 선교 목표지를 정해서 그곳에 복음을 전한다. 복음화된 교회들은 토착화 운동을 전략적으로 뿌리 내리게 하는 것을 목적으로 둔다. 선교사 훈련 학교나 지도자 훈련 학교를 통해 장기 선교 프로젝트 계획을 세울 때 지역을 설정하고 그 지역을 위해 기도하며 준비한다.

2) 제2단계는 참여(Engage)이다

장기적인 사역으로 종족 집단을 제자화하기 위해 자료를 수집하고 계획하는 실제적인 데이터베이스(Data base)를 구축한다. 이 단계에서는 비전트립(Vision Trip), 즉 선정된 목표가 하나님의 인도하심인가 그렇지 않은가를 확인하러 현지에 가보기도 한다.

3) 제3 단계는 설립 단계(Pioneer)이다

선교지가 결정되면 그다음 단계는 선교지에 가서 개척자 정신으로 그 나라의 문화와 언어를 배우고 그 민족들과 친구가 되는 것이다. 그 후 소그룹으로 교회를 설립하고 그 교회가 부흥되면 다시 새로운 선교 정책을 수립하고 현지인을 지도자로 세워 토착 교회가 되도록 돕는다. 그리고 그 교회 중심으로 사회에 좋은 영향력을 끼친다.

4) 제4 단계는 배가 운동(Multiply)이다

복음을 전해서 믿는 현지인들이 생겨 나면 가정 교회를 설립한다. 배가 운동의 단계는 교회 설립자가 교회를 설립한 후 현지인 지도자가 동역자(Partner)가 되어 토착 교회로 전환되어갈 무렵 새로운 교회를 다시 설립하는 단계를 말한다(타겟 2020 전략, n.d.). 네비우스 선교 전략과 YWAM 선교 전략은 같은 맥락의 토착 교회 설립의 방안이라 할 수 있다. 두 전략은 혁신적 토착 교회를 효과적으로 세울 연구 방안을 제안해 놓은 것이다.

2. YWAM의 세 가지 사역 - 훈련, 구제, 전도 및 선교

이 세 가지 사역은 단기 사역자나 전임 간사들이 지역적으로 소규모나 대규모로 팀을 조직해서 여러 가지 독창적인 방법으로 해나가고 있다. 이런 팀을 생명팀(L.I.F.E - LIFE IN FULL EXPRESSION OF JESUS, 예수님을 온전히 나타내는 삶)이라고 부른다. 이 팀들은 각 지역의 YWAM 지부나 지도자들과 연합하여 전도와 훈련 또는 구제활동을 하며 교회와 다른 선교 기관과도 함께 일한다.

1) 훈련(Training)

훈련은 습득된 기능을 필요한 곳에 발휘하는 것이다. 열방을 제자화하고 교회를 설립하고 교회를 섬기기 위한 기본 훈련인 예수제자 훈련학교(DTS-Discipleship Training School)가 있다. 몽골 YWAM의 5개 지역에서 1년에 6개의 DTS가 운영되는데 선교사들이 현지인에게 이양해서 현재 모든 지도자 양성 프로그램이 현지인 지도자들에 의해 운영되고 있다. 다르항시 YWAM에서는 현지인 사역자에 의해 2개의 DTS가 운영되고 있는데 상반기에는 가족을 중심으로 가족 DTS(Family DTS)를 운영하고, 하반기에는 독신자들을 중심으로 여호수아 DTS(Joshua DTS)를 운영한다. 여름방학을 이용한 갈렙 DTS(2주 집중 강의와 1주 전도여행 실습)가 있다. 그러나 훈련은 많이 하지만 현장으로 가는 부분은 미약하다. 또한, 훈련생들을 선교센터에 오게 해서 훈련을 시키므로 '찾아가는 선교'를 통한 복음 전도, 교회 설립 확산은 아니라는 문제점을 안고 있다.

2) 구제(Mercy)

구제는 실질적인 도움을 통해 하나님의 사랑을 보여주는 사역이다. 미전도 지역의 가난하고 소외된 사람들에게 복음과 빵을 함께 나누어 주는 실제적인 사랑을 실천한다. 특히 난민촌 사역, 미혼모와 고아원 사역, 집짓기, 의료 사역, 농업 등의 사역을 한다. 몽골 다르항시 YWAM 베이스는 집이 없는 사람들에게 1년에 10가정씩 몽골 전통가옥인 게르(Ger)를 지어 주었다.

또한, 겨울에는 석탄과 밀가루를 가난하고 소외된 주민들에게 나누어 주며 하나님의 사랑을 나누고 있다. 교육 선교의 목적으로 유치원 사역을 하고 있다. 미취학아동 5, 6살 아이들을 중심으로 고아나 편부모, 소년, 소녀 가장에게서 자라는 아이들을 받아 교육한다. 구제 사역은 하나님의 따뜻한 마음을 전달하는 긍휼 사역이다. 그러나 구제의 근본 목적은 복음 전파와 교회 설립이다. 이 부분을 간과해서는 안 된다.

3) 전도 및 선교(Evangelism & Mission)

전도와 선교는 하나님의 말씀을 전하는 사역이다. 전도와 선교는 다른 사람들에게 다가가서 하나님의 은혜를 하나님의 사람들을 통해 전해서 다른 사람이 하나님의 사랑을 깨닫고 회심하게 하는 일이다.

제7장 교회 가치 업그레이드하기(Upgrading Church's Value) 137

예수전도단은 이 일을 위해 9개의 변방 지역과 8가지 영역에 복음을 전하기로 결정했다. YWAM에서 '9개의 변방 지역'(9 Frontiers, 모슬렘권, 힌두권, 불교권, 공산권, 명목상의 그리스도인들, 가난하고 소외된 사람들, 20세 미만의 사람들, 대도시, 복음의 미전도 종족)과 한 나라와 사회를 구성함에 필요한 8가지 영역('8 Spheres', 정치, 경제, 교육, 커뮤니케이션, 예술, 종교, 과학기술, 가정 영역)에 복음을 전파하고 선교사를 파송한다. 국제YWAM 설립자인 로렌 커닝햄 목사는 하나님으로부터 선교 전략을 받았는데 바로 '가정, 교회, 교육, 정부와 정치계, 언론계, 예술계와 연예계와 스포츠, 사업계'의 7가지 영역에 복음을 전하고 제자화하는 것이었다.

나중에 란다 콥은 『나라를 제자 삼는 하나님의 8가지 영역』이라는 책에서 더 전문적이고 효과적인 영역 선교를 위해 '정치, 경제, 교육, 커뮤니케이션(대중매체), 예술, 교회(종교), 과학기술, 가정'의 8가지 영역으로 조정 및 확장했다(콥, 2011, 269-70).

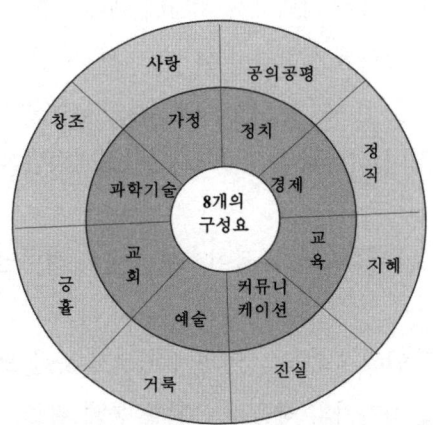

그림 2. SPHERES와 영역에 드러나야 할 하나님의 성품과 역사
(『나라를 제자삼는 하나님의 8가지 영역』 2011, 269)

몽골 다르항시 YWAM 선교 센터와 울란바토르에 있는 '하이르교회'는 'M1' 선교사 가정을 2006년에 첫 H국 'G' 종족에 파송했다. 그리고 2018년 8월에 'M2' 목사를 브리얏트 공화국에 선교사로 파송했다. 교회

설립 15년 만에 해외 선교사 두 가정이 배출되었다.

토착 교회의 기본 원리를 잘 파악하고 실행한다면 더 많은 선교사를 파송할 수 있어야 할 것이다. 현재 다르항시 YWAM이 추구하고 있는 교회 설립의 문제점은 '3자 원칙' 중 자립(Self-Support) 부분에서 발견되었다. 재정지원이 원활하게 이루어지지 않았기 때문에 해외선교사나 지방 교회 설립에 지도자를 파송하는 것이 어려운 실정이다.

3. YWAM의 신앙고백

1) YWAM은 예수 그리스도께 헌신된 모든 세대를 일으켜 복음을 열방에 효과적으로 전할 수 있도록 훈련하며 파송하는 것을 목적으로 하는 국제적이며 초교파적인 선교 단체다.
2) 우리는 하나님 나라의 자녀로서 주님께 예배하고 순종하는 것은 물론, 그의 몸 된 교회를 사랑하고 섬기며 나아가 전 세계 모든 민족에게 온전한 복음을 전하여 열방을 제자 삼는 데 부름을 받았다.
3) YWAM은 성경이 하나님의 영감으로 된 절대적인 하나님의 말씀임을 고백한다.
4) 예수 그리스도는 하나님의 아들이시며 사람은 하나님의 형상을 따라 창조되었다.
5) 하나님은 죄로 인해 하나님의 영광에 이르지 못한 모든 사람에게 예수 그리스도의 십자가의 죽음과 부활을 통해 믿음으로 구원을 얻게 하셨다.
6) 회개, 믿음, 사랑, 순종, 성도의 교제는 하나님의 은혜에 대한 우리의 합당한 반응이며, 하나님은 모든 사람이 구원을 받고 진리를 아는 지식에 이르기를 바라신다.

7) 우리는 "너희는 온 천하에 다니며 만민에게 복음을 전파하라"(막 16:15)는 예수 그리스도의 마지막 명령을 이루기 위해 성령님께서 우리를 통해, 그리고 우리 안에 역사하신다는 것을 믿는다.

4. YWAM 단체의 삶의 기본 요소

YWAM의 모든 사역자는 언제 어디서든지 다음의 사항을 삶의 기본적인 요소로 삼는다.

1) 하나님의 말씀

우리는 성경이 하나님의 감동으로 된 말씀이며, 권위 있는 말씀임을 인정하고, 삶과 사역의 기준으로 삼으며, 우리의 최종적인 권위를 하나님의 말씀에 둔다.

2) 예배

우리는 하나님만이 영광과 찬양을 받으시기에 합당하신 분임을 예배를 통해 고백하며, 그분의 왕 되심과 주권을 선포하여 하나님 나라가 우리의 삶의 터전에 임하도록 한다.

3) 중보 기도

우리는 하나님과 사람 사이에 서서 무너진 곳을 수축하고 미래를 내다보며 기도하는 중보자의 삶에 부르심이 있다.

4) 증거

우리는 말과 행동으로 그리스도를 이 세대에 증거하며 지상명령 성취를 위해 우리의 삶을 헌신한다.

5. 예수전도단(Youth With A Mission) 기본 정신

YWAM은 사역하는 한 가족으로서 성경이 하나님의 감동으로 된 권위 있는 말씀임을 믿는다. 삶과 사역의 모든 면에서 성경은 우리의 최종 권위이며, 다음의 기본적인 진리들을 가르치고 있다. 하나님은 인격이시고, 무한하시며, 우리가 알 수 있는 분이다.

남자와 여자는 하나님의 형상으로 창조된 인격체로서 유한한 존재다. 진리는 변하지 않으며 알 수 있다. 인간은 책임 있는 존재이므로 스스로 선택의 결과로 상과 벌을 받게 된다.

우리는 하나님의 말씀에 기초하며 하나님의 구속 은혜에 대한 감사와 사랑의 표현으로써 다음의 사항들이 모든 지역, 모든 그리스도인에 의해 실천되어야 함을 믿는다.

· 예배
우리는 하나님 한 분만을 찬양하고 경배하도록 부르심을 받았다.
· 거룩함
우리는 하나님의 성품을 나타내는 거룩하고 의로운 삶을 살도록 부르심을 받았다.
· 증인
우리는 그리스도를 알지 못하는 사람들에게 예수 그리스도의 복음을 나누어 주도록 부르심을 받았다.

· 기도

우리는 하나님의 마음으로 사람들을 위해 중보 기도하도록 부르심을 받았으며, 이 기도는 모든 형태의 악을 대항하는 영적 전쟁을 포함한다.

· 교제

우리는 지역 교회와 움직이는 교회 모두에 헌신하도록 부르심을 받았다.

YWAM의 기본 정신은 우리의 기본적 신념들이 표현된 것으로서, 예수 전도단 설립(1960년) 이후로 하나님께서 주신 특정한 지침들과 함께 계속 발전해 왔다. 우리의 기본 정신은, 하나님께서 우리에게 강조해 주신 것들을 다음 세대에 전하기 위해 기록되었으며 과거와 미래에, 우리의 선교 사역을 이끌어가는 데 필요한 원리 원칙이 된다.

이 가운데 어떤 것은 모든 기독교인에게 해당하며, 어떤 것은 YWAM의 고유한 특성이 된다. 이 원리 원칙들은 우리가 누구며 어떻게 살고 어떤 결정을 내리는가에 있어 우리의 독특한 성격이 되며 예수전도단의 'DNA'로서 우리의 근본 신념이 된다.

1) 하나님을 안다

YWAM은 하나님의 성품과 뜻, 방법을 알기 위해 노력하며 우리의 생활과 사역의 모든 면에서, 하나님의 성품을 드러내도록 힘쓴다. 또한, 하나님과의 교제를 통하여 그분을 알고 즐거워하는 것이 우리 안에서 자연스럽게 넘쳐 다른 사람들에게 영향을 미치도록 한다.

2) 하나님을 알린다

YWAM은 전도, 훈련, 구제 사역을 통해 세계 모든 나라의 각 영역에서 하나님을 알리라는 부르심에 응답하고 헌신한다. 불신자들이 주님을 영접하고 따르면 사회에 변화가 일어나고, 이로써 예수님께서 명령하신 모든 나라를 제자 삼으라는 사명을 수행하게 된다고 믿는다.

3) 하나님의 음성을 듣는다

YWAM은 크고 작은 모든 일에 하나님의 뜻을 따라 기도하고, 하나님의 명령에 순종하며 하나님과 함께 동역한다. 우리는 의사 결정의 필수 과정으로 개인, 팀, 전체 모임 가운데서 하나님의 음성을 듣는다.

4) 예배와 중보 기도를 한다

YWAM은 전심으로 하나님께 예배하며 중보 기도를 매일의 삶의 필수 요소로 생각한다. 또한, 하나님의 역사를 파괴하려는 사탄의 의도를 인지하고 개인의 삶과 국가적 사건 속에서 사탄의 전략을 극복할 수 있도록 하나님의 능력과 성령의 도우심을 구한다.

5) 비전을 갖는다

YWAM은 하나님께서 주시는 새로운 비전들을 받고 품으며 성취하는 비전의 사람들(Visionary)로 부르심을 받았다. 모든 세대와 종족, 사회의 각 영역에 적합하도록 언제나 혁신적 사고와 태도를 보이고, 이를 위해 새로운 사역과 방식을 개척하는 일을 지원한다. YWAM의 사도적 부르심은 하나님의 말씀을 중심으로 하여 다음의 세 방향(영적 장로직, 성령 안에서의 자유, 관계 등)에서의 균형을 요구한다.

6) 청년들을 지지하고 후원한다

YWAM은 청년들을 지지하고 후원한다. 우리는 하나님께서 청년들을 비전과 사역에 앞장서도록 부르셨을 뿐만 아니라 그에 따른 은사를 주셨다고 믿는다. 우리는 젊은 청년들을 존중하고, 신뢰하며, 훈련하고, 기회를 제공하며 일할 수 있도록 북돋운다. 청년들은 미래의 교회일 뿐 아니라 오늘날의 교회로서 우리는 청년들이 하나님의 뜻 안에서 지도력을 행사할 수 있도록 돕는다.

7) 광범위하며 분산된 조직 구조를 갖는다

YWAM은 광범위한 조직 구조 위에서 다양성과 연합을 도모하며 동일한 목적과 비전, 가치관, 관계성을 공유하는 국제적 가족이다. 우리의 조직 구조는 사람들을 섬기고 하나님의 목적을 이루기 위해 존재한다. YWAM의 모든 사역은 사역 지도자들과 YWAM 국제 지도자 회의(YWAM Global Leadership Team)에 대해 사역에 관해 설명할 책임과 특권을 갖는다.

8) 국제적이며 초교파적이다

YWAM은 그 범위와 구성에 있어서 구체적이고 초교파적이다. 인종과 언어와 교파의 다양성은 구속된 문화요소와 더불어 YWAM의 성장과 건전함에 기여하는 긍정적 요인이 된다고 믿는다.

9) 성경적 세계관을 갖는다

YWAM은 성경적 세계관을 갖는다. 우리는 성경이 선과 악을 명확히 정의하여 옳고 그름을 구분한다는 사실과 실생활도 사역 못지않게 영적이라는 사실을 믿는다. 하나님께 대한 순종으로 행하는 모든 일은 영적이다. 우리는 우리가 행하는 모든 일에 있어서 하나님을 경외하고, 하나님의 사람들(남자와 여자) 이 사회의 모든 영역에서 섬기며 영향력을 미치도록 그들을 동원하고 준비시킨다.

10) 팀으로 사역한다

YWAM은 사역의 모든 영역과 지도력에 대해 팀으로 부르심을 받았다. 각자 은사와 부르심, 다양한 관점과 사역, 각 세대 간 조화롭게 연합하여 일함으로써, 선교적 소명의 모든 단계에 지혜와 안정을 가져온다고 믿는다. 팀 안에서 하나님의 뜻에 따라 의사를 결정하는 것은 더 깊은 관계와 동기 부여, 서로 간에 비전에 대한 책임 의식을 공고히 한다.

11) 섬기는 지도력을 발휘한다

YWAM의 지도자는 위치나 계급에 앞서, 섬기는 지도자로 살도록 부르심을 받았다. 섬기는 지도자는 자신의 돌봄 아래 있는 사람들의 소명과 은사를 존중하고 그들의 권리와 특권을 보호하는 자다. 예수님께서 제자들을 섬기셨던 것처럼, 지도자의 책임을 맡은 사람은 자신이 이끄는 사람들을 섬기는 자임을 명시한다.

12) 먼저 행하고 가르친다

YWAM은 먼저 말씀하신 대로 행한 후에 다른 사람을 가르치도록 한다. 우리는 직접 솔선수범하는 모습을 통해 그 사람의 말과 가르침의 권위를 갖게 된다고 믿는다. 하나님의 성품과 하나님께서 주신 소명은 개인의 재능, 능력, 전문 지식보다 더 중요하다.

13) 관계 중심을 지향한다

YWAM은 함께 생활하고 사역함에서 관계 중심이 되도록 노력한다. 우리는 조직이나 규율을 의지하기보다는 거룩함, 상호 협력, 정직함, 겸손, 원활한 의사소통을 통한 연합에 힘쓴다.

14) 개인의 가치를 존중한다

YWAM은 각 사람의 존재 가치를 소중히 여긴다. 우리는 모든 사람에게는 동등한 기회와 정의가 부여되며, 하나님의 형상으로 창조된 모든 인간은 국적과 나이와 직임을 초월하여 고유한 역할과 소명이 있음을 믿는다. 우리는 남자와 여자를 막론하고 하나님께서 부여하신 지도력과 사역적 은사를 존중한다.

15) 가정을 소중히 여긴다

YWAM은 아버지나 어머니뿐만 아니라 가족 모두가 하나님을 섬기는 일에 부르심이 있다고 믿는다. 우리는 가족 구성원이 독특하면서도 상호 보완적인 방식으로 각자의 은사를 통해 사역에 기여하고 가족 모두가 선교의 소명을 공유함으로써 더욱 견고하고 건강하게 성장해 나아가도록 장려한다.

16) 관계 중심적인 후원에 의지한다

YWAM은 재정 공급에 있어 개인과 단체 모두 하나님과 그의 백성들에게 의존하는 관계에 기초한 후원 체계로 이루어졌다. 우리는 관계에 기초한 후원 체계가 책임 의식과 의무감, 의사소통, 서로를 위해 기도하게 한다고 믿는다. 관계에 기초한 후원체계는 후원자를 사역의 동역자로 동참

시킨다. 또한, 하나님과 사람들로부터 관대한 후원을 받은 것같이 우리 스스로도 관대한 사람들이 되기 위해 힘쓴다. YWAMers는 보수를 기대하지 않고 사역을 통해 자기 자신과 시간과 재능을 하나님께 드린다.

17) 손님 대접하기를 힘쓴다

YWAM은 손님 대접 사역이 하나님의 성품을 나타내며 사람들을 가치 있게 여기는 것이라고 믿는다. 우리는 우리의 마음과 가정과 캠퍼스와 베이스를 사회적, 의례적인 행위로서가 아니라 관대함을 표현하는 것으로서 서로가 우리의 손님들을, 가난한 사람을 섬기고 존중히 여기도록 열어놓는 것이 중요하다고 믿는다.

18) 정직하고 투명한 의사소통을 한다

YWAM은 하나님께서 소통하셨기 때문에 만물이 존재한다고 믿는다. 그러므로 YWAM은 정직하고 정확하며 적절한 시기에 의사소통하는 데에 최선을 다한다. 건강한 의사소통은 건강한 관계, 가정 공동체 그리고 사역을 이룬다고 믿는다.

YWAM의 기본이 되는 세 가지 주요한 문서는 'YWAM의 기본 정신'(The Foundational Values of Youth With A Mission), '마닐라 선언'(The Manila Covenant), '기독교 대헌장'(The Christian Magna Carta)이다.

6. 몽골 다르항시 YWAM의 '인디저너스 처치' 설립 전략

토착 교회를 설립하기 위해서는 여러 가지 전략이 있지만 다르항시 YWAM은 위의 YWAM 선교 전략과 함께 그 지역에 맞는 맞춤형 전략을 추진했다. 왜냐하면, 다르항 지역은 다른 지역과 달리 독립성과 리더십이 특별히 강하기 때문이다. 그것이 단점이 될 수 있지만, 필자는 그것을 장점으로 극대화했다. 그럼에도, 다음 단계들을 보면 수정 보완해야 할 어려운 점들이 있음을 발견할 수 있다.

1) 지역 조사와 목표 설정

교회를 설립하기 위해서는 지역 조사와 목표 설정이 먼저 이루어져야 한다.

지역 조사를 한다는 것은 조사할 마을의 문화와 종교 등 삶의 패턴을 연구하는 것이다. 그 지역에 복음이 들어갔는지, 교회가 몇 개 있는지, 인구 밀도가 얼마나 높은지, 경제 수준, 교육 수준 등에 대한 조사가 필요하다. 이 조사는 영적 도해(Spiritual Mapping)와 연결되는 선교 전략 중의 한 부분이기도 하다. 무엇보다도 미전도 지역에 교회를 설립할 때는 이런 조사는 필수불가결하다.

목표를 설정한다는 것은 목표를 달성한다는 기대를 하는 것이다(존슨, 2007, 45). 복음을 전혀 받아들인 적이 없는 곳이라면 사역 목표와 지역 목표를 설정해 복음을 전하는 전략을 수립해야 한다.

왜 복음의 미전도 지역에 교회를 설립해야 하는가?

그것은 잃어버린 영혼에게 기쁜 소식을 전하기 위함이다.

> 이르시되 우리가 다른 가까운 마을들로 가서 거기서도 전도하리니 내가 이를 위해 왔노라 (막 1:38).

예수님을 만나려고 하는 사람들이 많았지만, 예수님은 복음을 알지 못한 사람들에게 가서 복음을 전하는 일에 우선권을 두셨다. 미전도 지역에 교회를 세우는 이유는 그 곳에 설립된 교회가 없기 때문이다.

로마서 15장 20절 말씀에 사도 바울도 예수 이름을 부르지 않는 곳에 복음을 전했으며 교회를 설립했다(박기호, 2008, 60).

> 또 내가 그리스도의 이름을 부르는 곳에는 복음을 전하지 않기로 힘썼노니 이는 남의 터 위에 건축하지 아니하려 함이라(롬 15:20).

인구 11만 명의 몽골 제2대 도시인 다르항은 유목민의 비율이 40퍼센트다. 복음주의 교회는 단 2개였다. 인구가 7만 명인 구(Old)다르항에 1개 교회, 인구 4만 명의 신(New)다르항에 1개 교회만 설립되어 있었다.

필자는 다르항으로 이주하기 전 2001-02년 동안 그 지역을 정탐하며 조사했다. 그리고 유목민들이 함께 어울려 사는 지역인, 구(Old) 다르항의 6구청에 교회를 설립하기로 결정했다. 6구청은 인구 1만여 명이 운집해 사는 곳으로 다르항에서 가장 가난한 동네 중 하나다. 그래서 교회 설립을 결정했다.

그러나 몇 가지 파악을 하지 못하고 교회를 설립해서 많은 어려움을 경험했다. 그곳은 가끔 살인사건이 일어나도 경찰이 오지 않을 정도로 치안이 불안한 지역이었다. 교회 주변에는 몽골에서 가장 유명한 밀주를 만드는 동네가 포진해 있었다. 지역 조사를 확실하게 하지 않은 결과였다. 지금은 정부에서 관리해서 좋아졌다고 하지만 지역 개발, 사회 참여는 여전히 필요한 실정이다.

2) 전략적 복음 전파 및 교회 설립

다르항으로 이주한 이래로 제일 먼저 주변에 있는 몽골인들에게 복음을 전했다. 다르항의 시민들은 복음을 받아들이는 데에 시간이 걸린다. 외부의 문물을 쉽게 받아들이지 않지만 받아들이기로 결정하면 누구보다도 어느 지역보다도 빠르게 받아들인다. 몇 달이 되지 않아 30여 명이 모였다.

그 후 순회 전도를 하면서 1년 동안 교회 두 곳을 설립하였고, 울란바토르에서 다르항시 YWAM에게 이양한 '어르훙교회'를 맡았으며, 2018년 7개의 교회와 5곳의 집 교회가 설립되어 성장하고 있다. 2003년부터 2018년까지 교회 설립은 숫자상으로 높지 않았다. 이 문제점을 파악하는 것이 다르항 YWAM 교회 설립팀이 해야 할 과제이다.

존 네비우스의 교회 설립 전략 중에 중요한 내용이 있다. 새로운 사역을 개시할 때는 지상 명령과 사도들의 본보기가 시사해 주듯이 무엇보다 먼저 지역을 두루 순회하는 것이다. 그리고 순회하는 동안에는 가능한 한, 어디서든지 호기심을 보이는 군중들을 찾아 그들과 접촉하고, 전도지를 자유롭게 뿌려 메시지를 심어 주는 것이다(곽안련, 1994, 28).

그래서 전략적 복음 전파의 방법을 이렇게 세웠다.

첫째, 지역 조사와 더불어 그 지역 정부의 지도자를 만나 자신의 동네에서 선교 기관이 무엇을 하고 싶은지 직접 만나 일대일로 역동적인 커뮤니케이션을 하고 교회 설립의 허락을 받는 것이 필요하다. 커뮤니케이터(전달자)는 현지인, 수령자의 객관적인 자료를 수집할 필요가 있다. 수령자들의 내적 상태, 안전감, 메시지, 상황, 인지하는 방법은 크고 작은 면에서 다를 수 있기 때문이다(크래프트, 2001, 170).

둘째, 그 지역에 주기적으로 복음을 전하여 소규모 모임을 현지인 집에서부터 시작한다.

셋째, 단기 선교팀들을 통한 복음 전파는 매우 효과적이다.

넷째, 모 교회(Mother Church)와 지 교회는 가까울수록 효과적이다. 여기서 문제점을 발견한다. 순회하면서 복음을 전하고 교회를 설립했지만, 그 교회가 토착화되기까지 관리가 되지 않았다. 전략적 복음 전파의 방법을 효과적으로 실행하지 못했기에 결과는 좋지 않았다.

150 교회가 교회 되게

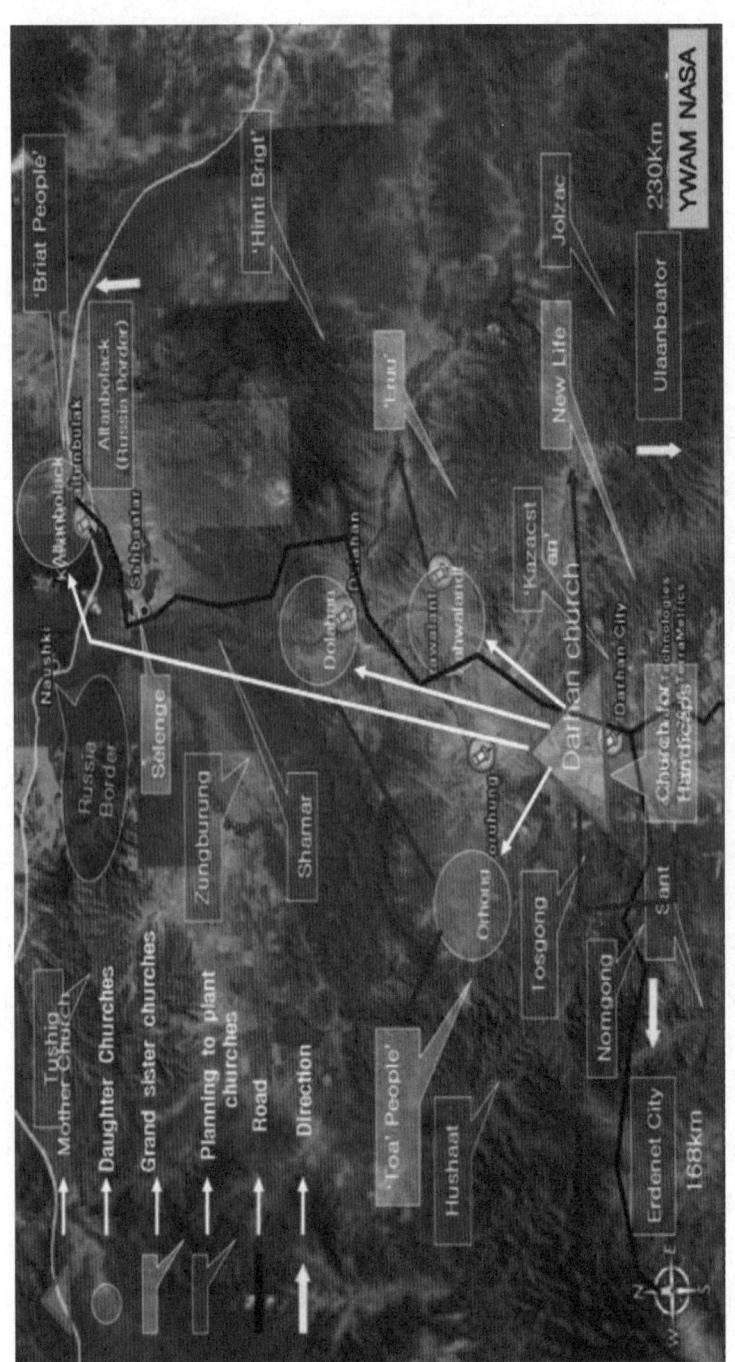

그림 3. 다르항시 YWAM 중심의 교회 설립현황(제작: 다르항시 YWAM)

제7장 교회 가치 업그레이드하기(Upgrading Church's Value) 151

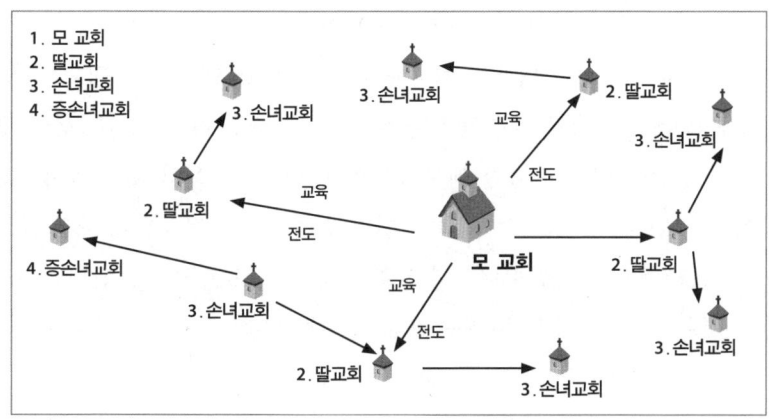

그림 4. 교회의 자발적인 배가(『미션 퍼스펙티브』, 2005, 435)

3) 화요 중보 기도 모임(Tuesday Intercessory Prayer Meeting)

다르항에는 30여 개 복음주의 교회가 있다. 6개 교회는 외국인 선교사가 책임자로 사역하고 있고, 나머지 24개의 교회는 현지인 사역자가 운영하고 있다. 다르항시 YWAM에서는 2004년부터 '화요 중보 기도 모임'(Tuesday Intercessory Prayer Meeting)을 시작했다. 화요 중보 기도 모임의 책임을 'N' 간사에게 맡겨 몽골 상황에 맞는 화요 중보 기도 모임을 운영하도록 했다. YWAM 사역자와 DTS 학생들 그리고 외부 참석자 30여 명이 시작했는데, 그 후 250-300여 명이 매주 초교파적으로 모여 하나님께 예배를 드렸다.

화요 중보 기도 모임의 중요한 프로그램은 교회가 없는 몽골의 시골 지역과 다른 나라와 민족을 위한 중보 기도 시간이다. 필자와 사역자들은 1년에 2-3차례 교회가 없는 지역과 북쪽으로는 러시아, 남쪽으로는 내몽골 지역에서 현장 조사를 했다. 현장 조사를 한 결과에 대해 화요 중보 기도 모임 때 PPT 자료나 영상을 보면서 중보 기도를 했다.

선교사나 목회자로 헌신한 형제, 자매들이 다르항시 YWAM에서 운영하는 지도자 훈련 프로그램인 예수제자 훈련학교(DTS)를 이수하고, 교회 지도자, 혹은 선교사로 파송 받기도 했다. 화요 중보 기도 모임은 몽골 토착 교회 설립에 아주 중요한 엔진이지만 여전히 타교회의 몇몇 목회자들은 자기 성도들을 선교 단체에 빼앗길까 염려하고 긍정적으로 보지 않았다. 몇 년간 울란바토르와 다르항의 화요 중보 기도 모임이 중단되었다가 최근에 다시 시작하게 된 이유도 바로 여기에 있다.

4) 행정, 재정 및 운영 독립 : 지도력 이양하기

현지 교회가 설립된 지 4-5년이 지나고 성도들의 신앙의 성숙도가 높아지면서 재정 및 교회 행정의 독립을 할 때가 왔다고 본다. 2009년 9월에 다르항 중심으로 설립된 모든 교회의 지도자를 소집해서 교회의 재정과 행정의 독립을 선언했다. 처음 교회 설립 단계에서 성도들에게 십일조와 감사 헌금, 주정 헌금을 어떻게 드려야 하는지 하나님의 재물에 대해 가르쳤다. 신앙이 높아질수록 대부분의 성도는 십일조 생활을 하게 되었다.

헌금 생활을 다 하지만 교회를 운영하기 위한 재정이 다 채워지는 것은 아니다. 그래서 많이 힘들어한다. 다르항시 YWAM에서 설립한 모든 교회를 이양할 당시 몇 교회의 지도자들은 행정, 재정 및 운영 독립을 어려워했다.

다르항시 YWAM 선교 단체 교회 설립 팀 리더들은 일정 기간 성경 공부와 DTS 훈련과 하나님 앞에서 홀로 서는 훈련을 도와주고 멘토링하는 관계로 유지하기로 했다(빌, 2001,202, 03). 네비우스가 "고용 제도는 돈을 바라는 마음을 자극하기 쉬우며 보수를 바라는 그리스도인의 수를 증가시킨다"(네비우스, 1990, 29)고 말했기 때문에, 다르항 주변의 교회 설립은 선교사와 현지 사역자와의 관계가 고용인과 피고용인과의 관계가 아닌 동역자(Partnership)의 관계로 하나님의 나라를 섬기기로 했다.

지난 20여 년간 한국의 대표 5개 교단 선교회(modality)가 설립한 교회는 100여 개인데 현지인에게 이양한 교회의 숫자는 2개(2퍼센트)로 파악되었다.

랄프 윈터의 4P 중에 몽골 교회는 대체로 제2 단계인 '부모 단계'(Parent)에서 제3 단계인 '협력 단계'(Partner)에 걸쳐있는 것으로 조사되었다. 현지인 지도자에게 교회의 운영이나 목회를 이양한 상태에서 상담과 멘토링만 해주고, 상황에 따라 지도자 훈련과 지원만을 하는 경우는 드문 것으로 연구 조사 결과가 나왔다(몽골 현지 현지선교회, 2012, 97).

교단	사역을 시작한 해	현재 선교사 수	개척한 교회 수	이양한 교회 수
대한예수교장로회통합	1992년	50명	36개	1개
대한예수교장로회합동	1992년	39명	?	1개
기독교대한감리회	1994년	26명	22개	0개
기독교한국침례회	1991년	16명	15개	0개
기독교하나님의 성회	2002년	6명	6개	0개

표 2. 몽골에서 사역 중인 한국의 교단 샘플(2011년 11월 말) (2012, 98.)

반면에, 한국의 선교 단체(sodality)는 교단 선교회들과는 달리 설립한 교회들을 대부분 현지인 지도자들에게 이양하고 일부 협력 기구를 만들어 돕고 있다. 한국 선교 단체는 4P 중 제4단계인 '참여 단계'(Participant)에 와 있다. 그러나 자립적인 부분에 취약점이 있어 이양은 대략 50퍼센트 정도 이루어진 것으로 보인다.

선교단체	사역을 시작한 해	현재 선교사 수	개척한 교회 수	이양한 교회 수
인터콥	1993년	26명	24개	지도력이양18, 완전이양1
두란노해외선교회	1998년	16명	13개	12개
예수전도단	1993년	6명	8개	7개
오병이어선교회	1993년	8명	3개	0개

표 3. 몽골에서 사역 중인 한국의 선교회 샘플(2011년 11월 말) (2012, 98.)

위의 표를 참고할 때 몽골의 선교 단체들이 교회를 설립 후에 현지인 지도자들에게 이양하는 것을 원칙으로 하고, 지도자 양성에 주력하고 있다는 것을 단면적으로 알 수 있다. 위의 자료는 2012년의 자료다. 현재는 선교 단체의 교회 설립이 답보상태다.

2018년 상반기에 필자가 몽골에서 현장 조사 때 포커스 그룹과 인터뷰를 했던 현지 지도자들과 대화하는 가운데 교회 설립이 저조하고 이미 설립된 교회들이 약해지고 있다는 보고를 받았다. 그 이유는 현지인들의 영적인 훈련의 결여와 지도자의 부재, 그리고 가장 심각한 것은 재정의 어려움이었다.

5) 팀으로서의 사역(Team Ministry)

교회 설립을 위해서는 팀으로 사역하는 것이 필요하다. 혼자서 일하는 영웅들은 소설에 나오는 주인공들뿐이다. 현실에서 일어나는 성취감 있고 의미 있는 이야기들은 언제나 팀워크를 이루어 전개된다. 그리스도 안에서 한 사람의 삶은 다른 사람들에 의해 배가된다. 명성에 대한 환상과 자기가 중요하다는 환상을 하나님께서 주시는 위대함과 축복으로 바꾸는 유일한 길은 다른 사람들과 협력하면서 행하는 것이다(윈터, 2005, 484). 교회의 본질 중 하나는 통일성과 연합이다. 에베소서 4장에도 연합과 통일성에 대해 언급하고 있다.

바울의 팀 구성원칙은 예수님이 열두 제자를 선택하여 팀으로 사역하는 원칙과 같았다. 예수님은 유대인들만 택하셔서 팀을 구성했고, 바울은 다른 형태의 팀 구성을 했다. 바울의 팀 구성원 중 바나바는 레위 족속이었고, 디모데는 혼혈 유대인, 디도는 헬라인, 누가는 이방인 의사, 소스데네는 회장장, 실라는 선지자 출신, 뵈뵈 그리고 브리스가 같은 여자도 있었다. 세나는 교법사, 아볼로는 알렉산드리아 출신 유대인, 가이오와 아리스다고는 마게도냐 출신, 두기고와 두로비모는 아시아 사람들이었다(글러서, 2006, 478).

바울은 팀으로 형성하여 한 지역에서 연합 선교를 감행했다. 그것은 삼위일체 연합의 의미이기도 했다. 교회가 세워지기까지는 혼자의 힘으로 되지 않는다는 것이다. 그래서 다르항시 YWAM은 팀으로 교회 설립 사역하는 것을 원칙으로 했다.

한동안은 팀으로 교회를 설립하니 조직적이고 체계적이라서 빠른 시일 내에 교회를 설립하게 되었고 장년부, 청년부, 주일학교까지 활발하게 운영하게 되었다. 그러나 한 지역에 파송하기까지 한 팀을 구성한다는 것이 쉬운 일이 아님을 발견하게 되었다. 왜냐하면, 한 가족과 싱글 한, 두 명이 팀으로 구성해서 교회를 설립하려면 현지인 지도자가 헌신하고 훈련받고 또는 교회 설립 사역자로 적극적인 헌신자가 있어야 한다.

또 다른 문제는 교회 설립 팀을 구성해서 보냈는데 조직적이고 체계적이라서 사역에 쉽지만, 팀 안에 갈등과 분열이 생겨 팀이 무너지는 상황이 일어나기도 한다는 것이다. 그러나 갈등의 좋은 소식은 갈등을 경험하는 팀들이 자기들의 문제를 직시하고 문제를 해결한다면 건설적이고 창조적이며 효과적인 대안을 발견하게 될 것이다(스테픈, 2012, 144). 갈등을 경험하지 않은 팀들은 큰 문제가 닥치면 팀들 전원이 난관에 봉착하게 될 것이다.

몽골 다르항 YWAM이 '인디저너스 처치' 설립 전략을 몇 해를 해보았지만 여러 측면에서 장단점이 발견되었고 교회 설립에 실제적인 대안은 아니었다. 이러한 변수들을 해결하기 위해 토착 교회 설립 방법의 변화가 필요했다. 다음 장은 '인니저너스' 처치를 설립 방법의 변화를 위해 현장 조사를 해서 신뢰성 있는 정보를 수집해서 해결점을 마련할 것이다.

제8장

인디저너스 처치 현장 연구
(Field Research for Indigenous Church)

우리는 1-6장까지 몽골 2대 도시, 다르항시 YWAM이 토착 교회 설립 운동을 촉진하는 단체가 되기 위해 인디저너스 처치 설립의 성경적 관점과 그에 관련된 주요 선교학적 이론과 개념들을 이해하며, 평신도 운동으로 본 몽골 토착 교회의 가능성을 보았다.

제6장에 다르항시 YWAM이 인디저너스 처치를 설립하기 위해 여러 사역을 진행해 봤는데 많은 열매를 보았음에도 불구하고 교회가 배가(Multiplication)되는데 시간이 오래 걸렸다.

그래서 이번 장부터는 그 선교학적 이론을 바탕으로 실제로 현장에 나가서 토착 교회 설립 실현 가능한가?

교회가 설립되면 그 교회가 다시 딸 교회를 설립하고 그 딸 교회가 손녀 교회를 설립하는 배가 운동이 일어날 수 있는가?

그 전략을 발견하고 새로운 방안을 제시하려고 한다. 필자는 먼저 몽골 현장에 나가서 설문 조사부터 시작했다.

설문 조사는 몽골 다르항시에 있는 YWAM 사역자들, RCA(Revival Church Alliance, 부흥 교회 연합회) 목회자들, 다르항 목회자 연합회의 목회자 중 102명의 목회자, 사역자들을 방문해서 실시했다. 개괄적인 자료 수집 이후 정확성과 타당성을 높이기 위해 심도 있는 설문 조사를 했다.

첫 번째 설문 조사는 40명을 대상으로 했고, 두 번째는 6개월이 지난 후 102명을 대상으로 했다. 세 그룹의 지도자와 인터뷰를 했고, 세 그룹과 포커스 그룹을 진행했다. 설문지를 작성하고, 인터뷰와 포커스 그룹을 마친 후의 피드백을 보았을 때, 이번 조사는 지난 번보다 깊은 신뢰성과 타당성의 결과를 가질 수 있음을 알았다.

설문지에 대한 심층 분석 자료를 더 수집하기 위해 3명을 선별해 인터뷰했다. 토착 교회에 대해 질문하면서 선교학적으로 아주 중요한 새로운 세 가지 사실들을 알게 되었다.

첫 번째는 초창기 선교는 선교사들에 의해 교회가 설립되고 성장했는데 이제는 현지인 지도자들을 통해 이루어지고 있다는 사실이다.
두 번째는 인터뷰 결과 랄프 윈터의 4P(Pioneer, Parents, Partner, Participants)를 진행하고 있다는 사실을 발견하게 되었다.
세 번째는 네비우스의 '3자 원칙'을 적용해서 토착 교회로의 행보를 끊임없이 하고 있다는 것이다.

앞으로 몽골 땅뿐 아니라 동인종 국가에도 토착 교회가 설립되기를 많이 기대하는 마음으로 설문 조사와 인터뷰, 포커스 그룹의 모임을 마무리했다.

설문 조사와 포커스 그룹을 통해 자료 수집한 결과, 인디저너스 처치의 성장을 방해하고 교회를 배가시키는 데 걸림돌은 영적 성장 프로그램의 부족과 미약한 재정 독립, 그리고 기존 교회와의 협력의 결여(찾아가는 선교, 찾아가는 지도력), 지도자 양성 프로그램의 결여라는 것을 발견했다. 다르항시 YWAM이 추구하는 토착 교회 설립 모델을 구축하기 위해 아래와 같은 설문 조사의 평가를 이해하고 실천해야 할 것이다.

1. 토착 교회의 '3자 원칙'에 대한 이해도

첫 번째 현장 연구의 목표와 질문은 다음과 같다.

- **목표**: 다르항시 YWAM이 설립한 토착 교회의 현황을 파악한다.
- **질문**: 다르항시 YWAM이 설립한 토착 교회의 현황은 무엇인가?

이 질문을 구체화하고 세분화해서 설문지를 만들어 조사를 했고, 인터뷰를 통해 여러 장, 단점을 발견하게 되었다. 연구의 목표 1에 대한 첫 번째 질문에 중요한 용어가 나온다. 그것은 '토착 교회의 3자 원칙'이다. 만약 토착 교회의 3자 원칙에 대한 의미를 모른다면 설문지의 결과는 필자가 기대한 것과 다른 결과를 초래하게 될 것이다.

대부분 지도자가 알고 있었지만, 필자는 토착 교회의 3자 원칙에 대한 정의를 제일 앞에 해 두었다. 그리고 '토착'이라는 말을 좀 더 쉽게 이해할 수 있도록 그들이 사용하는 용어들을 찾았다. 오랫동안 사역한 A 선교사는 토착을 '노타끄칠라흐'(Nutagchlah)라는 단어를 사용했다. 그 의미는 '지역을 구분하다'는 뜻이다. 또 다른 선교사에게 물어봤을 때는 '몽골칠라흐'(Mongolchilah)라고 했다. 그것은 '몽골스럽게'라는 의미이다. 나의 설문지 번역을 의뢰한 한몽 전문번역가인 T 자매에게 물어봤을 때 '노타크칠라흐'(Nutagshuulah)'라는 단어를 찾았다.

현재 몽골인들이 사용하고 있는 용어이며 외부의 것을 그 지역에 맞게 적용하기도 하고, 내부의 것으로 발전시켜서 자발적으로 자라고 번성할 수 있도록 처음에는 보살펴줘야 한다는 의미이다. 그리고 '3자 원칙'이다. 인터뷰나 포커스 그룹을 통해 발견한 것은 현재 몽골 현지 교회 중 여러 교회가 네비우스를 알지 못하지만 3자 원칙의 몇몇 부분은 실행하고 있다는 것이다.

토착 교회의 '3자 원칙'(교회의 자치, 자전, 자립)에 대한 이해도의 질문에 '매우 그렇다'가 32퍼센트였다. 토착 교회의 3자 원칙을 좀 더 깊이 연구해서 지역 교회에 맞는 토착 교회 전략을 세워나갈 필요가 있어 보인다. 몽골 다르항시의 YWAM 지도자들과 RCA의 목회자들, 다르항시 목회자 연합회의 목회자들 102명 중에 84퍼센트가 매우 잘 알거나, 잘 이해하고 있다고 답을 했다. 이 첫 번째 질문으로 필자는 다르항시를 중심으로 북방 지역에 교회들이 토착화하기가 쉽지는 않지만, 그 가능성을 보았다.

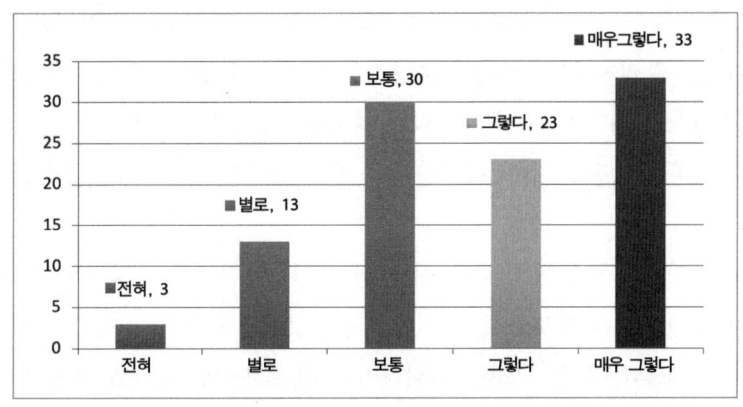

차트 A. 토착 교회의 3자 원칙 이해함 정도

3자 원칙이 토착 교회를 세우는 데 영향을 끼친다는 것을 대부분의 몽골 지도자가 이해하고 있었다. 그러나 교회가 토착화되는 속도가 느리다. 그러나 인터뷰를 통해 발견한 사실은 교회의 토착화되는 속도가 느린 이유가 지도자의 부재와 경제적 독립을 통한 공동체적 토착 선교가 이루어지지 않고 있다는 것이다. 그래서 몽골의 북방 지역의 복음의 확산과 교회 설립이 갈수록 어려움을 겪고 있다는 것을 발견하게 되었다.

2. 교회에 대한 헌신도와 참여도

현장 연구 목표와 질문은 다음과 같다.

- **목표** : 다르항시 YWAM이 설립한 토착 교회의 성장 요인을 연구한다
- **질문** : 다르항시 YWAM이 설립한 토착 교회의 성장 요인은 무엇인가?

다르항시 YWAM 선교 단체가 토착 교회를 설립하는 과정에 있어서 '3자 원칙'인 자치, 자전, 자립이 단계적으로 이루어지고 있다. 이 연구를 통해 장, 단점을 파악하고 효과적인 토착 교회 설립의 방향을 잡아갈 것이다.

여전히 풀리지 않는 부분이 포커스 그룹을 통해 발견되었다. 다르항시 YWAM을 통해 설립된 몇몇 교회가 자체적으로 성도들의 영적 성숙을 위해 진행하는 성경 세미나, 리더십 훈련 등을 진행하기 어려워하고 특히 재정적 독립을 하지 못하고 있다는 사실이다.

이번 질문들을 통해 교회에 대한 헌신도와 참여도에 대해 알아보고자 한다. 헌신도와 참여도를 통해 신앙심의 높낮이의 정보를 찾아낼 수 있다. 이 조사에 의해 토착 교회를 세워나가는 데 효과적인 전략을 세울 수 있다. 토착 교회의 전략인 3자 원칙 중 자립과 관련된 항목이다.

"우리 교회 성도가 주정 헌금과 십일조를 정기적으로 하고 있는가?"

이런 질문에 대해서는 긍정적인 응답이 나왔다. 그러나 인터뷰를 통해 여전히 성도들이 경제적인 어려움으로 인한 헌금 생활의 부담감을 가지고 있다는 것을 알게 되었다. 교회 자체에서 목회자의 사례금을 지급하는 부분도 쉬운 일이 아님을 발견하게 되었다. 목회자가 성도들의 직업 창출 및 사회 참여에 관해서도 연구할 필요성이 있다고 본다.

설립된 교회가 토착적 자전을 하려면 적어도 50퍼센트 이상의 성도들의 적극적인 교회 활동 참여가 필요하다. 그러나 이번 연구 조사 결과를 보면 교회 활동 참여도에 '매우 그렇다'가 19퍼센트밖에 되지 않는다. '보통

이다'를 표시한 설문 참여자는 51퍼센트이다. 각 교회 성도들의 참여도를 높이기 위해 연구할 필요가 있다.

교회 활동 참여를 통해 성도들의 헌신도를 볼 수 있고, 개인의 신앙 증진에 도움을 줄 수 있고, 자전하는 데 기초를 놓을 수 있다. 참여도와 헌신도를 구분했다. 헌신도는 조금 더 깊은 단계를 말하는데 헌신도에 따라 토착 교회의 재생산 가능성과 지도자 양성의 단계를 파악할 수 있다. 역시 교회 활동 참여도와 교회 헌신도의 차트를 볼 때 거의 비슷한 데이터가 나왔는데 '그렇다'가 각각 20퍼센트, 21퍼센트가 나왔다. 교회 활동 참여도가 하나님에 대한 헌신도를 높여줄 것이라는 결과를 엿볼 수 있다. 교회와 하나님에 대한 헌신도가 높기 때문에 자립의 가능성이 크다.

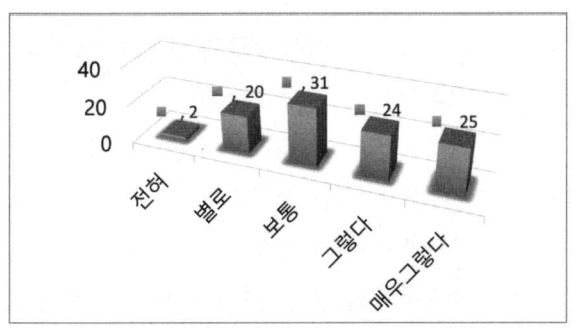

차트 B. 정기적인 주정헌금, 십일조

이렇게 자전과 재정적 자립을 하면 스스로 교회를 설립하는 단계에 이른다. 설문 응답자 중 39퍼센트가 설립을 한 경험이 없다는 것은 아직 자전 중이거나 자전에 대해 이해함이 없다는 것으로 본다.

그러나 5개 이상 설립한 교회가 27퍼센트, 3개가 13퍼센트, 2개 4퍼센트, 1개 17퍼센트의 결과는 긍정적으로 평가될 수 있다. 지 교회를 전혀 설립하지 못한 교회들을 위한 효과적인 토착 교회 전략을 연구할 필요가 있다. 교회는 자연적으로 성장한다. 다만 성령님께서 역사하실 수 있도록 교회의 영적인 분위기와 영적인 준비가 필요할 것이다.

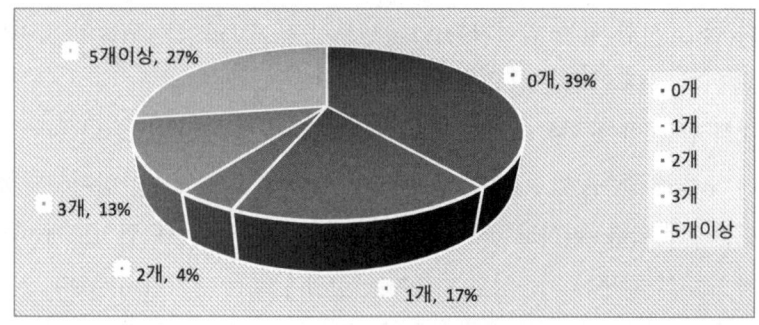

차트 C. 모 교회가 지 교회를 설립한 수

설문 조사 중 아주 흥미로운 질문은 바로 이것이었다.
"토착 교회 설립 전략 중 가장 영향력 있는 것은 무엇이라고 생각하십니까?"

이에 대한 가장 많은 대답은 리더십 훈련과 선교와 전도였다. 헌금 생활은 7퍼센트밖에 되지 않았다.

재정적으로 몹시 어려우면서 왜 이 질문의 응답이 대부분 리더십 훈련과, 전도 및 선교 활동이라고 생각하는가?

이 질문에 대한 인터뷰에 3명이 이렇게 답했다.

"선교사나 몽골 선배 목회자와 함께 사역할 때보다 재정적으로 부족한 것은 사실이지만 그럴 때마다 사람을 기대하지 않고 하나님을 바라보고 기도할 수 있어서 감사하다."

"다르항시 YWAM이 설립한 토착 교회의 성장 요소는 무엇인가?"

이 질문에 대한 가장 많은 응답은 '지도자 양성 훈련'이었다. 다르항시 목회자 연합회의 목회자들이 응답한 것들을 다시 확인하면서 균형 잡힌 전략이 필요하다는 결과를 수집할 수 있었다. 포커스 그룹에서는 이 이슈를 심도 있게 다루었다.

"다르항시 YWAM이 설립한 토착 교회의 성장 요소는 무엇이라고 생각하십니까?"

이에 대한 답으로는 지도자 훈련이 30퍼센트, 전도와 선교 27퍼센트, 성도들의 헌신적인 섬김이 21퍼센트, 예배와 설교 16퍼센트 그리고 헌금 생활이 6퍼센트가 나왔다. 그 답 중에 '지도자 훈련'이 가장 높은 응답으로 나왔기 때문이다. 이 외에도 이런 질문들이 있었다.

"어떤 프로그램인가?"
"지도자 훈련의 결과는 무엇인가?"
"쉽게 접할 수 있는가?"

RCA 목회자들은 YWAM에서 독립되어 자체적으로 운영된 지 8년이 되었고, 초창기에는 지도자 훈련의 중요성이 있고 사역해 왔지만, 시간이 흐를수록 지도자 훈련과 더불어 재정적 뒷받침이 얼마나 중요한지를 피부로 느끼기 시작했다며 쉬운 일이 아니라고 했다. 그래서 교회는 자비량 선교, BAM(Business As Mission)에 대해 연구를 하고 배우고 있다고 말했다.

현재 RCA 교회 중 실제로 교회 자체 운영은 되지만 목회자 사례금을 정기적으로 받지 못하는 곳이 여러 곳 있다. 목회자들의 사모가 아르바이트하면서 생활비를 충당하고 있다. 위와 같은 상황 가운데서 다르항시 YWAM의 토착 교회들은 건강하게 세워져 가고 있는지 보겠다.

3. 다르항시 YWAM의 토착 교회

현장 연구 목표 3의 목표와 질문은 다음과 같다.

- **목표** : 다르항시 YWAM이 설립한 토착 교회 사역의 한계성을 연구한다.
- **질문** : 다르항시 YWAM이 설립한 토착 교회 사역의 한계성은 무엇인가?

다르항시를 중심으로 설립된 교회들은 자치, 자전, 자립하는 토착 교회로서 다양한 전력을 가지고 사역하고 있다. 그러나 여전히 토착 교회로 거듭남에 한계성과 벽들이 있음이 발견된다. 기존 교회와의 협력은 잘 되는 편이나 지역 사회에 영향을 주는 것이 부족하다.

다르항시 YWAM은 2003년에 설립이 되었다. 현지인 사역자와 선교사 두 명에 의해 시작된 사역들은 확장이 되어 유치원, 제자 훈련학교, 구제 사역, 교회 설립 사역 등을 하게 되었다. 특히 교회 설립 사역은 활발하게 진행되어 RCA가 설립되어 현지인 목회자가 운영하고 있다.

토착 교회의 성장 요인이 있다면 방해 요인도 있다. 방해 요인을 극복해야 하고 성장 요인을 더 활성화할 필요가 있다. 다르항시 YWAM이 설립한 교회들의 토착화에 있어서 성장을 방해하는 요소는 재정의 어려움보다는 영적 훈련의 부족이었다. 의외로 교회가 빈민촌 지역에 있는 것은 문제가 되지 않았다.

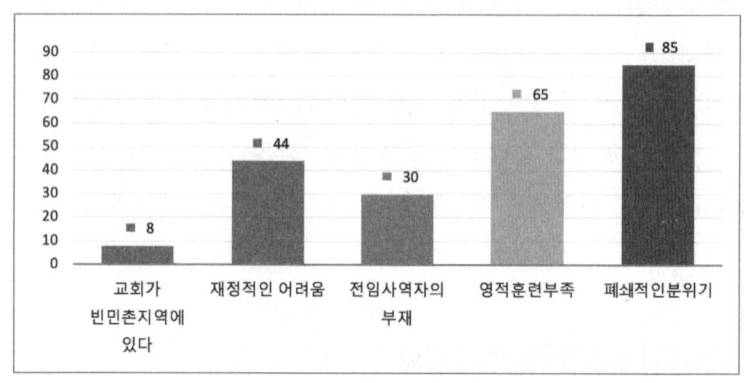

차트 D. 토착 교회 성장의 방해하는 요소

교회가 3자 원칙 중 자전의 역할을 활발하게 하면 그 교회는 토착화되고 있다고 볼 수 있다. 이번 설문 응답자, 지도자들의 응답은 전혀 복음 전도팀을 보내지 않는다는 것이 26퍼센트이고, 별로 보내지 않는다는 것이 23퍼센트이다. 매우 그렇다가 10퍼센트밖에 되지 않는다. 거의 복음 전도에 힘을 많이 쓰지 않는다는 정보다. 인터뷰에서 B 참여자는 선교에 도전을 어떻게 줘야 하는지, 선교 훈련을 어떻게 시켜야 하는지 모르는 교회들이 있다고 했다. 전도 선교팀을 전혀 보내지 않고 관심이 없으므로 교회의 본질을 잃어버릴 수 있으므로 전도와 선교에 대한 훈련이 시급하다.

다르항시 YWAM의 토착 교회 설립의 전략 중 한 가지는 기존 교회들과의 상호 협력이다.

"다르항시 YWAM과 기존 교회가 상호 협력을 잘하는가?"

이 질문을 통해 부족한 부분들이 발견되었다. 다르항에서 먼 지역에 있는 교회들을 적극적으로 협력하지 못한 이유다. 인터뷰 C 참여자는 YWAM 리더 중 한 사람인데 먼 지역에 적극적으로 협력하려면 기동성과 재정적 여유가 있어야 하는데 외국인 선교사가 떠난 이후에 많은 어려움이 있었지만 하던 사역의 문을 닫거나 중단하는 일은 없다고 했다.

모든 사역을 이양받은 후 1-3년 동안 많이 힘들었는데 현재는 회복 중이라고 조심스럽게 말했다. 앞으로 기동성과 재정적 여유를 가지기 위해서 효과적인 전략을 마련해야 한다고 제안했다.

이 책을 쓰는 목적을 다시 언급한다면 몽골 다르항시 YWAM에 적합한 토착 교회를 설립해서 몽골 북방과 동인종 국가에 건강하고 효과적인 토착 교회 모델을 제시하는 것이다. 그리고 한국교회 목회자 및 지도자와 파송된 해외선교사들과 현지인 지도자들이 인디저너스 처치 설립 방안을 배우고 실천해서 성경적 토착 교회가 세워지기를 바란다.

그러나 지속해서 연구하고 개발해야 할 과제는 이것이다.

"어떻게 타교회들이 다르항시 YWAM에서 설립한 토착 교회를 모델로 삼을 것인가?"

좋은 영향을 끼치고 실제로 도움을 받고 있음에도 모델로 삼겠는가의 질문에 대한 그들의 긍정적인 대답은 39퍼센트였지만, 전혀 관심이 없다가 15퍼센트로서 상당히 높았다. 여기서 다르항시 YWAM에 문제점을 발견하게 되었다.

"YWAM이 설립한 토착 교회를 모델로 삼겠다"라고 답한 응답자 A에게 이런 질문을 했다.

"왜 목회자들이 그렇다가 25퍼센트, 보통이다가 40퍼센트밖에 되지 않는가?"

그는 수년 전에는 교회 설립이 활발했는데 지금은 주춤하면서 교회 지도자들과 YWAM 지도자들이 탈진한 것 같다며 안타까워했다. 예전처럼 모든 전략을 다 사용해서 사역하고 있지만 조금 더 목회자의 재훈련과 쉼이 필요하다고 했다.

필자는 이 인터뷰를 통해 충격적인 사실을 발견했다. 그것은 바로 사역자가 쉼 없이 사역하면서 탈진이 온 것이라는 사실이다. 지도자들의 탈진은 리더십과 성도들에게 좋지 않은 영향을 끼친다. 그리고 목회자가 자기 계발과 훈련을 받지 않고 예전 것을 답습하고 있다면 그 사역과 교회는 발전하지 않고 멈추기 마련이다.

B 응답자는 이렇게 응답했다.

"몽골에 선교의 문이 열린 지 28년이 되었고, 교회는 600여 개, 해외선교사로 50여 명이 파송되었다."

여러 교단과 선교 단체가 몽골에 들어와 교회 설립을 해오고 있지만 다르항시 YWAM의 토착 교회 설립 전략을 배우고자 했다. 다르항시 YWAM은 제자 훈련, 성경, 신학, 지도자 훈련도 운영하고 있으므로 YWAM이 설립한 토착 교회 모델이 교회 성장에 효과적인 전략이라고 본다고 했다. 그리고 시골 지역의 교회 목회자, 지도자 훈련이 미약하므로 다르항 YWAM에서 지원해주는 것을 요청했다.

C 응답자는 YWAM이 설립한 토착 교회 전략의 모델로 북방 지역에 교회를 설립하는 데에 큰 도움을 받고 이로 인해 부흥을 경험하고 있다고 말했다. 특히 한 지역은 농업 지역인데 그곳에서 지 교회를 두 곳이나 설립해서 섬기고 있으며, 앞으로 해외 선교의 이상을 가지고 준비하고 있다고 했다. YWAM에서 시행하는 지도자 양성 프로그램과 가정 사역 프로그램

이 가장 큰 영향을 미치고 있다고 한다.

 이에 필자는 다르항시 YWAM의 교회 설립의 문제점을 발견하고 어떻게 하면 다르항시 YWAM이 설립한 교회들이 토착화되며, 주변의 타교회들이 토착 교회 설립 모델로 삼고 진행할 수 있을지를 연구하기 시작했다. 그 목적으로 여러 가지 전략을 추진해 보았다. 예를 들면 해외 단기 선교팀들이 현지 교회가 운영하기 어려운 세미나, 건축 사역, 구제 사역, 교육 사역 등에 도움을 주면서 현지 평신도 지도자들이 스스로 운영할 수 있도록 기초를 마련해 주었다. 포커스 그룹에 해외 단기 선교팀이 여러분의 지역에 온다면 환영할 것인가를 물었는데 모두가 마다하지 않았다.

 심지어 필자에게 해외 단기 선교팀을 연결해 달라고 도움을 요청했다. 현지 지도자가 5년 동안 복음으로 만나는 사람들보다 단기 선교팀이 2-3주 동안 만나는 숫자가 더 많고 열매도 더 많다. 일단 복음 안에 들어오면 현지 목회자가 이들의 신앙생활을 전심으로 돌본다. 단기 선교팀이 전임 사역자의 사역에 박차를 가하는 일이 된다(깁슨, 1994, 35).

 다르항시 YWAM의 설립한 교회가 토착화하는 데 큰 공헌을 할 수 있는 전략은 평신도 지도자를 발굴하여 훈련하고 세워서 교회 설립지로 파송하는 일이다. 1991년 몽골 공산주의가 무너지고 복음이 들어오면서 교회는 설립되기 시작했다. 그때부터 현재까지 '평신도 선교 운동'으로 많은 교회가 설립되었다. 설문 응답자의 71퍼센트가 평신도 선교 운동, 지도자양성 프로그램의 중요성을 말했고 긍정적인 대답을 했다. 포커스 그룹에서 토론 중에 평신도 선교 운동의 중요성을 언급했지만 앞으로 교회 지도자, 목회자의 정의가 어떻게 될지 궁금하다며 이야기를 꺼냈다.

 몇 년 전에 '몽골복음주의협의회'(Mongolian Evangelical Alliance: MEA)와 목회자 연합회에서 한 가지 결정한 것이 있는데 그것은 기본적으로 4년제 성경 학교, 신학교를 마친 자에게 목사 안수 및 인준을 해 주겠다는 것이었다.

다른 한편으로 한국이나 서양의 모순된 기독교 문화가 몽골에 정착하지 않을까 염려하는 소리도 있었다. 세계 기독교 역사를 볼 때 평신도 선교 운동이 큰 영향을 끼친 것은 사실이다. 평신도 선교 운동의 역사적인 사실과 정보를 가지고 현재 다가오는 21세기 선교 전략에 접목할 필요가 있다. 그 전략을 통해 토착 교회 설립과 부흥이 올 수 있도록 해야 할 것이다.

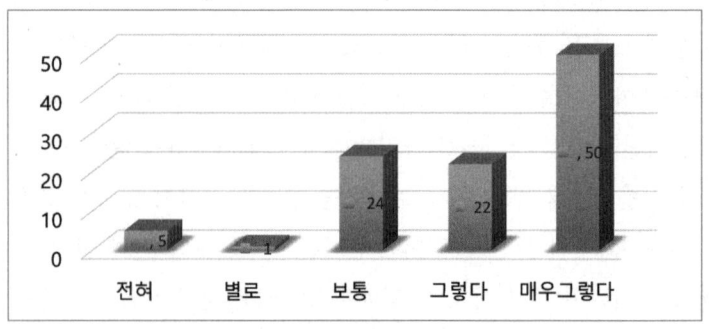

차트 E. 평신도 선교 운동, 토착 교회의 설립과 부흥 역할

그러나 다르항시 YWAM이 설립한 교회가 토착 교회 되는 것은 한계가 있다. 평신도 선교 운동의 중요성을 알지만, YWAM이 설립한 교회가 토착화로 가는 것을 방해하는 것은 동역자와 지도자를 세우는 데 중점을 두지 않는 일이다. 지도자 양성 프로그램은 토착 교회 설립을 위해서는 무엇보다도 필요한 전략이다. 다르항시 YWAM 지도자의 인터뷰에서 그들의 의견을 많이 수렴했다. 요즘 YWAM에서 훈련받아 사역자로 지원해서 사역하는 사람들이 있는데 그 사역자 중에 장기로 헌신하는 사역자 비율은 30-40퍼센트밖에 되지 않는다고 한다.

나머지는 1-3년 정도 사역하고 고향으로, 본 교회로, 직장으로 돌아간다고 한다. YWAM은 사람을 남겨야 한다. 장기 사역자를 양성해야 한다. 앞으로 계속되는 토착 교회 설립을 위해서라도 지도자 훈련은 필요하다. 다음은 지도자 양성 프로그램에 관한 연구 자료이다.

4. 지도자 양성 프로그램

현장 연구 목표 4는 목표와 질문은 다음과 같다.

- **목표** : 다르항시 YWAM의 토착 교회 설립을 위한 지도자 훈련 프로그램을 연구한다.
- **질문** : 다르항시 YWAM의 토착 교회 설립을 위한 지도자 양성 프로그램은 무엇인가?

YWAM에서는 교회를 설립하기 위해 제자 훈련, 지도자 훈련, 성경 훈련, 선교 훈련, 영성 훈련 프로그램을 진행해 왔고, 타교회의 필요에 의해 직접 사역자들이 가서 세미나를 운영하여 그 프로그램이 정착될 수 있도록 인도해 왔기 때문에 타교회에 토착 교회 설립 및 성장에 영향을 미쳤다.

포커스 그룹에서 중요하게 거론된 것은 바로 '지도자 양성 프로그램'이다. 다르항 목회자 연합회 목회자들은 지도자 양성 프로그램을 교회마다 하면 좋겠다는 의견을 내놓았다. 교회마다 리더십이 보통 적게는 3명 많게는 10명 정도 있다. 그 지도자들은 셀 리더, 공동체 책임자, 사역 책임자들인데 앞으로 목회의 길을 가거나 선교사로 나갈 사람들이 대부분이다. 그래서 지금부터 지도자 훈련을 시켜서 시골 지역에 교회를 설립할 수 있도록 준비해야 한다고 나누었다.

또한, 성경 학교와 더불어 신학 공부도 간과할 수 없다고 말했다. 시골 교회이기 때문에 배우는 것을 두 번째로 미룬다면 앞으로 교회와 개인의 성장은 장담할 수 없으므로 실제적인 지도자 양성 프로그램의 필요성과 중요성을 연구하고, 다양성과 한계성을 분석하게 될 것이다.

설문 응답자들 중 84퍼센트가 다음과 같은 답에 표기했다.
"지도자 양성 프로그램은 우리 교회가 토착 교회로 전환하는 데 도움이 된다."

인터뷰 중 한 참여자는 지도자 양성 프로그램이 얼마나 중요한지를 나누면서 아쉬움을 토로했다. 지식적으로는 중요성과 필요성을 알지만 실제로 본인이 소속된 교회는 지도자 양성 프로그램과 더불어 여러 가지 통합적인 전략들이 필요하다고 말했다. 예를 들어, 지도자 훈련을 받으면 다 문제 해결이 될 것 같았는데 그 다음에는 재정이 문제였고, 재정이 해결되면 문제가 모두 해결될 것 같았는데 이후에도 다른 문제들이 계속해서 나타나 교회 운영 및 경영을 효과적으로 하고 싶다고 나누었다.

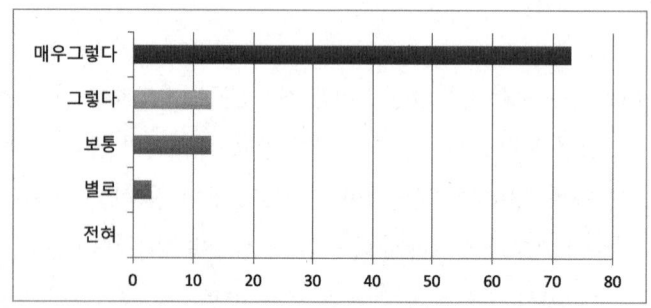

차트 F. 지도자 양성 프로그램=토착 교회로 전환

더 놀라운 결과는 지도자 훈련으로 교회의 영적, 수적인 증가가 된다는 응답으로 98퍼센트 긍정적인 답변을 얻었다. 이런 자료 수집 결과를 볼 때 대부분 목회자는 지도자 훈련에 관한 관심이 지대하다는 것을 발견할 수 있다. 토착 교회의 설립을 위한 효과적인 전략으로 지도자 훈련과 지도자 양성 프로그램은 앞으로 체인지 다이나믹스(Change Dynamics)에서 다루게 될 것이다. 설문 조사가 끝나고도 여러 명이 모여서 지도자 훈련 프로그램 개발에 관해 이야기를 나누었다.

포커스 그룹에서는 지도자 훈련의 중요성과 필요성을 간단하게 언급한 후 의외로 지도자로서의 준비, 부르심, 역할, 비전, 목표, 성품 등에 대해 오랫동안 토론을 했다. 본인들이 지도자, 목회자로서 사역하면서 실수한 것, 모순된 것, 무지했던 것들을 겸허하게 나누고 받아들였다.

제8장 인디저너스 처치 현장 연구(Field Research for Indigenous Church) 171

다른 한편 우리 교회가 토착 교회라고 확신하는 목회자들은 대부분 지도자 훈련을 받았으며 그들도 본 교회에서 지도자 양성 프로그램을 운영한 경험이 있었다. 지도자 훈련을 받았다고 하는 목회자가 92퍼센트로, 지도자 훈련을 받고 양성 프로그램을 운영한 목회자들의 교회들은 토착 교회로 향하고 있음을 발견할 수 있어야 한다. 그러나 결과를 보면 36퍼센트가 개교회에서 지도자 양성 프로그램을 운영해 본 경험이 없음을 알 수 있다. 포커스 그룹 C에서는 YWAM의 지도자훈련학교(Leadership Training School)에 관해 관심 있게 질문하며 교회에 접목할 수 있는지 요청했다.

설문 조사에 응한 102명의 목회자는 토착 교회 설립을 위한 지도자 양성 프로그램 중 가장 효과적인 전략으로 지도자훈련학교와 제자 훈련학교를 꼽았다. 포커스 그룹에서 지도자훈련학교와 제자 훈련학교에 관해 토론하면서 출퇴근 식의 공부와 훈련도 중요하지만, 공동체 의식을 가지고 어느 기간 동안 모여서 지도자 훈련과 제자 훈련을 함께 하는 것이 더 효과적이라고 의견을 모았다. 포커스 그룹 중 70-80퍼센트가 예전에 공동체 훈련 및 지도자 훈련을 받았다. 다음은 현장 연구를 통해 나타나는 현상과 해석, 그리고 결론을 살펴보자.

5. 현장 연구의 해석과 결론

토착 교회 설립을 위한 현장 연구는 깊이 있고 신뢰 있게 진행되었다. 설문 조사와 인터뷰, 포커스 그룹은 현장의 목회자, 평신도 지도자들로 구성되었기 때문에 실제적인 경험과 데이터에 의해 진행된 것이라 신뢰성이 있다고 본다. 현장 연구의 해석과 결론 부분을 꾸러미별로 나열했다.

1) 필요 정보 꾸러미 1 : 토착 교회의 '3자 원칙'에 대한 이해도

이에 관한 질문들의 해석과 결과는 다음과 같이 정리할 수 있다.

첫째, 토착 교회를 어떻게 이해하고 있는가에 관한 질문인데 몽골 목회자 중에 충분히 이해하고 접목하는 목회자들이 있는가 하면, 전혀 알지 못하지만, 토착 교회로서 역할을 하는 교회를 발견했다. 그래서 몽골 교회의 미래는 긍정적이다. 그러나 토착 교회에 대한 이해와 토착 교회에 대한 자부심이 높은 것에 비해 선교학, 성경학, 신학에 대한 지식의 결여가 있다는 정보를 수집할 수 있었다. 특히 시골 지역의 목회자들은 양질의 교육이나 양육을 받지 못하고 방치되어 있다는 사실도 설문지 및 인터뷰를 통해 알게 되었다.

둘째, '3자 원칙'과 이것을 창시한 네비우스를 알지 못함에도 불구하고 여러 몽골 지도자들이 3자 원칙대로 사역하고 있었다. 그들은 스스로 교회의 시스템을 구축하고 프로그램을 운영하며, 복음 전파에 앞장서고 있다. 이런 유형을 볼 때 몽골의 여러 지역에서 현지인 교회가 자전, 자치, 자립의 '3자 원칙'을 이행하고 있다는 것을 설문 조사, 인터뷰와 포커스 그룹을 통해 발견할 수 있었다. YWAM은 토착 교회와 3자 원칙에 대하여 모르는 교회를 대상으로 교육하는 방법을 연구, 개발해야 할 것이다.

셋째, 우리 교회는 토착 교회로서 만족하고 있다는 긍정적인 대답이 73 퍼센트가 나왔다. 고래로 몽골인들은 진취적인 기질을 가지고 있다. 그것은 지도력이 있음을 의미하는 것이다. 하나를 배우면 여러 가지를 스스로 감행하는 성향이다. 수동적이 아니라 능동적이다. 그래서 지금 본인 교회가 얼마나 자랑스러운지에 대해 표현하고 싶어 한다. 이것은 긍정적인 측면이 있는가 하면 민족주의와 국수주의의 부정적인 측면도 포함한다. 지도자의 영적인 겸손함과 성령님의 도우심이 필요하다.

2) 필요 정보 꾸러미 2 : 교회에 대한 헌신도와 참여도

이에 대한 해석과 결과는 다음과 같이 정리할 수 있다.

첫째, 교회에 대한 헌신도와 참여도는 도시에서 지방으로 갈수록 높은 편이다. 공적인 예배와 교회 활동에 적극적이며 한 두 달 전부터 준비해서 솔선수범한다. 재정적으로 어렵지만, 성도들의 헌신과 섬김이 사역을 이끌어가는 동력 중 하나다. 그래서 그런지 목회자들이 토착 교회 전략 중에 재정의 순위가 낮은 측에 속해 있었던 것 같다. 반대로 도시의 헌신도와 참여도가 비교적 낮은 이유는 도시화에 따라 바빠지는 삶과 경제적인 압박감이 신앙생활에 걸림돌이 되어 성도들과 교회에 큰 장애물이 되기 때문이다.

둘째, 토착 교회를 세우기 위해서는 전략적으로 접근해야 한다. 토착 교회 설립을 위한 전략으로 응답자들은 리더십 훈련 35퍼센트, 전도 및 선교 활동 34퍼센트라고 대답했고 나머지는 지역 사회 개발 3퍼센트, 교회 활동 21퍼센트, 헌금 생활 7퍼센트다. 여기서 놓치지 말아야 할 것이 바로 지역 사회 참여 및 개발이다. 교회가 있는 지역의 주민들과 동장, 이장, 군수들과의 관계를 잘하는 것이 교회가 유지되는 데에 큰 역할을 한다. 몽골에서는 1년에 한 번씩 교회 등록 연장을 해야 한다. 연장해주는 기관은 군청과 시청이다. 그들이 등록 연장을 해주지 않으면 교회 운영을 사실상 못한다.

셋째, 다르항시 YWAM은 교회를 설립하기 전에 반드시 지역 조사와 더불어 그 지역장과의 관계를 형성하며 그 지역에 미치는 선한 영향에 대해 나눈다. 전도와 선교 활동이 34퍼센트인데 많이 약한 편이다. 교회의 존재 이유는 복음 전도다. 복음 전도를 해야 교회의 목적이 달성되는 것이다. 지도자 훈련, 지역 사회 참여 및 개발 등을 하는 근본적 이유는 복음 전도다.

넷째, 교회가 세워진 위치 중 아파트 지역이 56퍼센트였다. 이 결과를 볼 때 교회의 부흥과 성장에 교회의 위치가 영향을 미치는 것이 사실임이 드러난다. 상가 지역이나 목축 지역, 농업 지역 등은 특수 지역으로 분류해야 할 정도다. 초창기 선교사나 현지인 목회자들은 빈민 지역에 교회 설립을 많이 하지만 도시가 점점 커지고 현대화되어감에 따라 교회 설립도 대도시 중심으로 세워지고 있다는 사실이 발견됐다. 도시 중심적으로 대형 교회가 형성되어 있는데 그 교회들이 도시 이외의 지역에 토착 교회를 설립하는 전략을 구상하고 추진해 나가야 할 것이다.

3) 필요 정보 꾸러미 3 : 다르항시 YWAM 토착 교회의 질문

이에 대한 해석과 결과는 다음과 같이 정리할 수 있다. 다르항시 YWAM이 설립한 토착 교회 사역의 한계성에 관한 연구이다.

첫째, 토착 교회의 방해 요인을 잘 파악해서 수정, 보완한다면 성장으로 좀 더 다가갈 수 있을 것이다. 영적인 훈련의 부족이라는 것은 지도자의 훈련 부족과 직결된다. 지도자가 영적인 훈련을 받으면 훈련받은 내용을 성도들에게 잘 전달할 필요가 있다. 그리고 지도자들과 성도들의 개인의 영성 생활을 어떻게 해야 하는지 교육의 필요성이 발견되었다.

둘째, 다음 두 질문은 "토착 교회 설립 전략 중 가장 영향력 있는 것은 무엇이라고 생각하십니까?", "다르항시 YWAM이 설립한 토착 교회들이 사회에 선한 영향을 준다?"는 서로 조금 차이가 있다는 것을 발견했다. 선 질문에 대한 응답 중 토착 교회 전략 중에 지역 사회 참여나 개발의 응답이 3퍼센트 밖에 나오지 않았다. 그러나 후 질문에 대한 응답에 의하면 YWAM의 토착 교회들이 지역 사회에 끼치는 영향이 대단하다는 것이 드러난다.

그럼 왜 이런 간격이 존재하는가?

그것은 영향력이 크다고 인정은 하지만 실제로 지역 사회 참여 및 개발을 토착 교회 전략으로 사용하고 있지 않기 때문이다. 각 교회가 복음을 전하고 사회에 선한 영향을 끼치려면 지역장과 지역 주민을 잘 섬기는 것이 필요하다.

셋째, 다르항시 YWAM은 다르항시에 있는 교회들과 북방 지역에 있는 타교회들과 상호 협력을 하고 있다. 선교 단체가 교회를 설립하고, 이미 한 지역에 교회가 세워져 있으면 그 교회에 필요한 부분의 정보를 얻어 지속해서 지원하며 건강하게 세워질 수 있도록 협력하는 것이 다르항시 YWAM의 전략 중 한 가지다. 무엇보다도 "평신도 선교 운동이 토착 교회 시작의 요인이 된다"라는 질문에 80퍼센트 이상이 긍정적인 응답을 해서 몽골 교회의 설립 사역은 전망이 있다고 본다. 앞으로 토착 교회를 설립하려는 교회에는 평신도사역자들을 일으키고 훈련하여 교회의 기둥 역할을 할 수 있도록 돕는 것이 필요하다.

넷째, 설문지의 참여자는 총 102명이었고 이 중에서 남성이 47퍼센트, 여성이 53퍼센트였고, 기혼 목회자가 72퍼센트, 미혼 목회자가 7퍼센트, 편모 편부 목회자가 21퍼센트였다. 연령 별로 보면 40대가 25퍼센트, 30대는 46퍼센트, 50대는 21퍼센트, 20대는 8퍼센트였다.

결혼해서 가정을 이룬 목회자들의 교회들이 안정적으로 성장하고 있다는 것을 발견했다. 보통 선교 단체훈련 그리고 선배 목회자에게 받는 훈련들은 부부가 같이 받는 경우가 대부분이다. 그러나 성경 학교나 신학교 공부는 남편이 혼자 공부를 하고 아내는 목회의 조력자로서 교회의 행정 일이나 심방 하는 일을 담당하고 있다.

목회자의 아내가 함께 사역하게 될 경우 최소한 성경 학교나 선교 단체 훈련을 받는 것이 좋다. 목회자, 지도자의 교육 정도를 알아보는 세션에서는 남성 목회자의 교육 정도가 높은 편이었다.

4) 필요 정보 꾸러미 4 : 지도자 양성 프로그램에 관하여

이에 대한 질문의 해석과 결과는 다음과 같이 정리된다.

첫째, 토착 교회를 세우기 위한 지도자 양성 프로그램의 필요성(87퍼센트)에는 동의하지만, 교회 상황이나 현지 상황이 허락하지 않아 못하는 경우도 많다. 예를 들어 지역적으로 가까운 거리가 아니라서 어려움이 많다. 선교 단체나 지도자 양성 프로그램이 가능한 교회들이 직접 방문해서 지원하는 전략적 방법을 고안해 냈다. 실제로 지도자 훈련을 받은 목회자들의 교회는 영적인 수준과 수적인 증가를 경험하고 있다. 수적인 증가는 지역마다 상황마다 다를 수 있다.

둘째, 목회자의 정체성은 하나님으로부터 세워진다. 목회자, 사역자가 되기 위해서는 부르심이 반드시 필요하다. 목회자 개개인들을 만나보면 목회의 정체성이 흔들리는 목회자의 교회는 영적, 수적, 행정적으로도 불안정한 부분이 발견되었다. 정체성이 분명한 목회자는 하나님으로부터 '사랑을 받은 자' 라는 긍정적인 생각을 가지고 있다(라이트, 2002, 26). 신(新) 다르항에 있는 A교회 목회자는 지도자 훈련을 본인이 받았을 뿐 아니라 직접 교회에 접목해서 운영한다. 성도들은 그 훈련을 받고 헌신도와 참여도가 더 높아졌으며, 수적으로도 증가 추세를 보인다.

지금까지 설문 조사, 심층 인터뷰, 그리고 포커스 그룹을 통해 얻어 낸 결과들을 해석하고 그에 따라 결론을 내렸다. 성도들이 고향을 떠나지 않고 현장에서 지도자 훈련을 받고 교회 지도자가 된다면 3자 원칙에 의한 선교는 이루어질 것이다. 다르항 YWAM에서 찾아가는 선교, 찾아가는 리더십을 발휘해야 할 것이다. 다음 장은 이를 위해서 파일럿 프로젝트를 가동할 것이다.

제9장

파일럿 프로젝트
(Pilot Project, Simulation)

다르항시 YWAM은 찾아가는 선교, 성령님의 역사, 평신도선교, 동반 협력을 통해 '인디저너스 처치'(Indigenous Church) 설립에 관한 파일럿 프로젝트 연구 설계를 하고 실행에 옮겼다. 다르항시 YWAM은 건강하고 혁신적 토착 교회(Indigenous Church)를 설립하기 위해서 로버트 클린턴(Robert Clinton)의 '지도자 평생 개발론'을 기초로 오토 샤머의 'U 프로세스 이론'을 효율성 있게 파일럿 프로젝트에 접목, 실시해서 토착 교회 설립 방안 모델을 제시한다. 토착 교회 설립을 위한 단기 지도자 양성 프로그램(short-term leadership training program)을 개발해서 어떤 교회 지도자든지 어렵지 않게 자기가 소속한 교회에 접목할 수 있도록 하는 것이다.

각 교회 지도자들은 토착 교회에 대한 구체적인 선교학적 정의와 이론들, 성경적 기반이 되는 지도자 훈련, 전략적 원리들을 배울 필요가 있다. 그리고 목표 지향적이며 관계 중심적인 사역이 진행되도록 선교 단체, 다르항시 YWAM과 '부흥 교회 연합회'가 중심이 되어 새로운 패러다임으로 전환할 수 있는 대안을 모색한다. 교회마다 토착 교회로 발전하는 데 방해가 되는 요소들을 파악하고 현지에 맞는 '맞춤 선교 패러다임(수신자 지향적인)'을 접목하는 훈련을 시키는 것이다.

이번 연구의 파일럿 프로젝트는 '단기 지도자 양성 프로그램'인 'Mobile DTS'를 한 지역 교회에 효율성 있게 실행 운영해보는 것이다. 그것을 하기 위해서 YWAM의 사역자들과 RCA 교회 설립 리더들과 만나 Mobile DTS에 관한 전반적인 계획과 전략을 나눈다. 또한, 설립된 교회들이나 단기 지도자 양성 프로그램이 필요하다고 요청하는 교회들을 방문, 담임 목사들과 심층 인터뷰하고 토착 교회의 성장 요인과 방해 요인을 구체적으로 파악해서 필요한(felt needs) 부분을 지원하고 자립 사역으로 전환하는 전략을 나눈다.

다르항시 YWAM에서 매년 두 번씩 실시 되는 제자 훈련학교(24주:12주 강의, 12주 전도 실습)를 단기 프로그램으로 재편성해서 실제적인 열매가 나올 수 있도록 시뮬레이션을 실행한다. 그것은 여름방학 때 2-3주간 '미니 제자 훈련학교'(mini DTS)를 실시해 가능성과 효율성을 점검하고 평가하는 것이다.

그 후에 8주간의 가장 주요한 주제들을 선별해서 Mobile DTS로 확장한다. 각 교회의 직장인들을 위해 주말을 이용해서 Mobile DTS를 한다면 교회 성장에 큰 효과를 줄 것이다. Mobile DTS의 매뉴얼을 부록으로 첨부한다.

1. 토착 교회 설립을 위한 변화의 이론들

토착 교회 설립을 위한 변화의 이론들은 로버트 클린턴의 지도자 평생 개발론, C. 오토 샤머의 'U 프로세스 이론', 볼만과 딜의 '조직 리프레이밍 이론', 존 코터의 '8단계 이론', 로널드 하이페츠의 '적응 리더십 이론' 등이 있다. 필자가 나열한 여러 가지 이론 중에 파일럿 프로젝트에 로버트 클리턴의 지도자 평생 개발론과 오토 샤머의 U 프로세스 이론을 접목할 것이다.

이 두 가지 이론이 다르항시 YWAM이 추구하는 토착 교회 설립 방안 이론으로서 적합한 이유와 다른 3 가지 이론이 적합하지 않은 이유를 알아볼 것이다.

1) 지도자 평생 개발론

로버트 클린턴은 이렇게 말한다.

> 리더십은 근본적으로 한 개인에 의해서 지속하는 리더십 행위를 뜻한다 (클린턴, 2011,63).

지속해서 어떤 집단이나 개인에게 영향을 주어 따르는 사람들이 그 영향권 안에 있는 것은 리더가 리더십을 발휘하기 때문에 가능한 것이다. 어떤 목표를 설정해서 추종자들에게 영향을 주어서 바라는 목적이 달성되며 지도자와 추종자들 간에 신뢰가 형성되고 서로 혜택을 주는 것을 리더십이라고 말할 수 있다. 지도자와 추종자들 간에 신뢰를 형성하기 위해 클린턴은 네 가지 성경적 리더십 모델을 제시했다.

(1) 네 가지 성경적 리더십 모델

첫째, 청지기 모델(The Stewardship Model)이다.
지도자에게는 자신의 사역을 하나님께 보고해야 할 책임이 있다. 사역 도전, 과업, 과제는 궁극적으로 하나님에게서 나온다. 하나님은 지도자가 리더십 영향력과 추종자들의 성장과 행동에 대한 책임을 지도록 보내신다.

둘째, 섬기는 지도자 모델(The Servant Leader Model)이다.
하나님 나라의 위대한 지도자들에 대한 중요한 자질에 대한 예수님의 가르침의 중심 취지가 잘 드러난다. 이것은 '찾아가는 선교'를 의미한다. 리더십은 일차적으로 먼저 하나님께 드려지는 섬김으로, 이차적으로는 하나님의 백성들을 섬김으로써 수행한다.

셋째, 목자형 지도자 모델(The Shepherd Leader Model)이다

이 모델은 성경에 나오는 다양한 목자와 양 비유 가운데 드러나는데, 이 것은 추종자들에 대한 돌봄으로 가르치시고, 모델을 보여주시는 예수님 자신의 중심적인 가르침에 근거가 된다. 목자형 지도자는 각각의 추종자 들에게 개인적인 하나님의 나라 성장을 중요하게 여긴다.

넷째, 추수꾼 지도자 모델(Harvest Leader Model)은 성장에 관한 농사 비유 가운데 드러나는 바와 같이 새로운 구성원을 하나님의 나라 안으로 불러 들임으로써 그 나라를 확대하고자 하시는 예수님의 가르침의 중심 취지에 토대를 둔 목회 철학 모델이다(클린턴, 2011, 83-98).

이상 네 가지 리더십 모델은 일종의 습득된 은사들이라고 할 수 있다. 이와 같은 은사들을 발견하고 만들어가는 것은 지도자의 필수 요건이다(클 린턴, 1997, 102-03).

네 가지 리더십 모델 중 섬기는 지도자의 모델과 목자형 지도자 모델은 다르항시 YWAM 리더십들에 필요한 부분이다. 다르항시 YWAM의 교회 설립 리더들이 개척과 추진력은 있지만, 책임감과 낮은 자세로 섬기며, 구 성원을 돌보는 섬세한 부분을 놓치고 있다는 것을 발견했다. 평생 개발론 을 소개하고 가르쳐서 효과를 극대화한다면 많은 열매를 볼 수 있을 것이 다. 추수꾼의 지도자 모델, 수확하고 확장하는 지도력을 더 연구하고 접목 을 하게 된다면 교회 설립과 교회 성장도 보게 될 것이다.

클린턴은 "사역은 존재로부터 흘러나온다"라고 강조하면서 은사는 그 존재됨의 중요한 요소라고 언급했다. 지도자 개발의 핵심은 은사 개발이 라는 것이다. 은사는 세 종류로 나눌 수 있는데 타고난 은사, 습득된 은사, 그리고 영적인 은사다. 하나님께서는 신자를 독특한 존재로 만들기 위해 다양한 활동을 하신다. 하나님은 하나님의 나라에서 그분의 목적하신 것 을 섬기도록 그 독특함 또는 존재됨을 사용하신다(클린턴, 2005, 23).

클린턴은 네 가지 성경적 리더십 모델을 제시했다. 이 네 가지 모델을 실행하고 있는 지도자들이 자기가 어떤 은사가 있는지, 실제로 지도자가 어떤 모델인지도 모른 상태에서 사역하고 있는지도 모른다.

그래서 다르항시 YWAM에서 토착 교회를 설립하려고 하는 지도자들은 본인의 은사, 재능이 무엇인지 연구하고 개발해야 하며 더 나아가서 추종자들이 효과적인 토착 교회를 설립하도록 자신의 은사와 재능에 대해 깊은 이해를 주어야 할 것이다. 로버트 클린턴의 지도자 평생 개발론은 3자 원칙에서의 '자치'의 역할이라고 볼 수 있다. 다음은 U 프로세스를 통해 토착 교회가 형성될 가능성을 보겠다.

2) U 프로세스에서 본질을 찾아

'U 프로세스 이론'은 C. 오토 샤머를 중심으로 주창된 이론으로서, 개인이나 조직, 사회 전체에 출현하려고 하는 미래에 대한 실마리들을 인식하고 인식된 실마리들을 확대 재생산, 그리고 확장해 나갈 수 있는 이론이며, 이에 대한 실천적 전략 및 실천 방법론이다. U 프로세스는 어떤 조직이나 개인이 기본 가치와 깊은 연관성을 가지고 제도화된 구조를 역동적인 구조로 변화시키기 위한 기본적인 원리와 방법을 제공한다.

Presencing(프리젠싱)은 presence(현재)와 sensing(미래의 가능성을 감지하는 것)을 합친 말로 '미래의 가장 큰 가능성을 감지하고 현실화하는 것, 즉 출현하기를 원하는 미래의 공간에서 활동하는 것'을 의미한다. 이것은 다니엘 골먼이 말한 '전망 제시형'이라고 할 수 있다. 전망 제시형은 사람들과 꿈을 공유하며 미래 지향적이고 긍정적이다. 변화에 대한 새로운 전망이 요구될 때나 뚜렷한 방향성이 요구될 때 행동으로 옮기는 것이다(골먼, 2003, 102).

U 프로세스의 첫 단계는 내려받기, 즉 다운로딩(downloading)이라고 부른다. 내려받기란 습관적인 행동과 생각을 뜻하며, 늘 같은 행동과 결과로 이어진다. 이 단계에서는 버릇이 된 습관과 과거의 경험 때문에 그 외의 이야기는 귀에 들어오지 않는다. 반면에 프리젠싱은 관심의 폭이 확대되

고 새로운 현실이 시야에 들어와 있는 상태라 할 수 있다. 이 단계에서는 자기 생각 밖의 이야기에도 귀를 기울이게 된다. 우리 자신이 더욱 확대된 주변 영역과 긴밀하게 연결된 상태로 움직이고 있다는 느낌이 든다.

U 프로세스 이론의 기본적 개념은 사람이나 조직은 '내면에 대한 자아 인식'이 선행되지 않고서는 본질적인 혁신과 다가올 미래에 대한 변화를 이루어낼 수 없다는 것이며, 이에 대한 가장 중요한 운동으로서 '자아를 찾아가는 과정'을 핵심적인 변화의 과정으로 제시한다. 또, 이 과정에서 존재 의식을 개인뿐만 아니라, 조직의 구성원들과 함께 찾아가면서 조직과 공동체의 목적을 재설정하는 원형을 만들어서 그들의 구조와 실천을 변화시켜가는 과정을 지향한다.

변화의 깊은 지점(U자의 바닥)에 도달하려면 먼저 생각과 가슴과 의지를 활짝 열고 U 자를 따라 내려가야 하며, U자의 바닥에 있는 바늘구멍을 통과한 뒤, 다시 U자를 따라 올라가 새로운 것들을 현실화해야 한다. U 프로세스의 3가지 중요한 경로는 다음과 같다.

- **U자를 따라 내려가기**: 관찰하고, 관찰하고 또 관찰하라. 습관적인 내려받기를 멈추고 잠재력이 가장 큰 곳, 그리고 현상에서 가장 중요한 곳에 완전히 몰입하라.
- **U자의 바닥에 머물기**: 반복해서 깊이 생각하면서 내적 깨달음이 찾아들게 하라. 조용한 곳으로 가 깨달음이 찾아들게 하라. 그리고 다음 질문을 자신에게 하라.
'어떤 미래를 원하는가?'
'그것이 앞으로 나아가려는 여정과 어떤 관련이 있는가?'
'어떻게 하면 과거사에 얽매이지 않고 미래사의 일부가 될 수 있을까?'
- **U자를 따라 올라가기**: 즉시 행동하라. 행동하면서 미래를 탐색하라. 원형(prototype)을 개발하라. 원형을 만들면 보다 신속하게 미래를 탐구하는 것이 가능해지고 모든 이해 당사자로부터 즉시 반응을 끌어낼 수

있으며, 지속해서 아이디어를 만들어 내는 일이 가능해진다(샤머, 2014, 36-46).

다운로딩(내려받기) 과거의 패턴들을		실행하기 전체의 입장에서
중단하기 **보기** 새로운 눈으로	**열린생각**	현실화하기 **원형만들기** 새로운 것에 머리, 가슴, 손을 연결해
방향 재설정 하기 **느끼기** 미래로부터	**열린가슴**	규정하기 **확고히 하기** 비전과 의도를
보내기	열린 의지 **프리젠싱(발현감)** 본질과 연결해서	받아들이기
	나는 누구인가? 나의 일은 무엇인가?	

표 3. 함께 느끼고 함께 만들어가는 U 프로세스-프리젠싱(오토 샤머, 2014, 43.)

C. 오토 샤머의 U 시스템은 조직을 혁신적으로 변화시켜 줄 대안을 제시하는데 그것이 바로 내려 받기(다운로딩)이다. 다운로딩은 변화의 시작이다. U 프로세스가 다르항시 YWAM 교회 설립의 파일럿 프로젝트에 적합한 이유는 지난날의 교회 설립 과정을 다시 돌아볼 수 있기 때문이다.

과거에 했던 교회 설립 방법과 패턴에 무리수는 없는지 고정 관념으로 교회 설립을 방해하는 일이 없는지 관찰하는 것이 필요하다. 관찰을 통해 문제를 발견한다. 토착 교회 설립 핵심 가치를 찾아낼 방법 중 하나가 다운로딩이다. 다운로딩으로 변화된 미래, 조직과 단체의 번창은 기대할 수 있다.

2. 조직의 리프레이밍의 구조

볼만과 딜은 조직을 이해하는 인식의 틀을 네 가지의 틀로 이해한다. 즉, 구조적(Structural), 인적 자원(Human Resource), 정치적(Political), 상징적(Symbolic) 인식 틀을 제시한다. 네 가지 인식 틀은 조직 구성원들이 상황을 해석하는 방식과 행동을 결정하는 방법들을 이해하는 데 도움 된다. 이런 네 가지 인식의 틀로 조직을 이해함으로써 불명확하고 복잡하고 모호함이 존재한 조직에 대해서 다원적 사고로 이해하게 만들었다는 점에서 독특한 특징을 가지고 있다.

- 구조적(Structural) 인식틀: 구조로서의 조직 이해
- 인적 자원(Human Resource) 인식틀: 가족이나 무리(flock)로서의 조직 이해
- 정치적(Political) 인식틀: 전투 부대, 혹은 '정글'로서의 조직 이해
- 상징적(Symbolic) 인식틀: 유기체로서의 조직 이해(볼만, 2004, 57).

조직을 분석하는 방법을 여러 가지 다른 시각으로 바라봄으로써 이에 따른 다양한 리더십을 발휘하게 하는 이론이라 할 수 있다. 그러나 조직의 리프레이밍의 이론은 조직적이고 정치적인 부분의 색깔이 짙음으로 다르 항시 YWAM 교회 설립에 다소 적합하지 않는 이론이다.

3. 변화관리 8단계 프로세스

존 코터는 스스로 변화하기 위해 노력한 100여 개의 회사를 조사한 후, 그들의 중대한 실수를 고찰하고, 새로운 환경에 맞게 기업의 문화를 변화시켜서 성공적으로 조직을 이끈 사례들을 통해 변화와 혁신의 8단계와 이

에 따른 조직의 비전을 제시하고 있다. 그의 이론의 근본적 전제는 '모든 것은 변화하며, 이 변화를 관리해야만 성공적인 기업을 이끌 수 있다'라는 것이다. 존 코터는 다음과 같은 변화 관리의 8단계를 제시한다.

- 1단계: '위기감을 조성하라.'
  어느 정도 긴장감과 정당한 위기감이 목적을 달성하는 데 효과적이다.
- 2단계: '강력한 팀을 구성하라.'
  팀원끼리 서로 신뢰하고 공동 목표를 세워서 성취해본다.
- 3단계: '비전과 전략을 개발하라.'
  효과적인 비전을 공유하고 실현 가능성 있는 것을 구상하여 효율성 있는 전략을 개발한다.
- 4단계: '새로운 비전을 널리 알려라.'
  비전을 전달하는 과정에서 다양한 방법으로 명확하게 전달해야 한다.
- 5단계: '부하 직원의 권한을 넓혀주라.'
  직원들에 대해 양질의 교육을 시행하고 노력한 만큼 보상해야 한다.
- 6단계: '단기간에 구체적인 성과를 얻어라.'
  우연한 성과보다는 체계적인 계획을 세워서 추진하라.
- 7단계: '프로젝트 본격적으로 추진하라.'
  불필요한 것들을 과감하게 제거하고 복잡한 조직을 혁신적으로 바꾼다
- 8단계: '새로운 제도에 정착시켜라.'
  어떤 문화든지 적응하고 접목하라는 의미다.(코터, 2002,55).

교회 설립 방안을 위해 비전과 전략, 강력한 팀, 권위에 대한 확대 등도 필요하고 강력한 지도력과 카리스마로 조직을 움직여야 할 필요도 있다. 그러나 필자가 중요하게 생각하는 것은 일 중심적 전략 보다는 비교적 인간관계 중심적으로 교회 설립을 하는 것이다. 그래서 존 코터의 8단계 이론을 다르항시 토착 교회 설립의 참고 자료로 사용하기로 했다.

4. 적응 리더십의 도전

적응 리더십은 어떠한 환경에서도 견디고 새로 재생산될 수 있도록 실행에 옮기는 것이다. 적응 리더십은 번성하는 능력을 가능케 하는 변화에 관한 것이다. 적응은 다양성과 시간을 필요로 한다. 단기적으로 리더십의 핵심은 사람들을 그들의 적응적 도전에 맞서 움직이게 하는 것이다(하이패츠, 2012, 29-33). 효과적인 적응 리더십을 발휘하는 방법이다.

첫째, 시스템과 자신을 정확하게 진단하는 것이다.
둘째, 적응 리더십을 발휘하기 위해 시스템을 동원한다.
셋째, 자신을 시스템으로 보는 것이다.
넷째, 자신을 효율적으로 활용하는 것이다.

적응 리더십 이론은 개인의 리더십 함양과 능력 개발에 초점을 두고 있다. 단체나 조직의 적응적 변화를 창출하려면 시스템과 자기를 진단해야 하고, 영감을 불러일으키는 능력이 있어야 한다. 적응 리더십은 공동체적인 리더십 함양이 결여되어 있다고 본다. 그래서 이 적응 리더십도 다르항시 YWAM의 교회 설립 실행 계획에 참고 전략으로 한다.

결론적으로 필자는 다르항시 YWAM이 건강하고 혁신적 토착 교회를 설립하기 위해서 지도자 평생 개발론을 기초로 U 프로세스 이론을 효율성 있게 파일럿 프로젝트에 접목, 실시해서 토착 교회 설립 방안 모델을 제시하기로 했다,

5. 파일럿 프로젝트 실행 계획

다르항시 YWAM의 토착 교회 설립 성장 요소를 찾아내고 현지인 교회 지도자들의 토착 교회 설립을 위한 지도자 양성 프로그램인 Mobile DTS의 효용성을 검증하기 위해 세부적 인식변화에 관해 파일럿 프로젝트를 실시했다. 토착 교회 설립에 관한 현장 연구에서 '3자 원칙'(자전, 자립, 자치)을 기반으로 토착 교회를 설립하고자 할 때 몇 가지의 원칙이 필요하다는 것을 알게 되었다.

토착 교회 설립을 위한 인식변화에 관한 파일럿 프로젝트는 현지인을 중심으로 설립한 울란바토르 근교에 있는 '한칠랄린잠교회'에 접목하여 실시했다. 그 과정과 결과는 아래와 같다.

6. 파일럿 프로젝트 실행 과정

파일럿 프로젝트를 실행하기 위해서는 먼저는 소프트 스팟(Soft spot)을 찾아내는 것이 중요하다. 소프트 스팟은 그 조직의 취약점을 지칭한다. 취약점을 보완하고 개혁하는 것은 파일럿 프로젝트를 실행하는 데 효과적이다. 현장 조사연구를 통해 필자는 다르항시 YWAM 사역 중에서 소프트 스팟은 '미자립 교회'라는 것을 발견했다. 즉 자치, 자전, 자립이 원활하지 않은 교회다. 다르항 북쪽에 있는 여러 교회는 '3자 원칙'을 적용하고 있지만 효과적이지 못한 것을 발견했다.

여전히 다르항시 YWAM에 관리를 받으며 재정적 지원에 의지하고 있다는 것을 알게 되었다. 필자는 지도자 평생 개발론을 기반으로 U 프로세스를 소프트 스팟에 접목하는 파일럿 프로젝트 계획을 세웠다. 클린턴의 지도자 평생 개발론은 실질적으로 성경적 모델 네 가지를 제안했다. 그중 청지기 지도자 모델, 목자형, 지도자형은 3자 원칙을 수행하기에 적합하다. 또한, U 프로세스 중에 다운로드하기는 바닥 깊은 곳에 머무는 작업이 가능한 리더십 모델이라서 소프트 스팟에 접목하기가 좋다.

다르항시 YWAM은 토착화를 필요로 하는 교회들과 지도자 양성 프로그램이 필요한 교회들, 즉 미자립 교회에 많은 관심을 두지 않았다. 선교단체 사역을 함에 있어 교회와의 협력은 결여되어 있었고, 타성에 젖어 사역했다. 수년 동안 같은 지도자 양육 프로그램과 여러 가지 사역들을 함으로 시대의 흐름이나 주변의 상황들을 민감하게 파악하지 못했고, 현장 목회자와 지도자들의 제안이나 필요한 부분에 대해 들을 귀가 없었다. 그러나 이 연구를 통해 현지인 지도자들과 인터뷰와 포커스 그룹을 통해 새로운 변화를 모색하여 아래와 같이 파일럿 프로젝트가 실행되게 되었다.

이 책의 중심과제이다.

첫째, 다르항시 YWAM 중심으로 설립된 토착 교회 모델을 세우기 위해 성경적, 교회 성장학적, 역사적 이론을 연구한다.
둘째, 다르항시 YWAM 중심으로 현장 조사를 해서 토착 교회 설립의 상황을 연구한다.
셋째, 다르항시 YWAM 중심으로 토착 교회 설립 촉진을 위해 지도자 양성 프로그램의 개발 및 전략과 방안을 연구해서 제시해야 할 과제를 안고 있다.

이번 파일럿 프로젝트의 목적은 토착 교회를 설립하기 위해 소프트 스팟인 미자립 교회에 모달리티와 소달리티가 연합하여 지도자 양성 프로그램(Mobile DTS)을 접목하는 것이다.

7. 스테이크 홀더(다르항시 YWAM & RCA)

　스테이크 홀더(Stakeholder)라는 이해 당사자 혹은 혜택받는 사람, 영향을 받는 사람의 의미로서 조직의 프로젝트에 직접, 간접적으로 영향을 주거나 받는다. 스테이크홀더는 좋은 영향을 끼칠 수도 있지만 나쁜 영향을 끼칠 수 있다. 그래서 이 단계에는 서로의 신뢰성이 무엇보다도 강조되어야 한다. 회사나 기업에서는 주주, 노동자, 소비자, 하청업자 등을 이해 당사자라고 할 수 있다.
　이런 측면에서 '인디저너스 처치'설립 전략 방안에 제일 큰 수혜를 받는 사람들(Stakeholders)은 몽골 다르항시 YWAM 토착 교회 설립팀과 RCA이다. 이 두 구조의 긴밀한 관계 속에서 토착 교회 설립을 진행해야 할 것이다. 그리고 현재 진행 중인 모든 사역(지도자 양성, 중보 기도, 구제, 행정, 재정, 기획, 맴버 케어, 찬양, 미디어, 교육 선교, 훈련, 해외 선교, 단기 선교 전략 등)이 토착 교회를 설립하는 데 필요한 요소들이다.
　그러나 이 모든 것을 한 교회에서 다 진행할 수는 없다. 리더십의 구성과 교회 프로그램 등을 조직적으로 갖추고 있지 않은 시골 교회나 도시 교회 단독으로 토착 교회 설립을 하기에는 걸림돌이 없지 않아 있다. 건강하고 혁신적 토착 교회 설립을 지원하고 돕기 위해서는 상호 협력과 서로의 사역 공유, 친밀한 관계의 공감성, 조직화한 교회 설립 방안이 모색되어야 할 것이다.
　예전에 다르항시 YWAM 단체에서 교회들을 관리하고 운영할 때는 목표 지향적이었고, 조직의 시스템화 덕분에 체계적인 절차로 사역을 진행할 수 있었다. 그러나 2009년부터 'RCA'라는 부흥 교회 연합회를 설립해 이양한 이후에는 상호 협력하는 수평적 동역자의 관계로 발전하게 되었다. 현장 조사를 통해 발견한 것은 두 단체가 각각 발전과 성장하는 가운데 독립적이고 주관적인 개념이 강해지면서 상호 협력하는 부분이 약해졌다는 것이다.

각자의 강점들을 살려서 사역하지만, 여전히 어려운 부분이 대두되면서 서로가 어려움을 발견하게 된 것이다. 다르항시 YWAM 단체는 지도자 양성 프로그램과 여러 사역을 접목해야 할 장소와 소프트 스팟인 미자립 교회를 간과했고, RCA는 사역의 실제적인 도움을 받는 데 한계를 가지게 되었다. 그래서 현장 조사의 결과를 통해 다르항시 YWAM과 RCA는 서로 긴밀한 관계를 유지하면서 서로가 도움이 되기로 했다.

그리고 한 목소리로 소프트 스팟(미자립 교회, 자치, 자전, 자립이 구체화하지 않은 교회)을 혁신적 토착 교회로 세워 하나님의 나라를 확장할 것을 강조했다. 미자립 교회를 토착 교회로 세우기 위한 단기지도자 양성 프로그램을 개발해야 할 것을 제안했다.

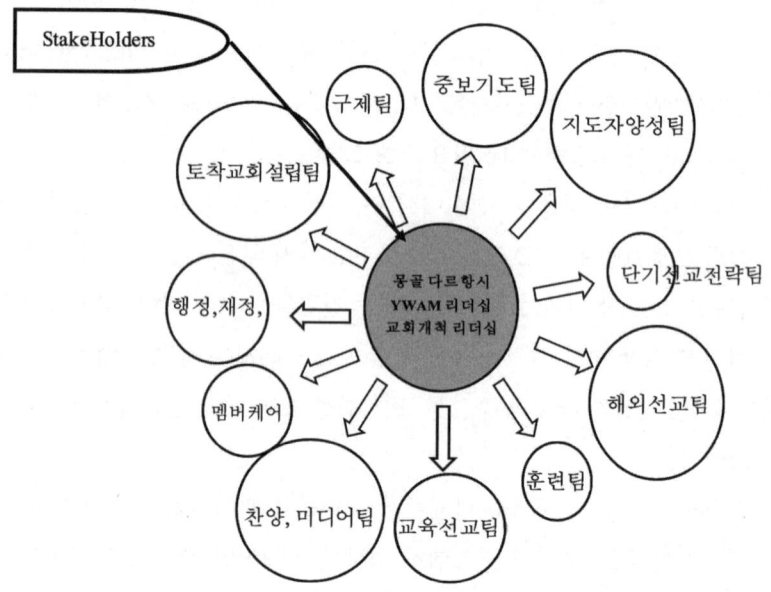

그림 5. STAKEHOLDERS 과거의 관점 이해

스테이크홀더들의 관점을 이해할 사역 그룹과 과거의 다르항시 YWAM 과 RCA의 사역들은 다양한 사역들을 많은 사역자와 함께 같은 시기에 우후죽순으로 시작했다. 그 결과 U 프로세스의 다운로딩을 통해 과거의 부족함을 발견, 개선하고 미래의 가능성을 확대하기보다는 현재에 만족하는 현상이 일어났다.

그러나 변화 가능한 소프트 스팟을 발견함으로 스테이크홀더s 상호 연합이 이루어졌다. 다음은 스테이크홀더s의 변화 관점으로 이해한 도표다.

8. 혁신적 변화가 가능한 소프트 스팟

한 단체가 목표 지향적으로 여러 프로젝트가 잘 진행되지만 제일 취약점, 한 부분 때문에 완성도를 높일 수 없다면 새로운 패러다임으로 인식 전환이 필요하다.

몽골 다르항시 YWAM 사역 중심으로 설립된 토착 교회들을 연구하고 현장 조사를 해 보면 대다수 본 교회들이 '토착 교회다'라고 말하면서도 실제로 '3자 원칙'이 효율성 있게 적용되지 않았고, 교회의 비전과 미래의 계획이 없었으며, 지도자 양성 프로그램을 자체로 운영할 수 없었다. 사실 재정적 독립이 되었다고 다 토착 교회가 되었다고 볼 수는 없다.

여러 가지 한계를 극복하고 장애물이 교훈이 되어, 효과적인 토착 교회 설립의 디딤돌이 되기 위해서 '토착 교회 설립 모델 방안'은 반드시 필요하다. 위의 도표, U 이론과 토착 교회 설립 단계별 기술을 보면 U 프로세스 이론의 7단계가 지역 교회에 미치는 영향이 얼마나 큰지를 발견할 수 있다.

U 이론 중 첫 번째인 다운로딩(Downloading, 내려받기) 단계를 통해 과거의 자신이나 조직의 세계에서 행동했던 방식들에 대해 재고하고, 과거의 패턴들을 멈추어 선다. 다운로딩하는 사람은 새로운 문제 해결 방식을 찾으려고 노력하며, 미개척 영역을 탐구하려 한다(셔우드와 마빈, 2011, 128).

필자는 거의 20여 년 동안 교회 설립을 해온 경험, 조직, 사회 구조 안에서 무의식적이고 타성적으로 형성된 행동 패턴과 의식들이 내면에 있었다. 교회를 설립하고 현지인에게 이양했지만, 토착 교회로서 교회 성장은 천천히 움직였다. 그 이유를 알기 위해 개선된 시각이 필요했다. 필자는 다르항시 YWAM 현지인 사역자들이 건강한 토착 교회를 만들기 위해서 선교회의 정규 교육도 필요하지만, 직장인들을 위한 단기 프로그램이 절실히 필요하다는 제안을 중요하게 받아들이지 않았고, YWAM 단체의 정규적인 교육, 즉 지도자 양성 프로그램인 DTS(6개월 과정)만 고집했다.

십수 년 전에 울란바토르 '에밋욱'(The Word of Life)교회는 직장인들, 일반인들을 위한 Mobile DTS를 접목해서 교회 성장을 경험했음에도 불구하고 오랜 세월 동안 타성에 빠져 옛날 방식대로 사역하고 있었다. 그래서 필자는 토착 교회 설립 목적인 몽골 다르항시 YWAM에서 설립한 토착 교회의 모델을 연구해서 몽골과 동인종 국가에 토착 교회 설립 방안을 제시하기를 원한다.

두 번째 관찰하기(Seeing) 단계와 감지의 단계(Sensing)에서 현장 조사를 통해 소프트 스팟, 즉 미자립 교회라는 것을 발견하고 연구했고, 다르항시 YWAM 책임자로 사역하고 있는 T 목사와 YWAM 사역자들, 그리고 RCA 목회자들과 인터뷰와 포커스 그룹으로 토의를 하면서 실제적인 문제와 건강하고 혁신적 토착 교회 설립이 늦어지는 이유를 발견했다. 그것은 미자립 교회는 지도자 양성 프로그램을 운영할 수 있는 단체나 건강한 교회에 도움을 요청하지만, 다르항시 YWAM이 교회 성장을 필요로 하는 교회나 토착화를 추구하는 교회들의 필요를 파악하지 못하고 있었다는 것이다.

T 목사와 인터뷰하는 것은 중요한 의미가 있다. 그가 현재 몽골 전체 교회(700여 개) 연합회 부총회장, 다르항시 목회자 연합회 회장으로 겸임 사역을 하고 있으므로 몽골 기독교 역사와 교회 현황, 목회자들과 평신도 지도자들에 대해서도 많은 정보가 있어 신뢰성 있는 인터뷰가 되었다.

지도자 훈련 양성 프로그램을 다르항시 YWAM 만의 소유물로 다른 교회나 단체와 공유하지 않은 부분을 인식하게 되었다. 필자는 다운로딩 단계와 관찰, 감지를 통해 U자의 바닥에 한동안 머물러 프리젠싱하는 시간을 가졌다. 그것은 성령님께 나아가는 공간과 시간이었다.

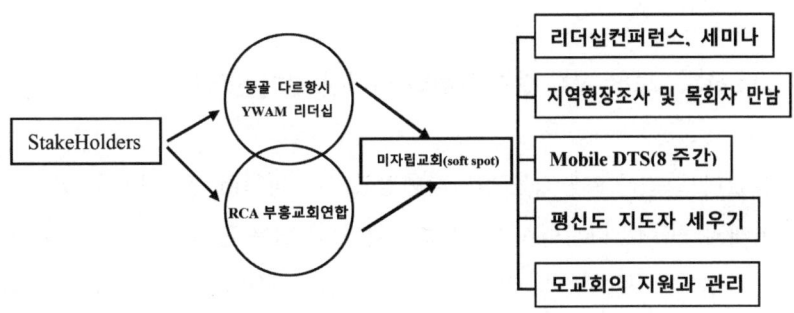

그림 6. STAKEHOLDERS CHANGE 관점 이해

과거에는 스테이크홀더가 여러 가지 사역들을 동시다발적으로 펼쳐나가면서 토착 교회를 설립했다. 그러나 U 프로세스의 다운로딩 후에 수신자 지향적인 의사소통으로 소프트 스팟을 발견했고, 그 소프트 스팟에 5가지 토착 교회 설립 전략을 접목하게 되었다.

9. 현장에서 변화를 유도해 본 과정

다르항시 YWAM이 설립한 교회들이 토착화되고 새로 설립될 교회가 자치, 자전, 자립할 수 있는 3자 원칙 이론으로 설립되고, 평신도 지도자들의 잠재력이 극대화 되어 토착 교회가 설립될 수 있는 전략을 아래의 다섯 단계로 나누어 보았다. 이 부분은 다르항시 YWAM 교회 설립 리더십들이 모여 현장 연구의 결과를 가지고 심도 있는 회의를 해서 결론을 내린 것이다.

첫째, 토착 교회 설립을 위한 리더십 컨퍼런스
둘째, 지역 현장 조사 및 지역 교회 목회자 인터뷰
셋째, 지도자 양성 프로그램 운영

넷째, 평신도 지도자 세우기
다섯째, 모 교회 지원과 관리를 살펴보자

1) 1단계 : 토착 교회 설립을 위한 리더십 컨퍼런스

울란바토르 근교에 있는 한칠랄린잠교회에 파일럿 프로젝트를 접목하기 6개월 전부터 다르항시 YWAM 교회 설립 팀은 평신도 지도자 이론과 U 이론을 참고로 하면서 파일럿 프로젝트를 기획했다. 다르항시 YWAM 교회 설립 리더십들이 함께 모여 먼저 성령님의 도우심을 구하고, 그분을 예배하며 하나님의 음성을 듣는 것에 중요성을 두었다. 한 지역에 하나님의 교회, 토착 교회를 든든하게 설립하기 위한 회의였기 때문이다.

첫 단계의 모임은 앞부분에서 다룬 부분인 U 프로세스의 다운로딩 시간을 한동안 가졌다. 하나님은 특별히 다르항시 YWAM 팀들에게 새로운 전략적인 부분을 보여 주셨다.

다운로딩 단계는 다르항시 YWAM과 RCA가 과거 늘 습관적으로 해오던 전략과 방식(안일하게 고객이 찾아오기를 기다리는 자세와 마음)을 잠시 내려놓고 깊이 생각하는 단계였다. 과거의 효과적이지 않은 교회 설립 패턴이나 전략들(지역 리더십 배양을 하지 않고 본부에서 파송하는 방식)을 한쪽에 두고, 몽골 다르항시 중심으로 효과적이고 혁신적 토착 교회 설립을 위해 무엇이 필요할 것인가를 파악하는 시간이었다.

수년 전에 교회를 설립하고 현지인에게 이양했지만, 토착 교회로서 교회 성장이 멈춘 듯했다. 다르항시 YWAM과 RCA의 평신도 지도자들이 필자에게 다음과 같이 제안했다

"건강한 토착 교회를 만들기 위해서 선교회의 정규 교육도 필요하지만, 직장인들을 위한 단기 프로그램이 절실히 필요하다."

그래서 다르항시 YWAM 지도자들이 모여서 사역자들의 정체성과 교회 설립의 부르심을 확인하는 시간을 가졌다.

리더십의 정의는 무엇인가?
리더의 역할은 무엇인가?
성경적 리더십은 무엇인가?

등에 대해 배우고, 그 후에 포커스 그룹처럼 모여 토착 교회에 대한 전반적인 이론과 전략들을 나누었다. 그동안 다르항시 YWAM과 RCA에서 설립한 교회들의 성장 요인과 취약한 부분을 토론했다.

토착 교회 설립의 취약한 부분은 여러 가지 나왔다. 교회의 자치, 자전, 자립을 하지 못하는 미자립 교회의 약함, 재정적 문제로 지역 사회 공헌과 참여가 어려운 상황, 전도와 선교의 비활성화의 문제점들 그리고 스스로 지도자 양성 프로그램을 운영하기 어려운 상황 등이 토착 교회 성장을 멈추게 하는 요소들이었다.

그 중 다르항시 YWAM이 한 가지에 집중하고 싶었던 개선책은 바로 '단기 지도자 양성 프로그램'(Mobile DTS)의 운영이었다. 이것이 해결된다면 토착 교회 설립 및 성장이 가능하다고 포커스 그룹에서 나누게 되었고 실행에 옮기기 위해서 현장 조사와 지역 교회 목회자와의 인터뷰를 진행했다.

2) 2단계 : 지역 현장 조사 및 지역 교회 목회자 인터뷰

한 지역에서 지도자 양성 프로그램을 운영해달라는 도움 요청이 왔다. 그곳은 시골이나 지방이 아니라 수도 울란바토르에 있는 한칠랄린잠교회였다. 'Mobile DTS' 운영 리더십들은 울란바토르시의 한칠랄린잠교회 담임인 B 목사와 인터뷰를 했다.

크래프트가 강조한 수신자 지향적인 커뮤니케이션을 접목해서 한칠랄린잠교회의 필요한 부분들(felt needs)을 파악하고 구체화했다. 역동적 커뮤니케이션을 통해 서로의 필요를 수집하고 해결점을 제공할 수 있었다.

U 프로세스에 의해 '관찰하기'와 '감지하기' 단계에서 선교 기관은 판단의 목소리를 절제하고 열린 생각으로 한칠랄린잠교회를 새롭게 관찰하게 되었다. 그래서 그 교회 리더십들과의 공감대를 형성하고 공유단계로 진입할 수 있게 되었다.

현장 조사를 하고 현지의 원주민들을 만나고 교제하는 것은 그 마을의 문화를 알고 마음의 문을 열어 서로 간의 문화를 수용하며 서로의 신뢰를 쌓아가는 것이다. 이러한 개방성과 수용성, 신뢰감을 실천하는 일은 관계 형성에 매우 중요하며, 새로운 지역에서 교회를 설립하기 위한 훌륭한 전략이 된다. 한칠랄린잠교회와 주변 마을의 핵심 문화와 문화 주체, 사회 규범들과 신념체계들을 연구하면 수용자의 생각과 사고를 알게 되고 현장 조사에 큰 도움이 된다(히버트, 2014, 64,65).

그 과정에서 B 목사와 리더십과 포커스 그룹을 함으로 한칠랄린잠교회에 Moblie DTS 실행의 타당도(validity)를 높이게 되어 신뢰도(reliability) 있는 프로그램 접목을 하기로 결정하게 되었다. 한칠랄린잠교회의 성도들은 주중에 직장에서 일하거나 대학생으로 학교와 직장에서 시간을 대부분 보낸다. 그래서 공동생활을 하기 어려우며 많은 시간을 내어서 지도자 양성 프로그램을 할 수 없는 상황에 부닥쳐 있었다.

그래서 다르항시 YWAM 토착 교회 설립팀은 'Mobile DTS' 8주 프로그램(1주 단기 전도 여행 포함)을 제안했고 그 제안을 받아들여 실행하기로 했다. 지역 교회의 지도자 그룹과 만나 대화를 하고 인터뷰를 하는 것은 프로그램을 진행하는 것 이상으로 중요하다. 왜냐하면, 만남의 단계, 만나서 서로 깊은 대화를 통해 필요한 부분을 발견할 수 있고 그것을 해결하는 방안을 모색할 수 있기 때문이다.

프리젠싱 단계는 현장의 소리를 듣는 것이라 할 수 있는데 한칠랄린잠 교회의 미래에 대한 비전과 꿈이 이루어질 가능성과, 확장, 배가될 미래성을 감지하고 현실화될 것을 기대하는 것이다. 지역 현장 조사 및 지역 교회 목회자와 다르항시 YWAM 책임자와의 만남을 통해 '한칠랄린잠교회'의 담임 목사는 본인 교회에 지도자 양성 프로그램을 운영하기로 했다. 이 부분은 3자 원칙 중 자치(self-governing)의 원칙을 교회의 리더십에게 적용해서 교회의 권위를 세워나가는 것이라고 볼 수 있다.

3) 3단계 : 지도자 양성 프로그램(Mobile DTS, 8주간)

소프트 스팟인 미자립 교회의 혁신적 성장을 위해서는 단기 지도자 양성 프로그램인 Mobile DTS를 개발하는 것이 주요한 과제다. 단기란 6주나 8주 혹은 12주 프로그램을 말한다. 긴 과정을 짧은 기간으로 압축하되 질적으로 떨어지지 않아야 하며, 지식적인 부분도 간과해서는 안 된다.

바울의 선교 방법은 현지인들을 짧은 기간에 훈련을 시키고 교회의 지도자로 세우는 일이었다(스미스, 1993, 136-37). 이 부분이 앞으로 풀어나가야 할 과제다. 이 단기 프로그램은 공동생활을 하되 주말을 이용해 금요일 오후부터 일요일 저녁까지, 혹은 목회자들을 위해서 주일 저녁부터 월요일 저녁까지 할 수 있다. 공동생활을 하지 않을 경우에는 월요일부터 수요일까지 저녁에만 수업할 수 있다.

YWAM의 정규 교육(6개월 과정, 공동생활)만이 지도자를 배양한다는 고정관념만 버린다면 체계적이고 실제적인 지도자 양성 프로그램을 각 지역 교회에 전수할 수 있을 것으로 전망한다. 그래서 지역 교회를 섬기기 위해 직접 찾아가는 Mobile DTS를 고안해 내고 어떻게 공유할 것인가를 연구 및 추진했다.

이 Mobile DTS에 참석하는 평신도 지도자들은 본인의 일터와 고향에서 훈련을 받는다. 그곳에서 훈련을 받고 그대로 그 지역에 머물러 교회를 섬기게 하는 전략이다. 네비우스 선교 정책 중 '새 방법'이 바로 이것이다. 옛 방법을 사용한다면 고용을 하고, 급여를 주면서 훈련을 해야 할지 모른다. 그러나 현장에서 헌신된 평신도들을 훈련한다는 것은 교회 사역에 적극적으로 참여시키는데 효과가 크다.

Mobile DTS의 7주간 강의의 주제는 묵상, 하나님의 음성 듣기, 중보 기도, 영적 전쟁, 내적 치유, 성경적 세계관, 성경적 재정관, 위탁, 충성, 권리 포기, 영적 성숙, 예배, 공동체, 제자도, 열방을 향한 선교 등이 있다. 그리고 이런 다양한 주제를 삶에 적용한다. 19-20세기의 갱신 운동들이 평신도들에 의해 확장, 배가되었던 이유는 한 손에는 전문적 직업과 기술을 가지고 다른 한 손에는 영성 훈련을 겸비했기 때문이었다.

국제 YWAM 사역 안에는 열방대학(University of the Nations)이라는 선교대학이 여러 나라 곳곳에 있다. 대표적으로 하와이 열방대학과 제주 열방대학을 꼽을 수 있다. 열방대학에서 평신도나 목회자들에게 전문적인 교육을 하고 있다.

이 대학 과정의 제일 첫 과정이 DTS(Discipleship Training School)이다. 이 훈련은 몽골(Mongolia)의 4개 지역의 선교 센터에서 연평균 여덟 번씩 운영이 된다. 다르항시 YWAM에서 일 년에 두 번씩, 가족들을 대상으로 가족 DTS와 독신들을 위한 여호수아 DTS를 운영하고 있다.

그 외에도 에르뜨네트시(Erdnet)와 수도 울란바토르(Ulaanbaatar)에서 두 번씩, 바양홍고르(BayanHongor)에서 DTS가 열린다. 몽골의 YWAM 모든 선교 센터에서 설립된 교회는 80여 개이다. 80여 개의 교회 대부분은 DTS 훈련을 통해 설립되었다. 그리고 점차 '3자 원칙'이 적용되면서 토착화되어 갔다.

위의 정규 교육보다 이번 연구를 통해 개발된 Mobile DTS를 소프트 스팟(미자립 교회)에 접목, 실행했는데 기존의 토착화 결과보다 더 효율성이 있었고 혁신적이었다. 국제 YWAM 열방대학의 정규 과정 커리큘럼을 지역 교회의 필요에 따라 축소 및 보완해 수신자 지향적인 방법으로 찾아가서 운영한다면 '맞춤형' 움직이는 지도자 양성학교, 제자 훈련학교가 될 것이다.

아래는 8주간의 Mobile DTS 커리큘럼이다.

Week 1 : 오리엔테이션, 묵상과 하나님 음성 듣기
Week 2 : 예배, 중보 기도, 영적 전쟁
Week 3 : 성령세례, 성령의 은사, 충만
Week 4 : 내면 다루기, 아버지의 마음
Week 5 : 성경적 재정관, 세계관
Week 6 : 권리포기, 영적성숙
Week 7 : 전도와 선교
Week 8 : 국내 전도여행

전도 여행은 4개 팀을 나누어 울란바토르 수도의 근교인 툽아이막(Tub Aimag)의 4개의 군(통군, 에르덴, 다르항, 처이르)에 파송했다. 아서 글라서의 말대로 교회는 성령의 능력을 받아 복음 전파를 하면 성령님께서 잃어버린 영혼들을 구원해주시리라는 것을 믿고 Mobile DTS 훈련생들은 지역마다 가서 성령님의 인도하심을 받아 복음을 전했다.

1주간 전도 여행을 통해 많은 사람에게 복음을 제시할 수 있었고 마지막 날에는 전도 집회를 가져서 함께 하나님께 예배드리고 교제하는 시간을 가졌다. 그 다음 일요일부터 작은 가정 교회가 시작되었고 지역마다 소규모로 모임을 하고 있다.

4) 4단계 : 평신도 지도자 세우기

한칠랄린잠교회의 Mobile DTS 후에 지도 간사와 훈련생들 중심으로 전도 여행 네 팀이 울란바토르 수도 근교인 툽아이막의 4개의 군(통군, 에르

덴, 다르항, 처이르)에서 사역하기 시작했다. 그리고 하나님의 음성을 듣고 하나님으로부터 각 지역에 사역자로 헌신하는 훈련생들이 생겼다. 그들을 평신도 지도자로 세우기 위해 정기적인 모임과 훈련을 시키고 있으며, 매주 토요일과 일요일에 그 지역의 모임을 섬기게 했다. 하나님은 시대마다 하나님의 사람들을 세우셔서 교회를 설립하게 하셨다.

특히 19세기 초부터 말까지 교단이나 선교 단체에서 파송된 선교사들은 대부분 평신도였다. 그들은 일반 노동자 또는 의사나 정식으로 교육을 받지 못한 사람들이었다. 그들의 복음 행진으로 교회가 설립되고 확장되기 시작했다. 이렇듯이 몽골의 시골뿐 아니라 도시에도 미자립 교회나 교회가 없는 지역에 평신도 선교사가 가서 교회를 섬기며 든든하게 세워나가는 것은 하나님의 나라 확장에 축복의 통로가 된다.

클린턴이 제시한 리더십 유형을 그들에게 소개하고, 지도자 훈련을 시켜 하나님의 평신도 지도자로 효율성 있게 토착 교회 설립에 헌신하게 한다. 특히 하나님 앞에서 책임을 다하는 청지기 모델과 예수님처럼 사람들을 섬기고 자신을 희생할 줄 아는 섬기는 리더십 모델은 토착 교회를 든든하게 하고 배가 운동하는 데 영향을 끼칠 수 있다. 목회자는 교회의 공적인 모임 장소에서 평신도 지도자에게 사역자로서의 권위를 부여하며, 인준하는 것이 필요하다.

교회 담임 목회자와 리더십이 평신도 지도자들에게 권위를 부여하지만 실제로 권위와 직책은 성령님께서 주시는 것이다.

> 주를 섬겨 금식할 때에 성령이 이르시되 내가 불러 시키는 일을 위해 바나바와 사울을 따로 세우라 하시니 이에 금식하며 기도하고 두 사람에게 안수하여 보내니라 (행 13:2-3).

사도들은 일곱 집사를 세울 때도 성령의 인도하심으로 세웠다. 그러므로 교회의 담임 목사와 리더십이 평신도 지도자를 세우고 안수하는 것은 지극히 성경적이며 성도들과 교회는 그 권위를 존중하고 따라야 한다. 다르항시 YWAM은 4단계에서 U 프로세스의 프리젠싱 단계를 지나가면서 교회의 존재 가치와 목적을 재발견하게 되었고, 낡은 방식들을 버리고 미래를 향해서 받아들일 것을 받아들이는 인식의 변화를 하게 되었다.

복음 전파와 교회 설립은 목회자나 특별한 직책이 가능케 한다는 고정 관념을 바꾸는 변화 과정을 경험하게 되었다. 평신도라도 누구나 성령님께서 부르시고 보내시면 가능하다는 인식이 확고하게 정립되는 시간이었다.

그러나 이 단계에서 만난 문제점은 '통군, 에르덴, 다르항, 처이르 교회에 3자 원칙이 구체적으로 접목되어 건강한 토착 교회가 되는가'이다. 4개 교회의 행정과 재정적 운영은 성도들의 헌금으로 되고 있다. 그리고 자발적으로 복음을 전하는 것도 정기적으로 하고 있다.

툽아이막의 4개의 군 현지민들이 평신도 지도자들이 되어 훈련을 받으니 자기들의 본고향과 일터를 떠날 필요가 없이 현장 사역과 목양 사역을 겸해서 할 수 있으니 서서히 자립하는 토착 교회로 성장하고 있다.

여전히 모 교회인 한칠랄린잠교회로부터 현지 설립된 교회 지도자의 사례금은 지원을 받는 실정이다. 필자가 다르항 중심으로 교회를 설립한 후 수년이 되지 않아 세르궁만달교회와 시골 교회들은 선교사의 도움을 받지 않고 자체적으로 행정을 운영했다. 그러나 성도들이 목회자에게 사례금을 주지 못해서 채소, 밀가루나 고기 등을 주기도 했다. 위와 같은 상황을 극복하고 교회 목회자에게 사례금을 줄 수 있는 방안을 5단계에서 살펴볼 것이다.

5) 5단계 : 모 교회(Mother Church)의 지원과 관리

이 단계는 U 프로세스 이론의 원형화 단계(Prototyping)다. 원래 원형화 단계는 많은 시간이 소요되지만 파일럿 프로젝트를 단기간(1년) 실험할 수 있는 것은 '한칠랄린잠교회'와 그 지역에 적합했다. 툽아이막의 4개 지역에는 토착 교회로서 아직 지도자 사례금을 지원할 수 없는 어려움이 있기 때문에 모 교회인 한칠랄린잠교회에서 4개 지역의 교회들이 독립할 때까지 후견인이 되어 주고, 지도자의 사례금은 지원하는 것으로 했다.

그리고 몇몇 성도들은 BAM(Business As Mission)에 대해 도전을 주고 영적으로 성숙한 성도들이 목회자의 사례금을 책임질 수 있도록 도전을 주고 훈련을 시켰다. 이 부분은 목양 차원으로써 성도들도 재정적으로 부유하고 교회도 그로 말미암아 독립을 할 방법을 제시한 것이다.

클린턴이 강조하는 목자형 지도자 모델은 예수님 안에 거하여 풍족한 삶을 경험함으로써 생산적인 영향을 미칠 수 있다고 한다. 모 교회는 설립된 교회가 토착화하기 위해 목자형 지도자 모델을 접목하고 케어할 필요가 있다. 하나님의 나라는 배가의 원리가 있다.

추수꾼 지도자 모델은 하나님으로부터 문화적 명령을 받아 하나님의 나라가 부재한 사회에 영향을 끼치고 복음을 전하는 일을 할 수 있다.

모 교회 지원과 관리 단계에서 소프트 스팟을 발견하고 그것을 해결할 전략을 조사, 연구하고 '3자 원칙'을 현장에 맞게 접목해서 또 다른 파일럿 프로젝트가 실행된다면 지속적인 체인지 다이나믹스가 이루어질 것이다. 그리고 그 4개 지역 교회 내의 성도들이 다시 지도자를 배양하고 세우게 될 것이다.

현재 다르항시 YWAM에서는 단기간(1년)이지만 한칠랄린잠교회를 대상으로 파일럿 프로젝트를 실행해서 결과를 볼 수 있었다. 그 결과로 이 프로젝트는 신뢰도 면에서 향후 몽골 YWAM 전체 또는 주변의 교회들이 쉽게 적용할 수 있다는 사실을 알게 되었다.

10. 토착 교회 설립을 위한 파일럿 프로젝트 결과

한칠랄린잠교회의 담임 목사 B는 수도 울란바토르 도시 변두리에 교회를 설립했다. 시작한 지 얼마 있지 않아 23명의 성도로 늘었다. 이 목사는 교회 성장과 지도자 양성 훈련 프로그램을 운영하고 접목하기 위해 다르항시 YWAM에 도움을 요청했다. 그는 변화하기를 원했다. 지도자가 변하지 않고 그 자리에 안주해 있다면 망한다.

존 코터의 말대로 "변화야말로 리더십의 본분이다." 다르항시 YWAM은 지도자 양성 훈련 프로그램을 접목하기 위해서 '한칠랄린잠교회' 목회자를 만나 인터뷰와 포커스 그룹을 가졌다. 그 결과, 교회 내에 Mobile DTS 프로그램을 시행하기로 결정했고, 다르항시 YWAM에서 실시하는 DTS, 즉, 6개월간 공동생활을 하면서 훈련을 받는 시스템을 축소 및 보완해서 단기간(8주)에 운영할 수 있도록 파일럿 프로젝트(Pilot Project)를 한칠랄린잠교회에 접목하기로 했다.

YWAM의 정규 교육인 DTS, 6개월간의 강의와 공동생활, 전도 여행을 하지 않고, 대학생은 학교에 다니면서 직장인은 직장에 다니면서 훈련을 받는 것이다. 교회 상황에 따라 8주, 12주, 18주로 프로그램을 축소, 확대할 수 있다. 이를 위해 다르항시 YWAM과 RCA는 서로 정보를 공유하고 전략을 세웠다.

다르항시 YWAM 책임자인 T 목사와 사역자들은 교회를 방문하고 그 교회에 맞는 맞춤형 Mobile DTS를 열어 7주간 집중강의를 했다. 강사들은 현지인 지도자로 구성되었고 다르항에서 울란바토르로 찾아가 강의를 했다. 한칠랄린잠교회에서는 강사의 교통비와 숙박비 그리고 강사비를 해결해 주었다. 강의 기간을 마치고 1주간의 전도 여행을 몇 팀으로 나누어 보냈다.

단기 전도 여행 팀의 경비는 훈련생 본인이 책임지도록 했다. 그 후 평신도 지도자가 세워졌고 그들이 교회 성장을 볼 수 있었다. 축호 전도와 노방 전도, 구제 사역을 통해 수개월 만에 120여 명의 성도로 늘어났고, '한칠랄린잠교회'의 지도자들이 4개 지역에 교회를 설립해서 토착 교회로 성장하고 있다. 토착 교회 설립을 위한 파일럿 프로젝트는 거의 1년 정도 과정이 소요되었다.

위의 과정과 결과를 살펴보면 3자의 요소(자전, 자립, 자치)가 확실하게 나타난다. 지도자 훈련 프로그램을 운영하면서 재정적으로 자립이 되었고, 지도력이 발휘된 부분에서 자치가 드러났으며, 자전 부분에서는 교회 스스로가 복음을 전하고 교회 부흥의 기반이 된 것이다.

3자 원칙 중 '자치'의 원리를 극대화한 것은 단기지도자 양성 프로그램을 진행한 후에 그들이 각 지역으로 평신도 지도자들을 보낸 것에서 드러난다. 다르항시 YWAM이 교회를 설립할 때 대부분 지도자가 평신도 지도자를 파송해서 교회를 설립하게 한 경험이 있다. '한칠랄린잠교회'가 그 전략 방안을 접목하고 실행해서 교회가 없는 지역에 교회를 설립하게 되었다.

제10장

체인지 다이나믹스
(Change Dynamics: Leadership Program)

'체인지 다이나믹스'란 한 기관이나 조직의 취약점을 발견하여 연구 및 실험(Pilot Project)을 거쳐 특정 샘플프로그램이 개발되면 그 프로그램이 탁월하고 재생산될 수 있도록 하는 전문적인 방안이다. 8장에 다르항시 중심으로 YWAM 선교 단체가 하던 토착 교회 설립에서 문제점을 발견하고 주춤해 있는 토착 교회 설립을 혁신적으로 진행하기 위해 현장 연구 조사를 했다.

현장 연구에서 설문지, 인터뷰, 포커스 그룹의 자료 수집으로 현장에 있는 지도자들이 토착 교회의 정의, 구성 원리와 네비우스의 '3자 원칙' 등에 대해 어떤 생각들을 하고 있으며, 사역하고 있는지 파악을 하게 되었다. 토착 교회 설립에 관한 문헌과 이론을 이해함으로 수동적이 아니라 능동적인 토착 교회 설립을 추진할 계획을 세웠다.

다르항시 YWAM이 설립한 토착 교회 사역의 한계성과 문제점이 발견됐는데 그것은 지역 교회 안에서 지도자가 효과적으로 양성되지 못했고, 양성되더라도 지역 교회 내에 훈련 프로그램을 지도자 혼자서 일으킬 수 없다는 것이었다.

필자는 성경적 기반에서 3자 원칙을 발견하고 토착 교회 설립 방안을 고안해 냈다. 다르항시 YWAM의 토착 교회 설립팀은 신약성경에 나타난 '찾아가는 선교, 찾아가는 리더십'으로 교회는 토착화되리라는 것을 검증했다. 신약성경의 교회들은 토착적인 교회로서 자치, 자전 그리고 자립하는 건강한 교회로 세워졌기 때문에 전 세계에 복음을 확장하는 기준이 되었다. 평신도 중심적으로 세워지는 교회가 토착화되는 데 중심 역할을 할 수 있다는 것은 다르항시 YWAM이 토착 교회를 설립 하는 전략 중에서 큰 역할을 한다.

그리고 모달리티와 소달리티가 동반 협력하면 적극적이고 역동적인 토착 교회가 설립될 것이라는 가능성을 발견했다. 토착 교회에 대한 바른 이해는 현지 교회들이 성경적 사명을 실천하는데 중요한 핵심적 목표를 달성할 수 있게 해 준다. 더 나아가서 토착 교회는 스스로 적합한 사역과 조직을 구성하며 지역 전도 및 해외 선교 사역을 추진할 수 있다는 것과 자전적인 역할들을 할 수 있다는 사실을 발견하게 되었다.

위와 같은 교회 설립 전략들은 현장 조사를 통해 신뢰성과 객관성 있는 결과물에서 추출한 내용이다. 그 전략들을 가지고 제9장 파일럿 프로젝트인 '찾아가는 선교', 즉 지역 교회에 찾아가서 지도자 양성 프로그램인 'Mobile DTS'를 세우고 운영하는 사역을 시도함으로 재생산하는 토착 교회가 설립되는 것을 보게 되었다.

변화 과정 중 Mobile DTS를 한칠랄린잠교회에 접목했는데 실제로 자전, 자립, 자치하는 교회로 성장하게 되었다. 그러므로 설립된 교회가 토착화되는 것은 예수님의 지상 대위임령인 마태복음 28장 19-20절의 말씀을 성취하는 것이라는 사실을 말할 수 있다.

필자는 다르항시 YWAM 교회 설립 팀들에게 인디저너스 처치 설립 방안 전략계획을 제시할 것이다. 앞으로 미래의 교회 설립 계획을 효과적으로 잘 세워야 한다. 인디저너스 처치 설립 목표, 활동 계획, 방안 등에 탁월한 안목, 새로운 패러다임이 세워져야 할 것이다. '인디저너스 처치' 설립 방안 전략을 다음과 같이 제안한다.

1. Mobile DTS

Mobile DTS는 성경적이다. 왜냐하면, Mobile DTS는 기동성이 있고 짧은 기간 안에 결과를 극대화할 수 있기 때문이다. 사도 바울의 교회 설립 전략은 짧은 기간에 복음을 전하고 교회를 세워 현지인에게 이양하는 것이었다. Mobile DTS는 몽골에 맞는 전략이다. 그것은 기동성과 융통성 그리고 현대화된 전략이기 때문이다. 몽골에는 예로부터 움직이는 유목민의 습성이 있다. 진취적이고 기동성이 있는 민족이었다. 제자 훈련이나 성경 훈련을 마치면 반드시 국내 혹은 국외로 선교하러 가려는 성향을 가지고 있다.

다르항시 YWAM 선교 단체에서는 수년 동안 선교 센터나 선교 기지국에서 지도자 양성 프로그램을 시행했는데 훈련에 참여하는 직장인이나 대학생들이 휴직하거나 휴학을 해서 6개월에서 1년간의 훈련을 받아왔다. 장점은 전폭적으로 헌신해서 단기간에 지도자로 성장할 수 있다는 점이다. 그 반면에 사회 변화나 참여도는 결여되어 있고 현장으로 돌아갔을 때 복직, 복학의 어려움으로 많은 시간이 소요될 수 있다는 것이 단점이다.

이런 문제점을 극복하기 위해서는 효과적인 토착 교회 설립을 위한 파일럿 프로젝트를 운영해 직장과 대학을 그만두지 않고 삶의 현장에서 훈련을 받고, 삶의 현장으로 들어가서 현장 사역자가 되는 것으로 진행해야 한다. 그렇게 되면 개인의 삶이 변화될 뿐 아니라 직장과 대학에서 제자화된 삶을 사는데 시너지 효과를 줄 것이다.

더 나아가서 교회가 없는 지역에 교회를 설립하여 토착화하기 위한 기폭제가 될 것이다. 지도자 양성 프로그램 중 하나인 'Mobile DTS'는 지역 교회 성장에 새로운 역할을 할 수 있고, 복음 전도와 가정 교회가 세워지는 일에 선교의 브릿지 역할을 하게 될 것이다.

다르항시 YWAM이 토착 교회를 설립하기 위한 단기지도자 양성 프로그램인 Mobile DTS의 리더십을 체계적이고 조직적으로 구성한다. Mobile

DTS 사역에 사역자들의 위탁 기간은 2년으로 하고 다시 위탁 기간을 결정한다. Mobile DTS는 1년에 두 번 여름과 겨울 방학에 진행한다. 도시든 시골이든 '미자립 교회'에서 지도자 양성 프로그램의 필요성을 요청한다면, 제9장의 파일럿 프로젝트의 프로세스처럼 먼저 다르항시 YWAM과 RCA의 교회 설립 지도자들과 함께 모여서 팀 빌딩(team building)을 한다. 리더십 세미나와 컨퍼런스를 가지고 깊은 다운로딩을 하고 효율적으로 토착 교회 설립을 할 수 있도록 생각하는 단계를 가진다.

2. 다르항 YWAM과 지역 교회와의 협력에 대한 인식 변화

소달리티 선교 구조인 다르항시 YWAM과 모달리티 교회 구조인 세그릉만달 연합회(RCA) 교회의 상호관계 속에서 통일성, 보편성, 관계성, 사도성 그리고 다양성이 함께 공존해서 하나님의 백성으로서 하나님의 교회에 참여하고 헌신하게 된다면 '인디저너스 처치'는 활발하고 역동적인 공동체로 변화될 것이다.

일반적으로 선교 단체와 지역 교회 간의 연합이 부족하다. 그런데도 선교 단체는 지역 교회 성도들에게 선교의 도전을 주어 훈련 프로그램에 초대하고 훈련을 시킨다. 하지만, 훈련을 마친 후에는 훈련생들이 선교 단체의 간사로 헌신해서 사역하게 되면서 선교 단체와 지역 교회와의 연합이 어려운 실정이다.

다르항 YWAM 선교 단체가 설립될 때, 이와 같은 문제점들을 감안해서 사역을 했고, 여러 현지인 사역자들은 타지역에서 다르항에 이주해서 다르항시 YWAM에서 사역했지만, 지역 교회와 연합하는 것에는 한계가 있었다. 이 한계를 극복하기 위해서 다르항시 YWAM은 지역 교회 목회자 연합회와 RCA와 만나서 연합사역에 대해 토론회를 했다. 현장 조사를 통해 다르항시 YWAM 선교 단체가 모달리티(교회 기관)와 동반 협력으로 토착 교회를 설립할 수 있다는 신뢰성 있는 자료를 갖게 되었다. 파일럿 프로젝트 프로세스 결과는 긍정적이었다. 여전히 숙제로 남아 있는 토착 교회 설립 방안의 전략인 선교 단체(소달리티)와 지역 교회(모달리티)와의 동반 협력 방안을 연구하고 개발해야 할 것이다.

모달리티와 소달리티가 협력하는 것은 다르항시 YWAM 이 추구하는 토착 교회 설립 방안에서 매우 중요한 전략 중 하나다. 현재로 다르항시 YWAM과 다르항시 YWAM이 세운 RCA가 동반 협력을 해서 설립된 시골 교회에 지도자 양성 프로그램을 지원하고 돕는다면 강력한 지도력과 조직력을 가질 수 있을 것이며, 독자적으로 교회를 운영하는 능력을 배양할 수 있을 것이고, 네비우스의 '3자 원칙'이 활성화될 것이다.

3. 평신도 지도자 세우기에 대한 인식의 변화

무엇보다도 토착 교회 설립과 부흥, 변화 그리고 성장을 추구하는 데 필요한 요소 중에서 중요한 것은 '평신도 지도자 양성'이다. 란다 콥이 제시한 '8영역'(8Spheres) 즉 한 나라를 형성하는데 필요한 8가지 영역: 정치, 경제, 문화 예술, 교육, 종교, 가정, 매스컴 그리고 과학기술 속에 교회의 평신도들은 들어가서 하나님의 나라를 창조해야 할 것이다.

그러나 다르항시 YWAM은 그 역할을 활발하게 하지 못하고 있다. 그 이유는 평신도 지도자 양성 프로그램의 결여와 교회가 자립할 방안을 제시하지 못했기 때문이다. 그러므로 단기지도자 양성 프로그램인 Mobile DTS를 마친 훈련생들은 교회 지도자로서만이 아니라 사회 영역 속에서도 현장 사역자로 사역해야 할 것이다.

평신도가 가지고 있는 직업을 전문화해서 전문인 사역자의 역할을 한다면 교회는 자립할 수 있을 것이다. 사회에 나아가서 사랑의 실천 운동을 하는 평신도 현장 사역자로서 살아간다면 교회가 토착화하는 데에 큰 역할을 감당하게 될 것이다.

　이런 상황을 현장 조사를 통해 발견한 후 다르항시 YWAM 교회 설립팀 리더십들은 한 해 동안 여러 번 모여서 회의를 하고 평신도 지도자를 어떻게 세울 것인지 논의를 했다. 다르항시 YWAM은 2003년 이후부터 현재 2020년까지 많은 평신도 지도자 훈련을 했다. 그러나 이 책의 목적인 '인디저너스 처치' 설립 모델을 만들기는 역부족이었다. 다르항시 YWAM 센터는 토착 교회 설립 전략 중 하나인 평신도 지도자 세우기의 필요성과 중요성에 대해 재인식하고 '자전' 중심의 '3자 원칙'을 실행해야 할 것이다.

　평신도 지도력을 지 교회에서 배양하는 것은 교회 성장과 부흥을 도모할 수 있기에 평신도 사역자의 역할은 중요하다. 다르항시 YWAM 토착 교회 설립자는 한 지역에 설립한 교회를 3년이나 5년 정도 목회를 한 후, 평신도 지도자를 세워 교회의 목회자로 인준하는 것이 필요하다. 만약 지도력 이양을 하지 못한다면 교회 설립자 혼자서 선교 사역을 하게 되면 불가능하기 때문이다. 사실 다르항시 YWAM에서 설립한 교회 중에서 세르긍만달교회는 필자가 오랫동안 책임자로 섬기면서 현지인 지도자를 늦게 세우게 되었다.

　그 결과 세르긍만달교회는 자전, 자립, 자치하는 부분에 있어서 다른 교회들보다 어려워하거나 성장이 늦게 되었다. 다르항시 YWAM 교회 설립자들은 토착 교회 설립 시스템을 구축하고 지도자를 세우는 시기, 훈련 시기, 이양 시기 등을 구체화해야 할 것이다.

　몽골의 다른 단체의 경우 수십 개 교회를 설립하고 검증되지 않은 신학생들을 파송해서 1-2년 사역하다가 환경이 어려워져서 그 지도자들이 도시로 철수하는 일이 허다하게 생긴다. 그 이유는 설립된 교회 지도자, 평신도사역자 관리나 재정적으로 자립하지 못하는 문제 때문이다. 타 문화권 교회 설립 선교사들은 새로 설립된 교회들이 빨리 자생하고 자립할 수 있도록 지도자를 훈련해서 교회의 책임을 맡기는 것이 필요하다. 현지 교회들이 토착 교회가 되면 부흥과 팽창은 자연스럽게 일어날 것이다. 그리고 선교사나 교회 설립자는 다른 지역으로 가서 새로운 교회나 새로운 사역을 시작하고 다시 지도자들을 양육하는 것이 필요하다. 평신도 지도자들이 세워지면 국내뿐 아니라 국외에도 토착 교회 설립 요원으로 보낸다. 평신도 지도자를 배양해서 몽골 전 지역뿐 아니라 해외에까지 선교사로 파송해서 토착 교회를 설립하는 전략적 변화가 필요하다.

필자가 사역하였던 몽골 다르항시 YWAM에서 설립한 교회들이 어떻게 하면 토착화될 것인가에 관한 연구를 했다. 현재 몽골의 많은 교회는 자체적으로 교회를 설립하고 현지인 선교사를 해외에 파송하고 있다. 특히 다르항시 YWAM 선교 단체는 평신도 지도자들 중심으로 자발적으로 설립한 교회들이 토착 교회로 성장하고 있으며 해외에 현지인 선교사를 파송하고 있다. 이에 필자는 토착 교회를 설립하기 위해 다르항시 YWAM은 교회 설립 전략의 혁신적 변화가 필요하다고 제안한다.

첫째, 파일럿 프로젝트(Mobile DTS)가 효과적으로 운영이 되어 토착 교회 설립에 접목되어야 한다. 그러면 훈련 사역의 구체화와 교회 조직의 체계화를 통해 지속성 있는 사역이 진행될 것이다.
둘째, 모달리티와 소달리티가 동반 협력을 해서 토착 교회를 설립해야 한다.
셋째, 평신도 지도자 양성이 활성화되어야 한다. 토착 교회 사역이 어느 정도 성장하면 자치, 자전, 자립을 할 수 있도록 권위를 이양해야 할 것이다.

다르항시 YWAM은 지역 교회를 찾아가서 필요를 채워주고 섬기는 일을 해야 한다. 이것이 바로 '찾아가는 선교', '인카네이션 선교'라 하겠다. 예수님은 하늘에서 인류에게 찾아오셨다. 예수님 자신이 토착민이셨고 토착 사역을 하셨다. 예수님을 통해 하나님의 사랑이 전달되어 하나님의 나라가 건강하게 세워지는 것을 보았다.

　필자는 앞으로 다르항시 YWAM이 설립하는 교회들이 예수님의 지도력을 배우고 성령님의 기름 부으심과 역사하심으로 땅끝까지 가서 복음을 전하고 교회를 설립해 가는 날을 기대해 본다. 선교사의 도움 없이도 그들에 의해 세워진 역동적이고 혁신적 토착 교회를 다르항시 YWAM 토착 교회 설립 팀은 반드시 보게 될 것이다.

에필로그

깊은 산중에서 농부가 독수리 새끼를 발견하고 본인의 닭장에 넣어 키웠다. 이 어린 독수리는 병아리와 함께 자라면서 자기도 병아리인 양 지냈다. 주인이 모이를 주면 병아리들처럼 종종걸음으로 달려와 모이를 주워 먹었다. 그런데 하루는 하늘에 큰 날개를 가진 독수리를 발견하게 된다. 검은색에 머리는 흰색의 멋진 새였다. 하늘을 나는 새를 본 새끼 독수리는 부러워하는 눈으로 하늘을 보면서 친구 병아리에게 물었다.

"저 새 이름이 뭐야?"

"응, 저 새는 독수리인데 늘 창공을 날아. 하늘에서는 당할 자가 없지. 최고야."

"너나 나나 닭이니까 모이나 열심히 먹고 알만 낳으면 돼. 하늘을 보지 마! 우리는 우리의 인생이 있는 거야."

그러나 그 새끼 독수리는 점점 자기의 정체성을 찾아가고 싶었다. 그냥 주인이 주는 모이만 먹으며 살고 싶지 않았다. 저 창공을 나는 독수리처럼 날고 싶어졌다. 만약 그 독수리가 되기로 결정한다면, 많은 대가 지불을 해야 한다. 독수리의 야성과 원래의 모습으로 돌아가려면 많은 고통과 고난을 겪어야 한다. 편안함(닭장, 주인이 주는 모이)을 뒤로하고 한 번도 가보지 않은 길을 가야만 한다.

정체성을 찾기 위해서 새끼 독수리는 산과 절벽으로 가야 한다. 날개의 힘을 키우기 위해서 수천 번을 절벽에서 뛰어내려야 한다. 그때 온몸은 깨어지고 상처를 입을 것이다.

어느 날 새끼 독수리는 '오늘도 어김없이 그냥 추락하겠지' 하며 떨어지는데 이게 웬일인가!

몸이 가벼워지면서 바람을 타기 시작했다. 결국, 새끼 독수리는 비상하게 된다. 이 새끼 독수리는 자기 정체성을 찾아 자기 자리로 돌아갔다. 독수리의 본래 모습대로 돌아가기 위한 부단한 노력이 필요했다.

'인디저너스 처치'는 바로 독수리와 같다. 닭으로 평생 사람에 의존해서 살 것인가, 아니면 독수리처럼 처음에는 의존했지만, 나중에 자기 정체성을 발견하고 독립적이며 용감하게 창공을 날으며 멀리 바라보고 먹이를 본인이 결정해서 갈 것인가, 이제 우리는 결정해야 할 것이다. 하나님은 우리를 독특하게 창조하셨고 이 세상에서 하나님의 나라를 세우는데 축복의 통로로 만드셨다.

그래서 교회나 단체 그리고 직장과 기업의 존폐는 우리가 하나님의 부르심에 합당하게 살며 하나님의 나라를 창조적으로 세우고 확장하는 데 있다. 교회의 성도들이 스스로 전도하고 선교하고자 하는 마음이 불일 듯 일어난다면 그것이 '인디저너스 처치' 이다. 단체나 직장은 올해보다 내년이 더 많은 결과물, 혹자를 만들어 낼 수 있는 것은 회원들이나 직장인들이 다람쥐 쳇바퀴 돌아가는 것처럼 무의미하게 일하는 것이 아니라 재생산하는 프로젝트를 시도했기 때문에 시너지 효과를 보게 된 것이다.

이 책에서 우리는 하나님께서 원하시는 교회는 어떤 교회인지 알게 되었다. 복음서에 나타난 토착 교회에 대한 관점은 '찾아가는 선교', '찾아가는 리더십'으로 건강한 교회가 세워지고 하나님의 나라가 확장되는 것을 보았다. 교회의 머리요 본체이신 예수님은 찾아가는 선교를 하셨다. 하늘에서 세상으로 찾아오셔서 인류를 구원하셨다. 예수님은 상처받고 고통 가운데 있는 사람들을 찾아가셨다.

복음서의 토착 교회 설립의 기본 정신은 예수님의 인카네이션, 즉 성육신을 통해 이 땅에 찾아오셔서 인류를 구원하신 것처럼 찾아가는 선교를 하는 것이라고 할 수 있겠다. 신구약 성경 전체를 보면 하나님께서 먼저 인류에게 찾아오셨다. 찾아오셔서 구원의 길을 보여주시고 인류를 죄에서 구원하셨다. 우리 하나님의 백성들도 하나님을 알지 못하는 사람들과 민족들에게 찾아가서 복음을 전하고 교회를 설립해야 한다.

　인디저너스 처치의 성경적 관점의 특징은 '오순절 성령 강림'의 강력한 역사라는 것을 인식하면서 성령의 역사로 교회가 세워진다는 것을 우리는 알았다. 또 다른 토착 교회의 성경적 관점의 특징은 서신서의 에베소서와 빌립보서 그리고 디모데 전,후서를 통해 알 수 있는데, 그것은 현지인 지도자 세우기, 재정적 독립, 지도자 양성 훈련과 배가이다.

　사도 바울도 예수님처럼 '찾아가는 선교'를 한 사람이다. 그는 소아시아에 다니면서 복음을 전했고, 하나님의 나라를 선포했다. 믿지 않는 유대인들을 비롯한 흩어진 유대인들에게 하나님의 말씀을 전하면서 교회를 설립해서 현지 지도자들에게 위임했으며 교회가 자체적으로 재정을 운영하고 비전과 전략을 결정해서 추진해 갔음을 볼 수 있었다.

　인디저너스 처치의 선교학적 관점을 보았는데 토착 교회에 대한 학자들의 견해를 통해 토착 교회 설립의 전략에서 네비우스의 선교 정책의 중요성을 명확하게 알게 되었다. 존 네비우스는 헨리 벤과 루푸스 앤더슨의 영향을 받아 '3자 원칙'을 발전시켰다. 3자 원칙은 토착 교회 설립의 아주 중요한 전략 중의 하나이다.

　교회가 설립된 후에 재생산하는 교회, 토착 교회로 거듭나게 하는 것, 현지 지도자들이 자신들의 정책을 스스로 수립하고, 모든 운영 원칙을 스스로 진행하는 것, 현지 평신도 지도자들을 훈련하는 것은 토착 교회의 핵심이 될 것이다. 또한, 평신도 지도자들의 성품개발과 성숙함을 통해 친구나 가족에게 복음을 전하는 전략은 토착 교회에 주요한 요소 중의 하나이다. 평신도 선교 운동은 건강한 토착 교회 설립의 토양을 제공한다.

　역대 선교 운동과 교회 설립 역사를 볼 때 평신도 선교 운동을 빼놓을 수 없다. 세계 선교와 교회 설립의 효과적인 전략은 평신도선교 전략이다. 평신도와 성직자는 모두가 하나님의 백성이고 만인 제사장으로서 지도자가 될 수 있다. 토착 교회 설립의 전략은 성직자와 평신도 지도자와 동반 협력하면 더 효과적이다.

모달리티와 소달리티의 동반 협력을 통한 토착 교회 설립, 동질 집단의 원리를 통한 토착 교회 설립은 '하나님의 선교'의 한 부분이라고 볼 수 있다. 현장 조사(설문 조사, 심층 인터뷰, 포커스 그룹)와 파일럿 프로젝트를 통해 현장의 소리를 듣고 지도자 양성 프로그램을 개발했고 실제로 시뮬레이션을 실행했더니 배가 운동이 일어났다.

　　이제 여러분들은 독수리가 되어 창공을 날 때가 왔다. 비상하기 위해 우리는 부리, 날개, 발톱 등을 잘 다듬어야 할 것이다. 이 책을 통해 배운 인디저너스 처치 설립 전략들은 하나님의 교회를 설립하기 위한 도구들이다. 이 도구들을 잘 다듬어서 독수리처럼 비상해야 한다. 하나님께서 창조한 창공에서 하나님과 함께 세상을 바라보게 될 것이다. 하나님은 우리를 높은 곳까지 날기 원하시고 멀리 보기 원하신다.

　　인디저너스 처치는 마태복음 28장 19-20절 예수님의 '대위임령' 복음 전파로 시작해서 교회가 세워지고 그 교회는 현지인 중심으로 토착화된다. 토착화된 교회는 스스로 복음 전도와 선교에 전력하여 새로운 지역에 교회를 설립하여 하나님을 예배하고 교회가 참 교회 되게 하는 데 목적이 있다. 이 교회들은 결국 요한계시록 7장 9-10절을 성취하게 될 것이다. 이것이 하나님의 마음이다.

> 이 일 후에 내가 보니 각 나라와 족속과 백성과 방언에서 아무도 능히 셀 수 없는 큰 무리가 나와 흰옷을 입고 손에 종려 가지를 들고 보좌 앞과 어린 양 앞에 서서 큰소리로 외쳐 이르되 구원하심이 보좌에 앉으신 우리 하나님과 어린 양에게 있도다 하니(계 7:9-10).

　　한국에 세워진 교회나 선교지에 있는 교회들이 성경적 인디저너스 처치가 되어 하나님의 나라를 든든하게 세워서 하나님을 기쁘시게 하는 선교적 교회가 되기를 소망한다.

Pasadena California

부록

[Mobile DTS 메뉴얼]

1. 목적

1) Mobile DTS 목적은 주님께 헌신 된 대학생과 직장인들을 모아 성경적 원리와 원칙을 가르쳐 진리의 말씀을 그들의 개인적인 삶에 적용케 함으로써 하나님과의 친밀한 관계를 회복시켜 예수님을 닮은 성품을 개발할 수 있도록 도와주며, 예수 그리스도의 제자로 무장시키는 데 있다.

2) 이를 바탕으로 하여 그들이 처한 삶의 터전 '8영역'(Spheres)에서 영적 영향력을 발휘케 하며, 하나님께서 선교를 위해 주시는 놀라운 특권과 책임을 따라 직업을 가진 전문인으로서 나라를 변화시키는 일에 헌신하는 것을 목적으로 한다.

3) 본인들이 섬기는 교회에서 잘 봉사할 수 있도록 준비시키고, 성경 공부반에서 겸손히 제자 된 삶을 배워서 대학과 직장의 복음화에 효과적으로 앞장설 수 있도록 돕는다.

2. 목표

1) 하나님과 자신, 타인과 자신과의 관계를 저해하는 요소들을 깊이 있게 치유하여, 삶의 전 영역에서 겸손히 하나님의 음성을 들을 수 있을 뿐만 아니라 그대로 순종하는 삶이 생활화되게 한다.

2) 훈련자들이 삶의 각 영역에서 그리스도의 주인 되심을 인정하며 훈련자들의 삶 속에서 말씀, 기도, 교제, 증거 그리고 그리스도께 순종하는 삶의 거룩한 습관이 형성되도록 돕는다.

3) 하나님께서 우리에게 맡기신 재정과 시간에 대해 올바른 태도와 사용법을 배워서 그 가르침대로 생활함으로써 청지기적 삶을 살게 한다.

4) 하나님으로부터 말미암는 올바른 세계관을 정립시켜 세상과 원수에 대해 바로 보게 하고 책임감을 갖게 하여 헌신하도록 한다.

3. 비전

이 일 후에 내가 보니 각 나라와 족속과 백성과 방언에서 아무도 능히 셀 수 없는 큰 무리가 나와 흰 옷을 입고 손에 종려 가지를 들고 보좌 앞과 어린 양 앞에 서서 큰 소리로 외쳐 이르되 구원하심이 보좌에 앉으신 우리 하나님과 어린 양에게 있도다 하니 (계 7:9-10).

4. 00년 Mobile DTS 약속의 말씀

여호와가 너를 항상 인도하여 메마른 곳에서도 네 영혼을 만족하게 하며 네 뼈를 견고하게 하리니 너는 물 댄 동산 같겠고 물이 끊어지지 아니하는 샘 같을 것이라 네게서 날 자들이 오래 황폐된 곳들을 다시 세울 것이며 너는 역대의 파괴된 기초를 쌓으리니 너를 일컬어 무너진 데를 보수하는 자라 할 것이며 길을 수축하여 거할 곳이 되게 하는 자라 하리라 (사 58:11,12).

5. 우리 삶의 기본 요소

Mobile DTS 학생들은 언제, 어디서든지 다음의 사항을 삶의 기본적 요소로 삼는다.

1) **하나님의 말씀**: 우리는 성경이 하나님의 감동으로 된 말씀이며, 권위 있는 말씀임을 인정하고, 삶과 사역의 기준으로 삼으며, 우리의 최종적인 권위를 하나님의 말씀에 둔다.

2) **예배**: 우리는 하나님만이 영광과 찬양을 받으시기에 합당하신 분임을 예배를 통해 고백하며, 그분의 왕 되심과 주권을 선포하여 하나님 나라가 우리의 삶의 터전에 임하도록 한다.

3) **중보 기도**: 우리는 하나님과 사람 사이에 서서 무너진 곳을 수축하고 미래를 내다보며 기도하는 중보자의 삶에 부르심이 있다.

4) **증거**: 우리는 말과 행동으로 그리스도를 이 세대에 증거하며 지상 명령 성취를 위해 우리의 삶을 헌신한다.

6. 훈련의 기반

1) 하나님과의 관계

(1) 하나님의 성품과 하나님의 사고방식에 대한 이해
(2) 하나님의 음성을 듣는 법
(3) 하나님의 임재 앞에서 경건한 삶을 발전시켜 가는 법
(4) 자신 및 타인과의 관계

2) 자신과의 관계

(1) 각자에 대한 은사와 사역의 발견, 활용
(2) 청지기적 삶에 대해
(3) 건강한 인간관계의 원리
(4) 용서하는 삶

3) 세상과의 관계

(1) 잃어버린 영혼에 대해
(2) 자신의 믿음을 나누는 법
(3) 전도와 타문화 선교
(4) 미전도 종족을 향한 전도
(5) 세상이 필요로 하는 것들
(6) 성경적 세계관
(7) 사회 현상들에 대한 복음적인 해석방법

4) 교회와의 관계

(1) 위탁. 일치
(2) 지역 교회와 선교 단체의 상호보완에 대한 이해

5) 원수와의 관계

(1) 원수의 정체를 바로 알고
(2) 기도와 중보 기도로
(3) 영적전쟁

7. 훈련 과정

위의 훈련 내용의 효율을 높이기 위해 다음과 같은 과정이 있다.

훈 련	내 용
성경적 가르침과 훈련	강의, 말씀 및 반별 성경 공부와 교제
반별활동(flock meeting)	반별 성경 공부 때 설교 말씀 및 큐티 내용을 가지고 충분히 나누는 활동
노동(work duty)	학생 스스로가 학습하기 좋은 환경을 만들기 위해 돕는 것, 노동을 통해서 하나님의 일하심을 배움
독후감(book report)	정해진 책을 읽고 자신의 생각을 글로 정리하는 것, 교훈과 결단의 시간
예배(worship)	하나님의 왕 되심과 주권, 우리 삶의 주인 되심을 예배를 통해 고백
중보 기도(intercession)	하나님과 사람 사이에 무너진 곳을 수축하고, 미래를 내다보며 기도하는 삶
전도여행(out-reach)	영혼 구원을 위한 다양한 활동(봉사활동 포함)

훈 련	내 용
나눔(flowing)	공동체를 위해 나누고 섬기는 데 참여
섬김(hospitality)	공동체를 위해 나누고 섬기는 데 참여
애찬식(love feast)	함께 교제하며 서로가 위탁하는 시간 갖기

8. 용어 해설

1) 소그룹(Flockgroups)

소그룹 모임은 강의 적용, 적용, 사랑의 친교를 위해 함께 모이는 모임이다. '소그룹'을 통해 사람들은 같은 목표들을 가진, 하나의 작은 공동체를 이루게 된다.

(1) 소그룹 목표
① 신자가 봉사의 일을 하게 하며(엡 4:12),
② 영적으로 어두움에 있는 이들을 빛으로 인도하는 일이다(마 28:19-20).

(2) 소그룹 열매
① F(교제: Fellowship)-그리스도 안에서 즐거이 하나가 되게 하는 여러 활동 관계를 통해 그리스도의 몸을 형성하는 것을 알게 함.
② L(지도력: Leadership)-각자에게 주어진 재능에 따라 지도자가 될 수 있도록 훈련시킴.
③ O(전도여행: Outreach)-잃어버린 양을 믿는 무리 안으로 인도하여, 예수 그리스도가 주님임을 알게 함.
④ C(돌봄: Caring)-실질적인 도움과 위로와 권면과 기도로써 조원과 이웃을 서로 섬김.

⑤ K(지식: Knowledge)-하나님의 말씀이 각 사람에게 관련되어 적용될 수 있도록, 하나님의 말씀을 가르침으로써 하나님을 알아가는 것에 초점을 맞추어 감.
⑥ S(소금: Salt)-하나님의 말씀에 비추어 사회에서 일어나고 있는 일들을 검토하고 때로는 맞섬.

2) 플락(Flocks)

'양 무리, 양 떼'란 뜻으로 바로 이러한 플락의 목표들의 알파벳 첫 글자들을 따 모아 만든 것이기도 하다. 모든 조원은 함께 강의를 들으면서 영적인 진리와 원리들을 발견한다. 그다음 발견한 진리와 원리들을 적용할 수 있는가를 찾아보며 성경의 교훈을 적용하도록 서로서로 격려하고 돕는다. 그리하여 조원들은 실제적인 방법을 사용하여 서로서로 섬기며 이웃에 있는 불신자를 구원하며 기도로 서로를 돕는다.

3) 중보 기도

하나님께서 어떤 마음과 계획을 가지고 계신지를 듣고 그 하나님의 사역에 기도로 동참하는 것을 배운다.

4) 애찬식(Lovefeast)

(1) 성경적 기반
① 축제: 안식일(창조주 하나님을 바라보며 기뻐함)
② 헌신: 솔로몬의 성전 봉헌 시
③ 오순절: 시내산에서 십계명 받고 기념, 성령 강림 기념

(2) 성경적 의미
① 감사: 하나님께서 하신 일들에 대한 감사
② 교제: 함께 기뻐함(우리는 하나)
③ 헌신: 이 놀라운 영광을 온 세계에 전하자(새로운 헌신). 훈련과정 중에 행하신 하나님의 은혜를 감사드리며, 교제를 통해 은혜를 나고, 새로운 헌신을 다짐한다.

5) 섬김이(Host and Hostess)

하나님께서 만물을 다스리며 관리하도록 하신 하나님의 마음을 배워 모든 일을 대할 때마다 주인으로서 학교를 섬기는 법을 배우게 한다. 학교를 위한 중보 기도, 학생들의 생일 축하, 강사에 대한 감사카드 작성, 학생들을 위해 중보 기도 하며 섬긴다.

6) 노동(Work Duty)

노동을 통한 유익: 노동은 하나님께서 우리에게 주신 선물이다. 노동의 결과를 보며 다른 사람이 즐거워하는 것을 통하여 기쁨을 얻는다. 노동을 통해 섬김의 마음을 배우고 하나님께서 주신 것을 새롭게 꾸며가면서 하나님을 알아 간다. "기도하며 노동하고, 노동하며 기도하라"

7) Q. Q(Quaker's Question)

퀘이커 교도(George Fox가 창시한 예수교의 일파인 프렌드 회원으로 절대 평화주의자)모임에서 자신을 소개할 때 나누었던 질문으로 Mobile DTS 안에서는 보통 4단계의 질문으로 이 시간을 갖게 된다.

(1) 어렸을 때의 기억으로 가장 크게 남아있는 것?
   (출생지, 가족 사항 등/ 1-초등학교 때까지의 기억)
(2) 지금까지 살아온 과정 중 가장 추웠던(정신적, 육체적) 기억?
(3) 지금까지 살아온 과정 중 가장 따뜻했던(정신적, 육체적) 기억?
(4) 언제 예수님을 인격적으로 만났는가?

8) 열린 마음, 깨어진 마음(Openness and Brokenness)

이 시간을 통해 서로의 마음을 열고 자신의 아픔이나 하나님 앞에서 지은 죄들을 지체들에 겸손히 드러내므로 빛 가운데 나오게 하는 중요한 과정이다. 그래서 주님의 사랑과 용서를 구하고 지체들과 함께 그리스도의 보혈 능력으로 모든 상처를 치유함을 받으며 온전한 지체로서 사랑을 나누게 된다.

9) 현장 실습(Out-reach)

토요일이나 휴일에 훈련 속에서 모든 가르침(성경적 원칙)을 삶의 현장에 실제로 적용하며(전도), 섬김의 도와 협력(Team work)함으로 공동체 속에서 성숙한 관계 및 성품 훈련을 하는 데 목적이 있다.

10) 섬김 담당(Hospitality)

모임 가운데서 모든 지체가 그리스도의 섬김을 모형으로 베푸는 것을 말하며 마치 손님에게 불편함이 없도록 집을 꾸미고 배려를 아끼지 아니하는 것과 같음을 말한다.

11) 서로 나눠줌(Flowing)

(1) 성경적 기반
① 고후 8장 : '나눠줌'(그리스도의 몸을 평균케 하기위해 서로 나눠 줌)
② 고후 9장: 심는 대로 거두리라(내가 가지고 있는 것 중 가장 좋은 것으로 심음)
③ 사도행전 2장: 사랑의 도구(사랑을 나눌 수있는 기회)

(2) 서로 나눠줌의 태도: 오른손이 하는 일을 왼손이 모르게(마 6:1-4)

(3) 서로 나눠줌의 목적: 그리스도의 몸인 교회를 부요케 하며 평균케 하는 하나님의 원칙을 배워 갈 수 있는 기회이다. 재물에 대한 세상의 '사고 파는 원리'를 버리고 하나님 나라의 '주고받는 원리'를 삶에 적용함으로 재물의 영을 파하는 훈련의 기회(권리포기)이다. 그뿐만 아니라 하나님의 음성을 듣는 훈련의 기회이다.

(4) 본보기: 서로 나눠줌의 본을 보이신 분은 하나님이시다. 하나님께서 가장 아끼시며 사랑하시는 독생자 예수 그리스도를 우리에게 주심으로 우리가 영생을 얻을 수 있었다.

(5) 주는 자의 태도
① 누구에게 주어야 할지 구체적으로 기도하고 듣고 하라.
　(개인적 감정이나 호감으로 하지 않도록 한다.)
② 넘치는 기쁨과 자원하는 마음으로 하라.
　(내게 소중하지만 다른 사람에게 더 필요하다고 생각할 때 준다.)
③ 사랑하는 마음으로 모르게 하라.
　(알게 되면 부담이 되고 또 본인의 의가 드러난다.)

(6) 받는 자의 태도
① 하나님으로부터 왔다는 것을 믿으며 겸손한 마음으로 받으라.
② 하나님께 감사한 마음으로 받으라.
③ 나에게 나눠준 사람을 찾으려고 애쓰지 말고 그 사람을 위해 기도하라.
④ 나에게 들어 온 것이 필요 없을 때는 나를 통해 다른 사람에게 주기 위한 하나님의 계획일 수 있다. 그때는 기도하고 다시 나눠 주라.
⑤ 하나님께서 나눠주라고 말씀하셨지만, 아직 순종하기 어려울 때는 나눠주지 마라. 하나님은 기다리신다(나를 훈련시키기 위한 하나님의 계획일 수 있다).

12) 8영역 (Spheres)

한 나라를 형성하는 중요한 8가지 영역으로 가정, 교육계, 정치계, 예술계, 대중매체, 경제계, 종교계, 과학기술계이다. 이 8가지 영역 안에 그리스도의 능력이 나타나므로 어둠 속에 있는 나라 가운데 주님이 왕 되심을 선포하고 주님께서 전적으로 다스리도록 하기 위해서 세워진 부분을 의미한다.

13) 9미개척 영역 (9 Frontiers)

복음을 전하는 데 있어 개척해야 할 9가지 미개척의 영역을 말한다.

(1) 무슬림권
(2) 미전도 지역, 제3세계 (Unreached people)
(3) 대도시
(4) 공산권

(5) 불교권

(6) 힌두교권

(7) 명목상의 그리스도인

(8) 25세 미만의 청소년층(Small Half)

(9) 가난하고 소외된 자

8. 학사 일정

1) **기간**: 2000년 0월 0일 ~ 0월 00일(8주간, 12주간 or 20주간)

2) **시간표**: 토요일 오전 9시~5시 30분/금요일 저녁~토요일/주중 월화수 저녁

TIME	CONTENTS
09:00~09:20	Fellowship(교제 및 팀 빌딩)
09:20~09:45	Praise & Worship(찬양)
09:45~10:00	Sharing & Meditation(묵상나누기)
10:00~11:00	Lecture 1(강의 1)
11:00~11:20	Tea Break(휴식)
11:20~12:30	Lecture 2(강의 2)
12:30~13:30	Lunch Time(점심시간)
13:30~14:30	Lecture 3(강의 3)
14:30~16:00	Flock Meeting(강의 내용 및 묵상 나눔)
16:00~17:00	Intercessory Prayer(중보 기도)
17:00~17:30	Work duty(노동의 시간), 간사들 미팅

3) 교재 및 내용

(1) 교재: 그리스도인의 생활 지침
① 깊이 있는 성경 공부, 삶이 뒷받침되는 성경 공부를 통해 자기를 만나고 하나님을 만나는 시간이 된다.
② 성경 공부를 직접 인도하면서 성경 공부 인도법을 숙지하여 좋은 성경 공부 교사로 훈련된다.

(2) QT: 요한복음
① 큐티를 통해 삶의 변화를 경험한다.
② 일상의 문제들 가운데 하나님의 음성을 듣는 훈련을 한다.

(3) 성경 읽기
① 꾸준한 성경 읽기를 통해 하나님의 음성과 뜻을 분별하는 훈련을 한다.
② 훈련 기간에 신약과 시편 통독

(4) 독서
① 성령님 정말 당신이십니까?
② 내면세계의 질서와 영적 성장
③ 기도가 만든 사람

(5) 암송
① 암송을 통해 말씀에 잠긴 삶을 산다.
② 주에 4개씩 암송하여 60 구절 암송을 목표로 한다.

(6) 새벽기도
① 아침마다 새벽 기도에 나와 말씀을 듣고 기도를 하면서 하나님과 교제하는 훈련을 한다.
② 새벽을 깨우는 성도로 거듭난다.

(7) 증거
① 예수님께서 제자를 부르신 가장 큰 이유 중의 하나가 복음 전파이다.
② 사영리 훈련과 거리 전도 훈련을 통해 복음 증거자가 된다.
③ 한 달에 한 번 그룹으로 거리 전도 훈련에 참석한다.

4) 장소: OOO 강당

5) 강의 내용 및 목적
예수님의 제자 된 삶(말씀/기도/교재/증거/중심되신 그리스도/그리스도께 순종), 즉 제자로서 균형 잡힌 삶을 살아가도록 돕는다.

6) Mobile DTS 모집 대상

(1) 모집 대상
① 예수 그리스도를 개인의 구주와 구세주로 영접한 자
② 구원의 기쁨이 있는 자
③ 예수 그리스도의 사랑에 대한 감격과 감사가 있는 자
④ 섬기고 싶은 마음이 있는 자
⑤ 제자로 성장하고 큰 열망이 있는 자
⑥ 간사나 서번트 들에 의해 추천된 자
⑦ 복음주의 교회에 소속되어 있는 사람

(2) 기대 목표

① 하나님을 기쁘시게 하는 예배 공동체의 적극적인 일원이 된다.
② 그리스도의 주인 되심을 인정한다.
③ QT 및 말씀 묵상이 생활화되어 매일의 삶 속에서 치유하시고 회복하시며 인도하시는 하나님을 경험한다.
④ 날마다 말씀 묵상하여 하나님께서 주신 기쁨을 경험한다.
⑤ 하나님 안에서 교제를 즐거워한다.
⑥ 새벽기도 및 기도 생활 즉 하나님과 동행하는 삶에 발전이 있다.
⑦ 교회를 자원함으로 섬긴다.
⑧ 생활 속에서 자연스럽게 예수님을 증거하며 교회로 인도한다.
⑨ 교회 성도들에게 선한 영향력을 끼칠 수 있는 지도자로 성장한다.

7) 강의 Schedule(20주간)

Week	Month	Date	Subject	Speaker
Week1	FEB	8	오리엔테이션 & QQ(Orientation & Quaker Questions)	
Week2		15	묵상(하나님의 음성)(Meditation and Listening to voice of God)	
Week3		22	하나님 경외하는 마음(Intimate Friendship With God)	
Week4	MAR	1	성경의 행하는 삶(The Holy Spirit)	
Week5		8	성령 세계와 은사(Giftedness of the Holy Spirit)	
Week6		15	영적 전쟁(Spiritual Warface)	
Week7		22	중보 기도하는 삶(Intercessory Paryer)	
Week8		29	다림줄(Plumb Line) 십자가 앞으로(To forward the Cross)	

Week	Month	Date	Subject	Speaker
Week9	APR	5	내면 다루기(Inner Healing)	
Week10		12	하나님 아버지의 마음(Father's Love)	
Week11		19	Love Feast(애찬식)	
Week12		26	성경적 청지기관(The Biblical View of Stewardship)	
Week13	MAY	3	성경적 세계관(The Biblical World View)	
Week14		10	그리스도인의 균형잡힌 삶(Life of Equilibrium as Christian) 그리스도인의 교제(Fellowship as Christian:Koinonia)	
Week15		17	제자도와 영성(Discipleship and Spirituality)	
Week16		24	지역사회 봉사활동	
Week17		31	충성, 위탁(Loyalty, Commitment)	
Week18	JUN	7	헌신, 주권, 비전(Dedication, Lordship, Vision)	
Week19		14	선교, 전도(Mission & Evangelism)	
Week20		21	암송 60구절 테스트(Final Test) 및 졸업식	
필독 도서			『하나님 정말 당신이십니까?』(예수전도단/로렌커닝햄)	
			『내면 세계의 질서와 영적성장』(IVP/고든 맥도날드)	
			『하나님이 찾으시는 사람들』(예수전도단/홍성건)	

(1) 참고도서

① 『세 왕 이야기』(진에드워드, 예수전도단): 관계 개선과 용서에 관한 내용입니다.

② 『벼랑 끝에 서는 용기』(로렌 커닝햄, 예수전도단): 내려놓음, 권리 포기에 관한 내용입니다.

(2) 강의 시간표는 사정에 따라 바뀔 수도 있습니다.

(3) 출결 사항

① 결석은 허용하지 않습니다.

② 지각 2번 시 경고, 지각 3번 시 면담이 진행됩니다. 꼭 늦어야 하는 상황이면 미리 상의해 주십시오.

8) 학교 주요 점검 사항

구분	역할	담당간사
센터 책임자		
학교장	학교 전체를 돌아보며 학교의 전반적인 운영을 책임진다.	
리더십	운영진	
강의, 수업 등의 기획 및 운영	강의 일정 및 수업 스케줄 운영 및 점검	
가이드라인	학생 생활 규칙 안내 및 점검 출석 체크	
저널/북리포트	지도 및 점검(학교장 지도)	
강의쉬트	매주 강의 쉬트 체크 및 배부/강사 도움	
타임키퍼	시간 예고	
찬양인도	예배 및 강의시 찬양 인도	
중보 기도 가이드 및 점검	매주 중보 기도 인도 및 기도 정보 수집	
기획 및 행정	학교 이벤트, 대외관계 및 행정	
회계	예산, 결산 보고, 재정계획 작성	
서기	회의 및 모임 내역 기록(리포트)	
강사 하스피	강의시 물, 음료, 간식 제공	
식사관련 및 간식, 학생하스피	식사 준비 및 간사와 학생 간식 준비 제공	
사진	학교 기간에 진행되는 전반적인 사진 촬영	
미디어, 음향	영상 관련 및 마이크 스피커 설치, ppt	
Work Duty	학생, 노동 편성 및 점검(3주 단위 바꿈)	
시설/물품관리	필요한 물품제공 및 관리	
이벤트	애찬식 등 학교 행사 기획	
Decoration	학교 장소 주변 강의실 소그룹실을 꾸밈	

구분	역할	담당간사
생일축하 및 강사 감사카드준비	강사, 간사, 학생 생일 파티 준비	
소그룹	그날 강의에 대해 나눔, 묵상나눔 기도	

(1) 강사 섬김
(2) 섬김이의 기도와 철저한 준비(영적, 내면, 외적 등 모든 준비를 포괄함)
(3) 학생들이 수업받는 데 불편하거나 어려운 것은 없는가?
(4) 수업에 필요한 모든 것이 제대로 준비되어 있는가?(교재, 책, 노트, 저널, 수업에 필요한 모든 것 등)
(5) 풍성함을 누리고 따뜻한 나눔을 위한 간사, 스텝 각자의 역할과 책임
(6) 소그룹을 맡은 간사의 전체 운영에 순종, 효과적인 소그룹 운영과 성경 공부 인도에 대한 교육 필요

9. 학생 지침(Guide line)

모든 학교 지침은 하나님을 경외하는 마음과 서로를 섬김으로써 예수님의 제자의 삶을 살아가도록 하기 위한 것입니다.

1) 공동체 생활 지침

(1) 만약 당신이 열었으면 닫으십시오.
(2) 만약 당신이 켰으면 끄십시오.
(3) 만약 당신이 열었으면 다시 잠그십시오.
(4) 만약 당신이 고장을 냈으면 고치십시오.
(5) 만약 당신이 고칠 수 없으면 할 수 있는 사람을 부르십시오.
(6) 만약 당신이 빌렸으면 되돌려 주십시오.

(7) 만약 당신이 사용하려면 조심해서 사용하십시오.
(8) 만약 당신이 어지럽혔으면 깨끗이 치우십시오.
(9) 만약 당신이 옮겼으면 제자리에 갖다 놓으십시오.
(10) 만약 당신이 다른 사람의 것을 사용하려면 주인에게 꼭 허락 받고 쓰십시오.
(11) 만약 당신이 사용할 줄 모르거든 그대로 두십시오.
(12) 만약 당신이 상관없다면 간섭하지 마십시오.

지극히 작은 일에 신뢰받을 수 있는 사람은 큰 일에 신뢰받을 수 있고 작은 것에 정직하지 못한 사람은 큰 것에도 정직하지 못하다(눅 16:10-12).

2) 수업 지침

(1) 학교 기간 중 동성 혹은 이성 간의 특별한 관계(SR : Special Relationship)를 금합니다. 해당 소그룹 간사님 이외의 간사님과 특별한 관계도 금합니다.
(2) 학생은 학교 시작 10분 전에 필히 강의실에 도착해야 합니다.
(3) 매일 경건의 시간(묵상)을 가져야 합니다. 이 시간은 하나님과 개인적으로 갖는 밀접한 교제의 시간입니다(매주 토요일 예배 전 제출).
(4) 시간은 서로를 위해 엄수합시다. 타임 키퍼(Time Keeper)가 시간을 지킬 수 있도록 섬길 것입니다. 하나님 앞에서 신실하고 정직함으로 배우는 기간이 되도록 적극 노력합시다.
(5) 모든 과제물(묵상노트, 저널, 독서보고서)은 기한 내에 소그룹 간사에게 제출하여 주십시오.
(6) 노동(Work Duty)는 반별로 교육 장소를 청소한 다음 담당 간사에게 말씀하여 주십시오.
(7) 호칭은 모든 사람에 대해 존칭어를 사용하며, 훈련 기간 간사에 대한

호칭은 "간사님"으로, 학생들 간의 호칭은 반드시 "형제님, 자매님"으로 제한합니다. 나이나 개인적인 친분이 있을지라도 반드시 존칭어를 사용하셔야 합니다.

(8) 학교 시간에는 휴대폰 사용을 금합니다. 상대방을 위해서 휴대폰은 반드시 휴대폰 관리함에 넣어주시기 바랍니다(비상 연락망은 리더십 간사님들).

(9) 학생 상호 간에 개인 상담은 금합니다. 왜냐하면, 이때 동일하게 서로가 이 훈련 가운데 배우는 자로 있는 시간이기 때문입니다. 학생 상호 간의 상담보다는 간사님과 상담하시기 바랍니다.

(10) 서로에 대한 존중의 마음을 옷으로 표현할 수 있습니다. 훈련 기간에는 편안한 복장을 하시고 다른 사람들에게 혐오감을 주는 옷차림은 삼가십시오.

(11) 개인 철야, 금식은 금합니다. 육체적, 정신적 소모가 있는 장기간의 훈련이므로 개인의 규모 있는 삶과 건강 관리가 꼭 필요합니다. 정말 꼭 필요한 경우는 학교장과 상의해 주세요.

(12) 영적 성장과 경건 생활에 방해가 되는 음악과 영화, TV, 잡지, 기타 대중매체는 훈련 기간에는 절제하도록 합시다.

(13) 학생 혹은 간사 모든 경우의 금전 관계를 할 수 없으며, 어떠한 매매도 할 수 없습니다. 플로잉은 할 수 있지만, 금전 거래는 절대 금합니다. 어길 시 학교 리더십과 상담 후 권고, 퇴교 조치도 가능합니다(금전, 영업 매매금지).

(14) 훈련 기간 중 음주, 흡연을 금합니다.

(15) 훈련 기간 중 동성이나 이성 간의 부적절한 터치를 삼가십시오.

10. Mobile DTS 수료 조건

수료는 아래의 사항을 마칠 때 이루어집니다.

1) 학사일정

2) 출석(지각, 조퇴)

3) 과제물(말씀 읽기, 성경 공부 교재, 큐티(묵상), 새벽기도, 암송, 저널, 책 리포트, 학생 생활 평가 등)

4) 기타

5) Mobile DTS의 모든 행사에 적극적으로 시간을 맞추어 출석해야 합니다. 강의에 결석, 지각, 조퇴를 하는 것은 학교 리더십에게 미리 허락을 받아 결정된 후 가능합니다.

11. 효과적인 중보 기도의 원칙들

1) 하나님의 하나님 되심을 찬양하십시오. 하나님의 능력은 특별히 그분을 예배하는 노래들을 통하여 나타납니다(대하 20:22).

2) 우리 속에 고백하지 않은 숨은 죄가 있는지 성령님께서 깨닫게 해주시도록 기도하면서 하나님 앞에서 당신의 마음이 깨끗하게 되도록 기도하십시오(시 66:18, 시 139:23-24).

3) 성령님의 도우심과 조명하심이 없이는 실제로 기도할 수 없다는 것을 인정하십시오(롬 8:26). 그리고 성령님께서 당신을 온전히 주장해 주시도록 하십시오(엡 5:18).

4) 무엇을 기도해야 하겠다는 생각들, 소원들 그리고 이미 가지고 있는 기도의 제목들을 내려놓으십시오(잠 3:5-6, 28:26; 사 55:8-9).

5) 기도를 방해하려는 사단과 그 귀신들과 공중의 권세 잡은 모든 악령을 강력히 대적하십시오. "성령의 검", 즉 하나님의 말씀과 주 예수 그리스도의 권세 있는 이름으로 공격하십시오(약 4:7).

6) 지금부터 갖게 될 놀라운 기도 시간에 대해서 믿음으로 하나님을 찬양하십시오. 하나님은 놀라운 분이시며 그의 성품에 따라 변함없이 이 기도 시간에도 크신 일을 하실 것입니다(히 13:8).

7) 하나님의 인도하심에 관해 기대하고서 잠잠히 기다리십시오. 그리고 당신의 마음속에 하나님이 가져다주시는 것(혹 떠오르게 해 주시는 것)을 믿음으로 순종하면서 말하십시오(요 10:27, 시 32:8).

8) 하나님께서 말씀을 통해 기도의 방향을 인도하시거나 확신을 주고자 할 때를 대비해 가능한 성경을 펴 놓고 기도하십시오(시 119:105).

9) 하나님께서 더 이상 기도할 제목을 주지 않으시면 하나님께서 행하실 일에 대해서 감사와 찬양을 드리고 기도를 마치십시오(롬 11:36).

12. 저널(C.I.R.)을 작성하는 방법

1) 저널(C.I.R.:Creative Integrity Record)이란?

창조적이고 독창적인 방법으로 한 주간의 삶을 표현하는 것, 기억하기 위한 메모로서의 기록으로 각자 하나님 앞에서 배운 것을 총체적으로 정리하여 그림이나 글로 표현하는 것.

2) 저널의 목적

저널을 통해 들은 강의를 확인하고 독서와 묵상, 중보 기도를 하면서 관찰력을 발전시키고, 통찰력을 통해 리더십을 개발하는 것이 목적입니다.

3) 첫째 주에 할 일

(1) Note 앞표지 만들기 – 전체 주제 선정
　개인적인 약속의 말씀 또는 비전을 나타낼 수 있는 것이면 좋겠습니다.

(2) 첫 장 – 하나님께 사랑의 편지쓰기
　Mobile DTS에 대한 기대나 훈련에 임하는 마음의 결단을 편지로 쓴다.

(3) 둘째 장~넷째 장 – 나의 삶의 이야기(History)
　어릴 때부터 지금까지의 삶, 하나님의 인도하심에 대해서

4) 구체적인 작성 방법

(1) Page 1 - 강의 요약
   ① 강의 제목 / 주 표시 / 강사 이름 / 날짜
   ② 확인된 것(Confirm): 이미 알았던 부분을 간략하게 기록합니다.
   ③ 새로운 것(New): 강의를 통해 새롭게 알게 된 부분을 기록합니다.
   ④ 적용(Practical): 특별히 나의 삶 속에 어떻게 적용할 것인가?

(2) Page 2 - 일주일을 돌아봄
   ① 감사: 한 주간 특별히 베푸셨던 은혜나 일반적 은혜에 대한 감사를 표현
   ② 드러난 죄, 어려웠던 것들: 강의 중에 드러났던 죄나 관계 가운데서 어려웠던 것을 표현
   ③ 암송 구절, 도전받은 성경 말씀(Rhema): 매주 주어진 암송 구절과 개인적으로 도전받은 말씀을 외우고 표현한다.

인용 문헌(References cited)

국내 서적

1. 저서

강준민. 2005. 『복음받은 사람의 행복』. 서울: 두란노
_____. 2019. 『하나님을 아는 지식의 영광』. 서울: 두란노
_____. 2012. 『기도가 만든 사람』. 서울: 두란노
김남식. 1990. 『네비우스 선교 방법: 선교교회의 설립과 발달』. 서울: 성광문화사.
_____. 2012. 『한국장로교회사』. 서울: 도서출판 베다니.
김상근. 2004. 『세계사의 흐름을 바꾼 기독교 역사(Christian History which changed the main stream of World History)』. 서울: 평단문화사.
김성태. 1998. 『세계선교 전략사』. 서울: 생명의 말씀사.
김문현. 2000. 『가슴으로 읽는 사도행전』. 서울: 영성네트워크.
김봉춘. 2016. 『한국기독교의 몽골선교』. 서울: 케노시스.
김학유. 2008. 『맴버케어실라버스』. 파사데나: 풀러신학교 선교학부.
노홍호. 2008. 『존 웨슬리의 선교사상』. 서울: 한국정보기술.
대한예수교장로회 몽골현지선교회. 2012. 『선교의 동반자 초원길을 복음의 길로』. 서울: 한들출판사.
목회와신학. 2009. 『에베소서 골로새서』. 서울: 두란노아카데미.
몽골한인선교사회. 2003. 『몽골선교 15주년기념자료집』. 울란바토르: 몽골한인선교사회
박기호. 1999. 『한국교회 선교 운동사』. 서울: 아시아선교연구소.
_____. 2007. 『선교와 제자도』. 파사데나: 풀러신학교 선교학부.
_____. 2014. 『다른 문화권 교회개척』. 서울: 개혁주의신행협회.
오영철. 2009. "태국카렌족에 적합한 토착 교회 모델에 관한 연구." DMiss 논문, 파사데나:풀러신학교 선교학부.

옥한흠. 2001. 『다시 쓰는 평신도를 깨운다』. 서울: 제자 훈련원.

이순정. 2012. 『선교대국 한국, 협력사역이 길이다(Cooperationis the way the mission)』. 서울: 베다니출판사.

임윤택. 2013. 『랄프윈터의 기독교 문명 운동사』. 서울: 예수전도단.

전호진. 1993. 『한국교회 선교: 과거의 유산, 미래의 방향』. 서울: 성광문화사.

정진호. 2005. 『예수는 평신도였다(Jesus was layman)』. 서울: 홍성사.

최성봉. 2011. "몽골 교회를 선교적 교회로 만들기 위한 방안 연구." DMin 논문, 파사데나: 풀러신학교 선교학부.

한국일. 2016. 『선교적 교회의 이론과 실제』. 서울: 장로회신학대학교출판부.

홍성건. 2003. 『섬기며 다스리며』. 서울: 예수전도단.

＿＿＿. 1998. 『하나님이 찾으시는 사람』. 서울: 예수전도단

홍성건,김미진. 2015. 『왕의 음성』. 서울: NCMN, 규장

현택수. 2005. 『매스커뮤니케이션과 사회』. 서울: 동문선.

2. 역서

게리 L. 맥킨토시(Gary L. McIntosh). 2004. 『성경적 교회 성장』(Understading of Christian Mission).이재강 역. 서울: 크리스챤출판사.

고든 맥도날드(Gordon MacDonald). 2013. 『리더는 무엇으로 사는가?』(Building Below the Waterline).김명희 역. 서울: IVP.

곽안련(Charles Allen Clark). 2015. 『한국교회와 네비우스 선교 정책』(The Nevius Planfor Mission in Korea). 박용규, 김춘섭 공역. 서울: 대한기독교서회.

네비우스(John L. Nevius). 1990. 『네비우스 선교 방법』(The Planting andDevelopment of Missionary Churches). 박용규, 김춘섭 공역. 서울: 대한기독교서회.

다니엘 골먼·리처드 보이애치스·애니맥키(Daniel Goleman·Richard Boyatzis·Annie Mckee). 2003. 『감성의 리더십』(Primal Leadership). 장석훈 역. 서울: 청림출판사.

다니엘 쇼우·찰스 밴 엥겐(Shaw, R. Daniel·Charles E. Van Engen). 2007. 『기독교 복음 전달론』(Communication God's Word in a Complex World). 이대헌 역.서울: 기독교문서선교회.

도날드 A. 맥가브란(Donald A. McGavran). 2002. 『하나님의 선교 전략』(The Bridges of God). 이광순 역. 서울: 한국장로교출판사.

_____. 2003. 『교회 성장이해』(Understanding Church Growth). 이전재옥, 이요한, 김종일 공역. 서울: 한국장로교출판사.

데이비드 J. 보쉬(David J. Bosch).2009. 『변화하고 있는 선교』(Transforming Mission:Paradigm Shifts in Theology of Mission). 이상훈 역. 파사데나: 풀러신학교 선교학부.

데이비드 J. 보쉬(David J. Bosch). 2013. 『변화하고 있는 선교』(Transforming Mission:Paradigm Shifts in Theology of Mission). 김병길, 장훈태 공역. 서울: 기독교문서선교회.

데이비드 헤셀그레이브(Hesselgrave. David J.). 1999. 『선교커뮤니케이션』(Communicating-Christ Cross-Culturally). 채은수 역. 서울: 한국로고스연구원.

데이빗 왓슨(David Watson). 2016. 『제자도』(Discipleship). 문동학 역. 서울: 두란노.

드와인 엘머(Duane Elmer). 2012. 『문화의 벽을 넘어라』(Cross-CulturalConnections). 김창주 역. 서울: 행복우물.

란다 콥(Landa Cope). 2011. 『나라를 제자 삼는 하나님의 8가지 영역』(An Introduction to the Old Testament Template:Rediscovering God's Principles for Discipling Nations). 김명화 역. 서울: 예수전도단.

란 베이미(Ron Boehme). 1994. 『21세기의 지도자』(Leadership for the 21st Century). 허광일 역. 서울: 예수전도단.

랄프 D. 윈터·스티븐 호돈(Ralph D. Winter · Steven C. Hawthorne). 2005. 『미션퍼스펙티브』(Mission perspectives). 배정옥 역. 서울: 예수전도단.

랄프 D. 윈터(Ralph D.Winter). 2012. 『비서구선교 운동사』(The 25Unbelievable Years). 임윤택 역. 서울: 예수전도단.

레너드 스윗(Leonard Sweet). 2014. 『넛지전도』(Nudge). 유정희 역. 서울: 두란노.

로널드 하이페츠 외(Ronald Heifetz). 2012. 『적응리더십』(The Practice of Adaptive Leadership). 김충선 역. 서울: 더난출판.

로버트 J. 클린턴(Clinton, J. Robert). 1997. 『영적지도자 만들기』(The Making of a Leader). 이순정 역. 서울: 베다니.

_____. 2005. 『당신의 은사를 개발하라』(Unlocking Your Giftedness). 황의정 역. 서울: 베다니.

_____. 2011. 『지도자 평생 개발론』(Leadership). 장남혁, 황의정 공역. 서울: 하을기획.

루스 F 터커(Ruth A. Tucker). 2003. 『선교사열전』(FromJerusalem to Irian Jaya). 박해근 역. 서울: 크리스챤다이제스트.

릴리어스 호턴 언더우드(Lillias H. Underwood). 2015. 『언더우드』(Underwood of Korea). 이만열 역. 서울: IVP.

마이클 J. 웰킨스(Michael J. Wilkins). 2005. 『제자도』(Following the Master). 이억부 역. 서울: 은성출판사.

매튜 맥케이(Matthew McKay). 2004. 『효과적인 의사소통을 위한 기술』(Messages: The Communication Skills Book). 임철일외 공역. 서울: 커뮤니케이션북스.

멕 크로스만(Meg Crossman). 2009. 『미션 익스포저』(Mission Exposure). 정옥배 역. 서울: 예수전도단.

밥 빌(Bobb Biehl). 2001. 『멘토링』(Mentoring). 김성웅 역. 서울: 디모데.

베츠 한스(Betz, Hans D). 1987. 『국제성서주해 갈라디아서』(Internatioanal Biblical Commentary Galatians). 번역실 역. 충남: 한국신학연구소.

볼만, 딜. 2004. 『조직의 리프레이밍』(Reframing Oranizations). 신현택 역. 서울: 도서출판 지샘.

비고 소가드(Viggo Sogaadd). 2011. 『현장사역 조사연구 방법론』(Research In Church And Mission). 김에녹 역. 서울: 기독교문서선교회.

셔우드 링엔펠터 · 마빈 메이어스(Sherwood G. Lingenfelter · Marvin K. Mayers). 2011. 『문화적 갈등과 사역』(Ministring Cross-Culturally). 왕태종 역. 서울: 죠이출판사.

셔우드 링엔펠터(Sherwood G. Lingenfelter). 2011. 『타문화 사역과 리더십』(Leading Cross-Cross-Culturally). 김만태 역. 서울: CLS.

스펜서 존슨(Spencer Johnson). 2007. 『멘토』(Mentor). 안진환 역. 서울: 비즈니스북스.

스캇 선퀴스트(Scott Sunquist). 2015. 『기독교 선교의 이해』(Understanging Christian Mission). 이용원, 정승원 공역. 서울: 주안대학원대학교출판사.

스티븐 닐(Stephen Neil). 2006. 『기독교선교사』(A History of Christian Missions). 홍치모, 오만규 공역. 서울: 성광문화사.

스티븐 베반스(Stephen B. Bevans). 2002. 『상황화신학』(Models of Contextual Theology). 최형근 역. 서울: 죠이선교회출판부.

알렌, 롤란드(Allen, Roland). 1998. 『바울의 선교 방법론』(Missionary Methods: St. Paul's or Our's). 김남식 역. 서울: 도서출판 베다니.

아서 글라서(A. Glasser). 2006. 『성경에 나타난 하나님의 선교』(Announcing the Kingdom). 임윤택 역. 서울: 생명의말씀사.

인용 문헌(References cited)   245

오스왈드 스미스(Oswald J. Smith). 1993. 『선교사가 되려면』(The Challenge of Missions). 김동완 역. 서울: 생명의말씀사.

오토 샤머·카트린 카우퍼(C. Otto Schoamer·Katrin Kaufer). 2014. 『본질에서 답을 찾아라』(Leading from the Emerging Future). 엄성수 역. 서울: 티핑포인트.

월터 C. 라이트 Jr(Walter C.Wright, Jr.). 2002. 『관계를 통한 리더십』(Relational Leadership). 양혜정 역. 서울: 예수전도단.

윌버트 R 쉥크(Wilbert R. She*nk*). 2003. 『선교의 새로운 영역』(ChangingFrontiers of Mission). 장훈태 역. 서울: 기독교문서선교회.

K. P. 요하난(K. P. Yohannan). 1991. 『다가오는 세계선교의 혁명』(The Coming Revolution in World Missions). 조은혜 역. 서울: 죠이출판사.

잭 웨더포드(Jack Weatherford). 2005. 징기스칸, 『잠든 유럽을 깨우다』(Genghis Khan and the Making of The ModernWorld). 정영목역. 서울: 사계절.

존 멕스웰(John Maxwell).2000. 『리더십의 21가지 불변의 법칙』(Leadership for the 21st Century).최천석 역. 서울: 청우.

존 코터(John Kotter). 2002. 『기업이 원하는 변화의 리더』(LeadingChange). 한정곤 역. 서울: 김영사.

찰스 E. 밴 엥겐(Charles E. Van Engen). 2014. 『하나님의 선교적 교회』(God's Missionary People:Rethinking the Purpose of theLocal Church). 임윤택 역. 서울: 기독교문서선교회.

찰스 H. 크래프트(Charles H. Kraft). 1991. 『복음과 커뮤니케이션』(Jesus, god's model for christiancommunication). 김동화 역. 서울: 한국기독교학생출판사.

_____. 2001. 『기독교 커뮤니케이션론』(Communication Theory for Christian Witness). 박영호 역. 서울: 기독교문서선교회

_____. 2006a. 『기독교문화인류학』(Anthropologyfor Christian Witness). 임윤택 역. 서울: CLC.

_____. 2006b. 『기독교와 문화』(Christianity in Culture). 임윤택, 김석환 공역. 서울: 기독교문서선교회.

_____. 2007. 『적합한 기독교』(Appropriate Christianity). 김요한, 피터강,크리스티나 강, 백신종 공역. 서울: 생명의말씀사.

켈리 오도넬(Kelly O'Donnell). 1997. 『선교사 멤버케어』(Doing Member Care Well). 최형근외 4명 공역. 서울: 기독교문서선교회.

크레이그 밴 겔더·드와이트 J. 샤일리(Craig Van Gelder · Dwight J. Zscheile).2015. 『선교적 교회론의 동향과 발전』(The Missional Church in Perspective: Mapping Trands andShaping the Conversation). 최동규 역. 서울: 기독교문서선교회.

크리스티안 A. 슈바르츠(Christian A. Schwarz). 2000. 『자연적 교회 성장』(Natural Church Development). 윤수인, 정진우, 오태균 공역. 서울: 도서출판NCD.

테드 해거드·잭 W. 헤이포드(Ted Haggard,Jack·W. Hayford). 2002. 『지역을 바꾸는 교회』(Loving Your Cith Into The Kingdom). 예수전도단 역. 서울: 예수전도단.

톰 A. 스테픈(Thom A. Steffen). 2012. 『다른 문화권교회개척』(Passing The Baton Church Planting ThatEmpowers). 김한성 역. 서울: 토기장이.

톰 S. 레이너(Thom S. Rainer). 2004. 『교회 성장교과서』(The Book of Church Growth). 홍요표 역. 서울: 예찬사.

팀 깁슨(Tim Gibson). 1994. 『십분의 일 선교』(Steppingout). 강윤옥 역. 서울: 예수전도단.

페트릭 존스톤(Patrick Johnston). 2004. 『교회는 당신의 생각보다 큽니다』(The Church Is Bigger Then You Think). 이창규, 유병국 공역. 서울: WEC.

폴 피어슨(Paul E. Pierson).2008. 『세계선교사』(Syllabus-The Dyanmics of Expansion of the People of God). 황의정 역. 파사데나: 풀러 세계선교대학원 한국어 학부.

_____. 2009. 『선교학적 관점에서 본 기독교 선교 운동사』(The Dynamics of Christian Mission: Historythrough a Missiological Perspective). 임윤택 역. 서울: 기독교문서선교회.

폴 스티븐스(R. Paul Stevens). 2004. 『21세기를 위한 평신도 신학』(The Abolition of the Laity). 홍병룡 역. 서울: IVP.

폴 G 히버트(Paul G. Hiebert).1996. 『선교와 문화인류학』(Anthropopgical insights for Missionaries).김동화외 3 역. 서울: 죠이출판사.

_____. 1997. 『선교 현장의 문화이해』(Anthropological Reflections on MissiologicalIssues). 김동영, 안영권 공역. 서울: 죠이출판사.

_____. 2014. 『21세기 선교와 세계관의 변화』(Transforming Worldviews).홍병룡 역. 서울: 복있는 사람.

폴 G 히버트·R. 다니엘 쇼·티트 티에노우 공저(Paul G. Hiebert·R. DanielShaw·Tite Tienou). 2006. 『민간종교 이해』(Understanding FolkReligion).서울: 청림출판사.

해돈 W. 로빈슨(Haddon W. Robinson).1999. 『강해설교:강해설교 원리와 실제(Biblical-Preaching). 박영호 역. 서울: 기독문서선교회.

허드슨 테일러(J. Hudson Taylor). 2011. 『허드슨 테일러』(HudsonTaylor).김지찬 역. 서울: 생명의말씀사.

허버트 케인(J. Herbert Kane).1999. 『세계선교역사』(A Concise History of the Christian World Mission). 신서균, 이영주 공역. 서울:기독교문서선교회.

헨드릭 크래머(Hendrik Kraemer).2014. 『평신도 신학』(A Theology of the Laity). 홍병룡 역. 서울: 아바서원.

헨리 블랙커비(Henry T. Blackaby). 2014. 『영적 리더십』(Spiritual Leadership).윤종석 역. 서울: 두란노.

후스트 L. 곤잘레스(Justo L. Gonzalez). 1997. 『현대기독교사』(The Story of Christianity). 서영일 역. 서울: 은성.

영문 서적

ABCFM. 1856. *Outlineof Missionary Polich. Missionary Tracts. No. 15*. Boston: ABCFM.

Anderson, Rufus. 1869. *Foreign Missions: Their Relations and Claims*. New York: CharlesScribner and Company.

Beyrhaus, Peter and Lifever, Henry. 1964. *The Responsible Church and The ForeignMission*. Grand Rapids, Mich.: Eerdmans.

Brock, Charles. 1981. *The Principles and Practice of Indigenous Church Planting*. Nashville, TN: Broadman Press.

_____. 1994. *Indigenous Church Planting: A Practical Journey*. Neosho, Missouri: Church Growth International.

Clark, Charles Allen. 1937. *The Nevius Plan for Mission Work Illustrated in Korea*. Seoul: Christan Literature Society.

Gilliland, Dean S. 1998. *Pauline Theology and Mission Practice*. Eugene, OR: Wipf and StockPublishers.

Harris, Paul William. 1999. Nothing but Christ. Rufus Aderson and the Ideology of Protestant Foreign Mission. Oxford: OxfordUniversity.

Kwanten, Luc. 1979. *Imperial Nomads*. USA: University of Pennsylvania.

Kasdorf, Hans. 1979. "Indigenous ChurchPrinciples: A Survey of Origin and Development." In *Reading in Dynamic Indedeneity*, edited by Charles H. Kraft and Tom Wisley, Pp.15-30. Pasadena: William Carey Libray.

Lewis, A. J. 1962. *Zinzendorf: The Ecumenical Pioneer*. Philadelphia: The WestminsterPress.

Melvin L. Hodges. 2009. *The Indigenous Church*. Springfield: Gospel, Publishing House.

Nevius, John L. 1958. *The Planting and Development of Missionary Churches*. Piladelphia: The Presbyterian and Reformed Publishing Company.

Shen, Wilbert R. 1983. *Exploring Chruch Growth*. Grand Rapids, Mich,: Eerdmans.

Van Engen, Charles. 1981. *The Growth of the True Church*. Amsterdam: Rodopi.

Warren, Max. 1971. *To Apply The Gospel*. Grand Rapids, Mich,: Eerdmans.